U0785479

公路水运工程试验检测考试高频考点精编

道路工程

（2025 年版）

主　编　周　超
副主编　翟晓静

人民交通出版社
北　京

内 容 提 要

本书根据2025年《道路工程》科目考试大纲及考试用书的相关要求，精心梳理了考试大纲中的知识点，将重要知识点做了汇总提炼并辅以大量题目汇编成册。全书共分两部分，第一部分为考点精编，共7章，各章节与考试用书保持一致；第二部分为金题汇编，根据章节顺序汇编整理，供考前巩固练习使用。

本书可作为公路水运工程试验检测人员考前复习参考资料。

图书在版编目(CIP)数据

公路水运工程试验检测考试高频考点精编：2025年版. 道路工程 / 周超主编. — 北京：人民交通出版社股份有限公司，2025.6. — ISBN 978-7-114-20471-5

Ⅰ. U41；U61

中国国家版本馆CIP数据核字第2025P1R449号

Gonglu Shuiyun Gongcheng Shiyan Jiance Kaoshi Gaopin Kaodian Jingbian　Daolu Gongcheng

书　　名：公路水运工程试验检测考试高频考点精编　道路工程(2025年版)

著 作 者：周　超

责任编辑：朱伟康　石　遥

责任校对：赵媛媛　魏佳宁

责任印制：张　凯

出版发行：人民交通出版社

地　　址：(100011)北京市朝阳区安定门外外馆斜街3号

网　　址：http://www.ccpcl.com.cn

销售电话：(010)85285857

总 经 销：人民交通出版社发行部

经　　销：各地新华书店

印　　刷：北京市密东印刷有限公司

开　　本：787×1092　1/16

印　　张：15.75

字　　数：384千

版　　次：2025年6月　第1版

印　　次：2025年6月　第1次印刷

书　　号：ISBN 978-7-114-20471-5

定　　价：86.00元

(有印刷、装订质量问题的图书，由本社负责调换)

PREFACE 前言

《道路工程》考试科目具有考查内容多、标准规范多、重点难点多的特征，且历年考试均有部分超出考试用书的内容。应试考生需掌握较好的道路工程专业基础知识，具备较强的理解分析能力和一定的实践经验，考试难度较大。

为了帮助广大考生梳理知识体系、突破重点难点、提高复习效率，本书以考试大纲和官方教材为依据，结合行业现行标准规范，总结分析历年考点和考生反馈，将《道路工程》考试科目的高频考点进行了整理，并辅以历年金题编辑成书。

本书包括考点精编和金题汇编两部分。第一部分为考点精编，内容与教材章节顺序一致，根据知识点的重要程度和在历年考试中出现的频次，做如下不同颜色标记：**红色**代表该知识点在历年考试中反复考查，为特别重要内容（尤为重要的知识点用下划线标记）；**蓝色**代表该知识点为重要内容；其余的则为一般性知识点。第二部分为金题汇编，这也是本书的一大亮点。作者将历年优质金题按章节排序，以节为单位汇编附后，便于考生熟悉命题思路或检验复习效果。金题答案配有详细解析，请考生微信扫描本书封面二维码（刮开涂层），在电子题库中查看。

为力求考点精炼，减轻备考负担，少量零星知识点因考查频率低或掌握难度大，在编辑过程中进行了舍弃或作为电子内容供读者扫码学习，二维码见考点精编部分末尾。因近年标准规范更新较快，金题汇编以近五年题目为主，并将部分题目按新标准规范进行了改编。

本书难免有疏漏和不妥之处，望各位考生、同行不吝赐教，提出宝贵的意见和建议。

祝大家学有所获，考试必过！

作　者

2025 年 5 月

CONTENTS 目录

第一部分　考点精编

第二部分 金题汇编

第一部分　考点精编

第一章　总　　论

第一节　基本知识

考点一：对路基、路面的基本要求

项目/概念		内容及要求
行政等级		分级：国道、省道、县道、乡道、村道（无市道）
		农村公路包括：县道、乡道、村道
技术等级		高速公路、一级公路、二级公路、三级公路、四级公路（四级公路占比最大）
公路要素组成	平面图	平面线形三要素：直线、圆曲线和缓和曲线
	纵断面图	直坡段、竖曲线
	横断面图	道路上任意一点垂直于路线的竖向剖面图
公路的结构组成		路基、路面、桥梁、隧道和交通服务设施
对路基的要求		强度、稳定性、耐久性
对路面的要求		有足够的强度和刚度； 良好的水温稳定性、耐久性、表面平整度和抗滑性

考点二：路基构造与施工

项目/概念	内容及要求
路基典型横断面形式	路堤、路堑、填挖结合
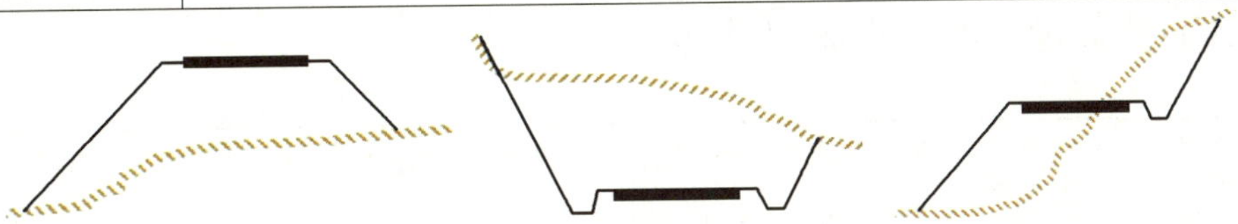 路堤　路堑　填挖结合	

续上表

项目/概念		内容及要求
路基工作区		《公路路基设计规范》(JTG D30—2015):路基工作区是指汽车荷载通过路面传递到路基的应力与路基土自重应力之比大于 0.1 的应力分布深度范围
路基层位	路床	路面以下 0.8m/1.2m 范围内的路基部分,路床厚度是根据路基工作区深度确定的。 路床厚度 = 上路床 0.3m + 下路床 0.5m/0.9m = 0.8m/1.2m 下路床取值:轻、中及重交通 0.5m;特重、极重交通 0.9m
	路堤	上路堤:路床以下 0.7m 厚度范围的填方部分。 下路堤:上路堤以下的填方部分
路基横断面组成	几何尺寸	路基宽度 + 高度 + 边坡坡度
	路基宽度	车道宽度 + 路肩宽度 + (中间带、加速车道、爬坡车道、紧急停车带、超车道、错车道、慢车道、非机动车道、人行道)
	路基高度	路基设计高程与原地面高程之差
	路基边坡坡度	边坡高度与边坡宽度之比
	路基附属设施	取土坑、弃土堆、护坡道、碎落台等
路基施工要点	填料要求	必须满足承载比(CBR 值)要求和粒径要求
	填筑要求	分层铺筑、分层压实。每层压实厚度一般不超过0.3m,在最佳含水率下压实。公路等级越高,路基层位越高,对填料的要求越高,对压实度要求越高

考点三:路面结构与分类

路面结构	层次:面层/基层/底基层/功能层(封层、黏层、透层、排水层、防冻层)
路面分类	按结构的力学性能分为:柔性、刚性、半刚性。 1. 柔性:粒料基层,沥青面层。 2. 刚性:水泥混凝土面层。 3. 半刚性:无机结合料(水泥/石灰/粉煤灰等)稳定类基层

考点四:路面设计的基本原理、指标

标准轴载	沥青路面/水泥混凝土路面相同:100kN 单轴-双轮组荷载(BZZ-100)
荷载分级	沥青路面/水泥混凝土路面相同:极重、特重、重、中等、轻五个等级

续上表

<table>
<tr><td rowspan="5">设计标准</td><td colspan="6">目标可靠度及目标可靠指标(沥青路面/水泥混凝土路面相同)</td></tr>
<tr><td>公路等级</td><td>高速公路</td><td>一级公路</td><td>二级公路</td><td>三级公路</td><td>四级公路</td></tr>
<tr><td>目标可靠度(%)</td><td>95</td><td>90</td><td>85</td><td>80</td><td>75</td></tr>
<tr><td>目标可靠指标 β</td><td>1.65</td><td>1.28</td><td>1.04</td><td>0.84</td><td>0.52</td></tr>
<tr><td colspan="6">水泥混凝土路面设计强度指标:采用28d龄期的弯拉强度</td></tr>
<tr><td>既有路面
调查与分析</td><td colspan="6">1. 沥青路面需检测:路面破损状况、路面承载能力、路面厚度、层间结合及病害程度情况;因路基问题导致路面损坏的路段,取样调查土质类型、含水率、CBR值等指标。
2. 水泥混凝土路面需检测:路面损坏状况(损坏类型、轻重程度、范围和修补措施)和路面结构强度(包括路表弯沉、接缝传荷能力、板底脱空状况、面层厚度和混凝土强度)</td></tr>
</table>

考点五:路面施工工艺与质量要求

<table>
<tr><td rowspan="4">沥青
路面</td><td>材料</td><td>1. 原材料:沥青混合料由沥青、粗集料、细集料、矿粉组成。
2. 混合料:验证高温稳定性(车辙试验)、水稳定性(浸水马歇尔试验 + 冻融劈裂试验)弯曲试验、渗水试验(同第六章)</td></tr>
<tr><td>工序</td><td>混合料的拌制→运输→摊铺→碾压</td></tr>
<tr><td colspan="2">
检测混合料温度

摊铺

碾压</td></tr>
<tr><td>要点</td><td>过程控制中,施工温度是控制重点;开放交通的路表温度低于50℃。
《公路沥青路面施工技术规范》(JTG F40—2004)中热拌沥青混合料施工的气温要求:高速公路和一级公路不得低于10℃,其他公路不得低于5℃(气温)</td></tr>
<tr><td rowspan="3">水泥
混凝土
路面</td><td>材料</td><td>1. 原材料:水泥、粗集料、细集料、水、外加剂和接缝材料。
2. 饮用水可以直接作为混凝土搅拌与养生用水</td></tr>
<tr><td>指标</td><td>28d弯拉强度标准值根据交通荷载等级确定</td></tr>
<tr><td>工序</td><td>混凝土搅拌与运输→面层铺筑→接缝施工→抗滑构造施工→养生</td></tr>
</table>

续上表

<table>
<tr><td rowspan="2">水泥混凝土路面</td><td colspan="3">
拌制混凝土

浇筑

振捣</td></tr>
<tr><td>要点</td><td colspan="2">1. 实测混凝土强度大于设计强度的 80% 后，可停止养生。
2. 面层达到设计弯拉强度后，方可开放交通</td></tr>
<tr><td rowspan="12">基层和底基层</td><td rowspan="4">无机结合料稳定类</td><td>分类</td><td>水泥稳定类、石灰稳定类、石灰粉煤灰稳定类等</td></tr>
<tr><td>材料</td><td>水泥剂量概念 = 水泥质量/全部干燥被稳定材料质量 = A/B。
原材料要求：水泥强度应为 32.5 或 42.5，初凝时间应大于 3h，终凝时间应大于 6h 且小于 10h(同第四章)</td></tr>
<tr><td>工序</td><td>工序：拌和→摊铺→碾压(最佳含水率下)→养生(≥7d)</td></tr>
<tr><td>指标</td><td>施工质量控制和检验的主要指标：7d 无侧限抗压强度。
高速公路、一级公路的基层、底基层，应在养生 7～10d 内检测弯沉</td></tr>
<tr><td colspan="3"></td></tr>
<tr><td rowspan="4">粒料类基层和底基层</td><td>分类</td><td>级配碎石、级配砾石；未筛分碎石、天然砂砾、填隙碎石等</td></tr>
<tr><td>指标</td><td>粒料类基层和底基层材料强度控制指标：CBR 强度值</td></tr>
<tr><td>工序</td><td>1. 级配碎石、级配砾石：拌和→摊铺→碾压；
施工质量检测项目：压实度，弯沉值，颗粒组成。
2. 天然砂砾、填隙碎石：摊铺→碾压</td></tr>
<tr><td>检测</td><td>施工质量检测项目：固体体积率，弯沉值</td></tr>
<tr><td colspan="3">
级配碎石基层

无机结合料基层</td></tr>
<tr><td>贫混凝土基层</td><td colspan="2">水泥用量较普通的低一些：水泥剂量不大于 13%</td></tr>
</table>

第二节　公路工程质量检验与评定

考点一：单位、分部和分项工程的划分

<table>
<tr><td colspan="4">《公路工程质量检验评定标准　第一册　土建工程》(JTG F80/1—2017)是各等级公路新建、改扩建工程施工质量的检验评定和验收的依据</td></tr>
<tr><td colspan="2">划分类型</td><td colspan="2">概念及划分依据</td></tr>
<tr><td rowspan="3">工程划分类型</td><td>单位工程</td><td colspan="2">在合同段中，具有独立施工条件和结构功能的工程</td></tr>
<tr><td>分部工程</td><td colspan="2">在单位工程中，按照路段长度、结构部位及施工特点等划分的工程</td></tr>
<tr><td>分项工程</td><td colspan="2">在分部工程中，根据施工工序、工艺或材料等划分的工程</td></tr>
<tr><td rowspan="9">一般建设项目的工程划分【考查其中的例子】</td><td>单位工程</td><td>分部工程</td><td>分项工程</td></tr>
<tr><td rowspan="7">路基工程(每10km或每标段)</td><td>路基土石方工程(1～3km路段)</td><td>土方路基、填石路基、软土地基处治、土工合成材料处治层等</td></tr>
<tr><td>排水工程(1～3km路段)</td><td>管节预制，混凝土排水管施工，检查(雨水)井砌筑，土沟，浆砌水沟，盲沟，跌水，急流槽，水簸箕，排水泵站沉井、沉淀池等</td></tr>
<tr><td>小桥及符合小桥标准的通道、人行天桥、渡槽(每座)</td><td>钢筋加工及安装，砌体，混凝土扩大基础，钻孔灌注桩，混凝土墩、台，墩、台身安装，台背填土，就地浇筑梁、板，预制安装梁、板，就地浇筑拱圈，混凝土桥面板桥面防水层，支座垫石和挡块，支座安装，伸缩装置安装，栏杆安装，混凝土护栏，桥头搭板，砌体坡面护坡，混凝土构件表面防护，桥梁总体等</td></tr>
<tr><td>涵洞、通道(1～3km路段)</td><td>钢筋加工及安装，涵台，管节预制，管座及涵管安装，波形钢管涵安装，盖板预制，盖板安装，箱涵浇筑，拱涵浇(砌)筑，倒虹吸竖井、集水井砌筑，一字墙和八字墙，涵洞填土，顶进施工的涵洞，砌体坡面防护，涵洞总体等</td></tr>
<tr><td>防护支挡工程(1～3km路段)</td><td>砌体挡土墙、墙背填土、边坡锚固防护、土钉支护、砌体坡面防护、石笼防护、导流工程等</td></tr>
<tr><td>大型挡土墙、组合挡土墙(每处)</td><td>钢筋加工及安装，砌体挡土墙，悬臂式挡土墙，扶壁式挡土墙，锚杆、锚定板和加筋土挡土墙，墙背填土等</td></tr>
<tr><td colspan="2"></td></tr>
<tr><td>路面工程(每10km或每标段)</td><td>路面工程(1～3km路段)</td><td>垫层、底基层，基层，面层，路缘石，路肩等</td></tr>
</table>

考点二:分项工程质量检验

<table>
<tr><td colspan="3">按照基本要求、实测项目、外观鉴定和质量保证资料等检查项目分别检查</td></tr>
<tr><td>基本要求</td><td colspan="2">基本要求检查应符合以下规定:
1. 分项工程应对所列基本要求逐项检查,不符合时不得进行工程质量的检验评定。
2. 分项工程所用的各种原材料的品种、规格、质量及混合料配合比和半成品、成品应符合有关技术标准规定并满足设计要求</td></tr>
<tr><td rowspan="2">实测项目</td><td>相关规定</td><td>1. 标准规定的检查方法为标准方法,采用其他高效检测方法应经比对确认。
2. 标准中以路段长度规定的检查频率为双车道路段的最低检查频率,对多车道应按车道数与双车道之比相应增加检查数量</td></tr>
<tr><td>合格判定</td><td>根据重要性不同,分为:关键项目、一般项目。
关键项目:分项工程中对结构安全、耐久性和主要使用功能起决定性作用的检查项目。
检查项目合格判定应符合下列规定:
1. 关键项目的合格率应不低于 95%(机电工程为 100%),否则该检查项目为不合格。
2. 一般项目的合格率应不低于 80%,否则该检查项目为不合格。
3. 有规定极值的检查项目,任一单个检测值不应突破规定极值,否则该检查项目为不合格</td></tr>
<tr><td>外观鉴定</td><td colspan="2">不满足规定要求,该检验项目为不合格</td></tr>
<tr><td>质量保证资料</td><td colspan="2">工程应有完整的施工原始记录、试验检测数据、质量检验结果等质量保证资料,包括以下六个方面(关键词:材料、试验/检验/监控、地基、隐蔽):
1. 所用原材料、半成品和成品质量检验结果;
2. 材料配合比、拌和加工控制检验和试验数据;
3. 地基处理、隐蔽工程施工记录和大桥、隧道施工监控资料;
4. 各项质量控制指标的试验记录和质量检验汇总图表;
5. 施工中遇到非正常情况记录及对工程质量影响分析评价资料;
6. 施工中如发生质量事故,经补救后达到设计要求的认可证明文件等</td></tr>
</table>

考点三:工程质量评定

<table>
<tr><td colspan="2">应按分项工程、分部工程、单位工程、合同段和建设项目逐级评定</td></tr>
<tr><td>工程质量等级</td><td>合格与不合格[《公路工程质量检验评定标准　第一册　土建工程》(JTG F80/1—2017)仅有这两个等级]</td></tr>
</table>

续上表

评定合格3要素： 1.资料完整； 2.子项目合格； 3.外观满足要求	分项工程	1.检验记录应完整。 2.实测项目应合格。 3.外观质量应满足要求
	分部工程	1.评定资料应完整。 2.分项工程及实测项目应合格。 3.外观质量应满足要求
	单位工程	1.评定资料应完整。 2.所含分部工程应合格。 3.外观质量应满足要求
其他规定	1.评定为不合格的分项工程、分部工程，经返工、加固、补强或调测，满足设计要求后，可重新进行检验评定。 2.所含单位工程合格，该合同段评定为合格；所含合同段合格，该建设项目评定为合格	

考点四：数理统计方法归纳（新教材弱化本部分）

万能公式	关键点	解决方法
$K=\overline{K}\pm\alpha\cdot S\geq B$ 式中：K——代表值； $\overline{K}$——均值； α——随保证率和测点数变化的系数； S——标准差； B——设计值或标准值	计算均值和标准差	题干会直接给出标准差
	确定"+"还是"-"	弯沉是"+"，其余全是"-"
	确定系数 α	一般题干直接给出；否则根据公路等级及层位信息判断（考查高速公路、一级公路居多）
	合格判定的规则	①任意单点不能突破极值要求（并非所有项目都有极值要求）； ②代表值≥规定值（规范给出）； ③合格率满足要求（关键项目≥95%；一般项目≥80%）； 注意合格线的取值，例如土方路基压实度的合格线是规定值减2个点

考点五：路基土石方工程检查方法

一般规定	1.分档：土方路基和填石路基的实测项目的规定值或允许偏差按照"高速公路、一级公路"和"其他等级公路"两档确定；只有土方路基压实度特殊：按"高速公路、一级公路""二级公路""三级公路、四级公路"三档确定。 2.路基压实度应分层检测，上路床压实度应按压实度评定规定进行。 3.路基工程其他检查项目应在上路床上进行。 4.土质路肩工程可作为路面工程的一个分项工程进行检查评定

续上表

土方路基检查方法	关键项目	弯沉 + 压实度
	一般项目	纵断高程、中线偏位、宽度、平整度、横坡和边坡
	检测频率	宽度边坡 4 处/200m，其他 2 处/200m
	外观质量	1. 路基边线与边坡不应出现单向累计长度超过 50m 的弯折。 2. 路基边坡、护坡道、碎落台不得有滑坡、塌方或深度超过 100mm 的冲沟
填石路基检查方法	关键项目	压实 + 弯沉【没有压实度】
	一般项目	纵断高程、中线偏位、宽度、平整度、横坡和边坡
	外观质量	1. 路基边线与边坡不应出现单向累计长度超过 50m 的弯折。 2. 上边坡不得有危石

考点六：压实度评定

基本概念	压实度又称夯实度，指的是土或其他筑路材料压实后的干密度与标准最大干密度之比，以百分率表示
评定单元	以 1 ~ 3km 为检验评定单元
评定公式	压实度代表值： $$K = \overline{K} - t_\alpha \frac{S}{\sqrt{n}}$$ 式中：$\overline{K}$——检验评定段内各测点压实度的平均值； t_α——t 分布表中随测点数和保证率（或置信度 α）而变的系数，高速公路、一级公路：基层、底基层为 99%，路基、路面面层为 95%；其他公路：基层、底基层为 95%，路基、路面面层为 90%； S——检测值的标准差； n——检测点数； K——压实度标准值。 提醒：考试如考到计算代表值，可套用万能公式。保证率系数、均值、标准差考试大概率会直接给出，代入公式即可
判定合格标准	1. 任意单点不低于极值（极值是规定值 −5%）。 2. 代表值≥规定值（代表值用万能公式计算）。 3. 合格率≥95%（合格标准是规定值 −2%）
其他规定	路堤施工段落短时，分层压实度应全部符合要求，且样本数不少于 6 个

考点七：路基其他分项工程的关键项目

类型	分项工程		关键实测项目
软土地基处置	袋装砂井、塑料排水板、粒料桩		长度
	加固土桩、水泥粉煤灰碎石桩、刚性桩		长度＋材料强度
防护与支挡工程	浆砌挡土墙、片石挡土墙、悬臂式、扶壁式挡土墙		材料强度＋断面尺寸
	干砌挡土墙		断面尺寸
	锚杆、锚定板和加筋挡土墙	拉杆	长度
		锚杆	注浆强度＋锚杆抗拔力 （80%锚杆抗拔力≥设计值；最小抗拔力≥设计值×0.9）
		面板	混凝土强度＋厚度
	墙背填土		距面板1m范围以内压实度（≥90%）
	边坡锚固		注浆强度、锚杆锚索抗拔力、张拉力
注意关键项目的记忆规律：涉及无机结合料稳定类材料（水泥、石灰、粉煤灰）的一定有材料强度；分项工程的关键尺寸（如路面厚度、桩长、板厚、竖向排水构件的长度、墙体断面尺寸等）一般都是关键项目；锚固类的抗拔力是关键项目等			

考点八：路面工程检查方法

一般规定	1. 水泥混凝土上加铺沥青面层的复合式路面，两种结构均应进行检验评定。其中，水泥混凝土路面结构可不检查抗滑构造深度，平整度应符合相应等级公路的标准；沥青面层可不检查弯沉。 2. 粒料基层完工后洒布透层油，透入深度应不小于5mm；无机结合料稳定材料基层透层油透入深度宜不小于3mm	
水泥混凝土面层	关键实测项目	弯拉强度、板厚度
	一般实测项目	平整度、抗滑构造深度、横向力系数、相邻板高差、纵横缝顺直度、中线平面偏位、路面宽度、纵断高程、横坡、断板率
沥青混凝土面层和沥青碎（砾）石面层	关键实测项目	压实度、厚度、矿料级配、沥青含量
	一般实测项目	一般项目：平整度、弯沉值、渗水系数、摩擦系数、构造深度、中线平面偏位、纵断高程、宽度、横坡、马歇尔稳定度

考点九:工程项目验收鉴定

<table>
<tr><td rowspan="2">公路工程验收的两个阶段</td><td>交工验收</td><td colspan="2">交工验收主要工作:检查施工合同的执行情况,评价工程质量,对各参建单位进行初步评价(关键词:合同、初步、执行情况,比较细,微观层面)</td></tr>
<tr><td>竣工验收</td><td colspan="2">竣工验收主要工作:对工程质量、参建单位和建设项目进行综合评价,并对工程建设项目作出整体性综合评价(关键词:综合评价、听取××、审定初步评价、建设项目)</td></tr>
<tr><td>工程实体检测</td><td colspan="3">1. 路基工程压实度、边坡每公里抽查不少于一处,每个合同段路基压实度检查点数不少于10个。路基弯沉检测,高速公路、一级公路以每半幅每公里为评定单元,其他等级公路以每公里为评定单元。
2. 排水工程的断面尺寸每公里抽查2~3处,铺砌厚度按合同段抽查不少于3处</td></tr>
<tr><td>抽查项目</td><td colspan="3">复测项目:沥青路面弯沉、车辙,混凝土路面相邻板高差,平整度,抗滑</td></tr>
<tr><td>不予验收的情况</td><td colspan="3">1. 存在严重缺陷;
2. 工程存在安全隐患;
3. 已降低服务水平</td></tr>
<tr><td colspan="2" rowspan="2">工程质量等级的评定
注意:《公路工程竣(交)工验收办法实施细则》与《公路工程质量检验评定标准》的内容不一致,考试时注意参照的是哪本标准</td><td>分部工程</td><td>合格/不合格(75分为界限)</td></tr>
<tr><td>单位、合同段、项目</td><td>优良/合格/不合格(90~75分为界限)</td></tr>
</table>

考点十:高边坡路基设计与施工安全

高边坡定义	《公路路基设计规范》(JTG D30—2015):高路堤是指路基填土边坡高度大于20m的路堤,深路堑是指土质挖方边坡高度大于20m或岩石挖方边坡高度大于30m的路堑。这两类路基都属于特殊的高边坡路段
设计事项	边坡高度大于20m的路堤边坡形式宜采用阶梯型。高路堤、陡坡路堤及不良地质、特殊岩土路段的路堤应作为独立工点进行勘察设计
施工及运营	施工中和运营期应加强高路堤与陡坡路堤的沉降控制,必要时可采取增强补压、铺设土工合成材料等综合措施并宜预留一个雨季的沉降期以减少工后沉降。应进行施工监测,监测周期应为公路建成营运后不少于一年
稳定性评价	以定性分析为基础、定量计算为手段
安全检测	1. 边坡稳定性检测:外观检查、位移监测、裂缝监测。 2. 支护结构检测:挡土墙检测、锚杆检测、抗滑桩检测、格构梁检测。 3. 排水系统检测:通水检测、渗流监测。 4. 环境监测:降雨量监测、地震监测

第三节　公路技术状况评定

考点一：公路技术状况的评定体系及等级

<table>
<tr><td>评定依据</td><td colspan="6">《公路技术状况评定标准》(JTG 5210—2018)：适用于各等级公路。
《农村公路技术状况评定标准》(JTG 5211—2024)：适用于技术等级三级及以下的农村公路。二级及以上的农村公路按现行《公路技术状况评定标准》(JTG 5210)的有关规定执行</td></tr>
<tr><td>公路技术状况指数体系图
【4个主项指标务必记牢】SCI、PQI、BCI、TCI；若考到PQI的7个子指标可用排除法做题</td><td colspan="6">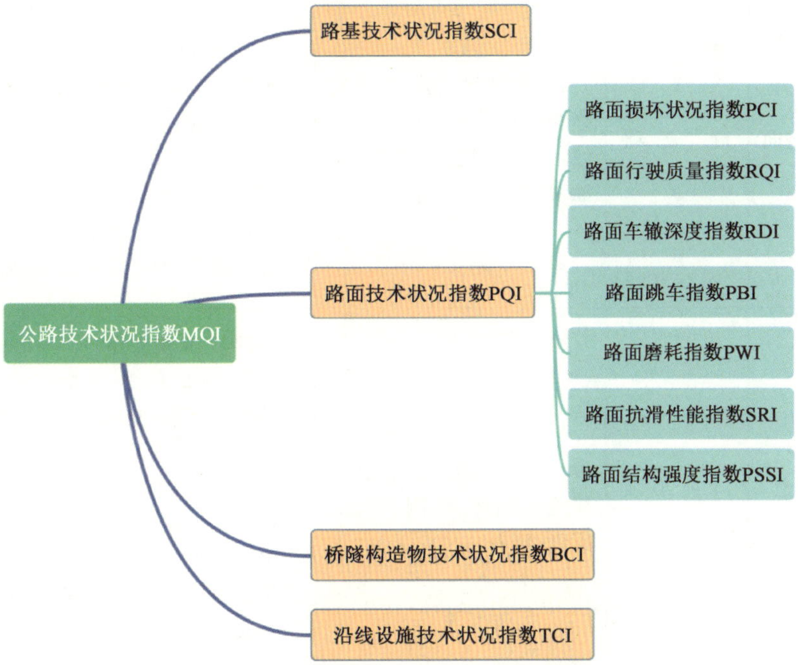
</td></tr>
<tr><td rowspan="5">公路技术状况等级评定</td><td>评定指标</td><td>优</td><td>良</td><td>中</td><td>次</td><td>差</td></tr>
<tr><td>MQI</td><td>≥90</td><td>≥80，<90</td><td>≥70，<80</td><td>≥60，<70</td><td><60</td></tr>
<tr><td>SCI、PQI、BCI、TCI</td><td>≥90</td><td>≥80，<90</td><td>≥70，<80</td><td>≥60，<70</td><td><60</td></tr>
<tr><td>PCI、RQI、RDI、PBI、PWI、SRI、PSSI</td><td>≥90</td><td>≥80，<90</td><td>≥70，<80</td><td>≥60，<70</td><td><60</td></tr>
<tr><td colspan="6">注：1. 高速公路路面损坏状况指数PCI等级划分标准应为“优”大于或等于92，“良”在80～92之间，其他保持不变。
2. 水泥混凝土路面行驶质量指数RQI等级划分标准应为“优”大于或等于88，“良”在80～88之间，其他保持不变</td></tr>
</table>

考点二：公路损坏分类

类型	损坏项次	损坏名称	损坏程度关键的数字界限
路基	7类18项	路肩损坏、边坡坍塌、水毁冲沟、路基构造物损坏、路缘石缺损、路基沉降、排水不畅	边坡坍塌：轻—5m—中度—10m—重。 水毁冲沟：轻—20cm—中度—50cm—重。 路基沉降：应为深度大于30mm的沉降； 轻—5m—中度—10m—重。 边坡坍塌为重度且影响交通安全时，该评定单元的MQI值取0；路基构造物损坏为重度时，该评定单元的SCI值应取0
沥青路面	11类21项	龟裂、块状裂缝、纵向裂缝、横向裂缝、沉陷、车辙、波浪拥包、坑槽、松散、泛油、修补	横向/纵向裂缝：轻度—3mm—重度。 沉陷：10mm—轻度—25mm—重度。 车辙：10mm—轻度—15mm—重度。 波浪拥包：波峰波谷高差； 10mm—轻度—25mm—重度。 影响宽度： ①横向/纵向裂缝/修补：0.2m。 ②车辙：0.4m(车轮较宽，影响范围宽)
水泥混凝土路面	11类20项	破碎板、裂缝、板角断裂、错台、拱起、边角剥落、接缝料损坏、坑洞、唧泥、露骨、修补	破碎板：3块为界。 裂缝/板角断裂：轻度—3—中度—10—重度。 错台：接缝两边高差，5—轻度—10—重度。 拱起：横缝两侧板体高度大于10mm的抬高。 坑洞：板面出现直径大于30mm，深度大于10mm的坑槽。 影响宽度： ①裂缝/错台/边角剥落/接缝料损坏/唧泥：1.0m。 ②修补：0.2m

考点三：公路技术状况检测与调查

1. 一般规定

公路技术状况检测与调查应包括路基、路面、桥隧构造物和沿线设施四部分内容。路面检测与调查应包括路面损坏、路面平整度、路面车辙、路面跳车、路面磨耗、路面抗滑性能和路面结构强度七项内容。

公路技术状况检测与调查应以1000m路段长度为基本检测(或调查)单元。在路面类型、交通量、路面宽度和养管单位等变化处，检测(或调查)单元的长度可不受此规定限制。公路技术状况检测与调查应按上行(桩号递增方向)和下行(桩号递减方向)两个方向分别实施，二、三、四级公路可不分上下行检测与调查。

需注意不同类型、不同等级的路面，分别对应不同检测项目和频次					
检测与调查内容		沥青路面		水泥混凝土路面	
		高速公路、一级公路	二、三、四级公路	高速公路、一级公路	二、三、四级公路
路面 PQI	路面损坏	1 年 1 次	1 年 1 次	1 年 1 次	1 年 1 次
	路面平整度	1 年 1 次	1 年 1 次	1 年 1 次	1 年 1 次
	路面车辙	1 年 1 次			
	路面跳车	1 年 1 次		1 年 1 次	
	路面磨耗	1 年 1 次		1 年 1 次	
	路面抗滑性能	2 年 1 次		2 年 1 次	
	路面结构强度	抽样检测	抽样检测		
路基 SCI		1 年 1 次			
桥隧构造物 BCI		按现行标准规范的有关规定执行			
沿线设施 TCI		1 年 1 次			

注：1. 路面结构强度为抽样检测指标，抽样检测的路线或路段应按路面养护管理需要确定，最低抽样比例不得低于公路网列养里程的 20%。

2. 路面磨耗(路面构造深度 MPD)和路面抗滑性能(横向力系数 SFC)为二选一指标。注意：此处二选一是指公路技术状况评定，(交)竣工质量评定时两者均需检测。

2. 路面技术状况检测考点归纳表

类型	检测内容	设备类型	指标名称	频次	其他
自动化	路面损坏		路面破损率 DR	每 10m 计算 1 个统计值	路面损坏应纵向连续检测，横向检测宽度不应小于车道宽度的 70%
	平整度	断面类	国际平整度指数 IRI	每 10m 计算 1 个统计值	无
	车辙	断面类	车辙深度 RD	每 10m 计算 1 个统计值	无
	跳车	断面类	路面跳车 PB	每 10m 计算 1 个统计值	无
	磨耗	断面类	路面构造深度 MPD	每 10m 计算 1 个统计值	无
	抗滑性能		横向力系数 SFC	每 10m 计算 1 个统计值	相关系数 0.95
	结构强度		路面弯沉 l_0	每 20m 计算 1 个统计值	相关系数 0.95

续上表

类型	检测内容	设备类型	指标名称	频次	其他
人工检测	路面损坏			每 100m 计一个损坏,每一个调查单元计算 1 个累计损坏面积	①同一位置存在多类路面损坏时,应计权重最大的损坏。 ②应包含所有行车道。 ③紧急停车带应按路肩处理
	结构强度	贝克曼梁	路面弯沉 l_0	按现行《路基路面现场测试规程》(JTG 3450)执行	无

考点四:公路技术状况评定模型

公路技术状况评定应以 1000m 路段长度为基本评定单元。在路面类型、交通量、路面宽度和养管单位等变化处,评定单元的长度可不受此规定限制。

公路技术状况评定应计算优等路率、优良路率和次差路率三项统计指标。

1. 公路技术状况指数 MQI 评定

(1)公式:$MQI = w_{SCI} \cdot SCI + w_{PQI} \cdot PI + w_{BCI} \cdot BCI + w_{TCI} \cdot TCI$。

(2)非整 1000m 的评定单元,除 PQI 外,SCI、BCI、TCI 三项指标的实际扣分应换算成基本评定单元的扣分。

(3)存在 5 类桥梁、5 类隧道、危险涵洞及影响交通安全的重度边坡坍塌的评定单元,MQI 值应取 0。

(4)路线公路技术状况评定时,应采用路线内所有评定单元 MQI 的算术平均值作为该路线的 MQI。

(5)公路网公路技术状况评定时,应采用公路网内所有路线 MQI 的长度加权平均值作为该公路网的 MQI。

(6)MQI 及各项分级指标评价结果应保留两位小数。

2. 其他指数的计算公式【极少考查,略】

路面结构强度指数:

$$PSSI = \frac{100}{1 + a_0 e^{a_1 SSR}}, SSR = l_R / l_0$$

式中:SSR——路面结构强度系数;【注意系数分子分母不要错位】

l_R——路面弯沉标准值(0.01mm);

l_0——路面实测代表弯沉值(0.01mm)

考点五:农村公路技术状况评定方法

检测频次	根据《农村公路技术状况评定标准》(JTG 5211—2024),农村公路路面、路基沿线设施技术状况检测评定周期为每年不少于一次

续上表

指标体系	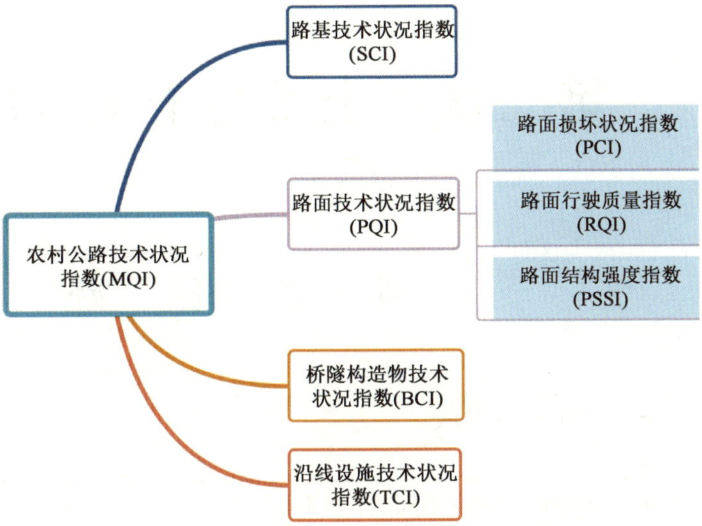
评分等级	SCI、PQI、BCI、TCI 及 PCI、RQI、PSSI 均分为优良中次差五个等级;10 分为一档
路基路面 损坏分类	1. 路基损坏包括:边坡坍塌、路基构造物损坏、路基沉降、排水不畅四类; 其中,路基沉降应为深度大于或等于 30mm 的差异沉降。 2. 沥青路面损坏包括:纵向裂缝、横向裂缝、网裂、坑槽、松散五类。 3. 水泥混凝土路面损坏包括:破碎板、裂缝、坑洞、露骨、错台、拱起六类。 ①破碎板应为水泥混凝土板块上有贯穿面层的断裂裂缝,且板块被裂缝分为 3 块及以上。 ②主要裂缝宽度小于 3mm 为轻度,主要裂缝宽度大于或等于 3mm 为重度。 ③错台/拱起界限尺寸均为 10mm;坑洞损坏深度≥10mm 且面积≥0.01m^2。 ④露骨:路面粗细集料散失,损坏面积≥20m^2 的连续表面剥落等损坏。 4. 砂石路面损坏包括:坑槽、车辙、沉陷、波浪搓板四类

第二章　土工与土工合成材料

第一节　概　　述

考点一：土的三相组成

土是由固体相、液体相、气体相组成的三相体系

考点二：土的物理性质指标

9 个物理指标（标红的 3 个为基本物理指标）：密度、比重、含水率、干密度、饱和密度、浮密度、孔隙比、孔隙率、饱和度等。

干、湿密度换算公式：$\rho_{干} = \frac{\rho_{湿}}{1+w}$

亚甲蓝、砂当量、混凝土配合比均用到此公式

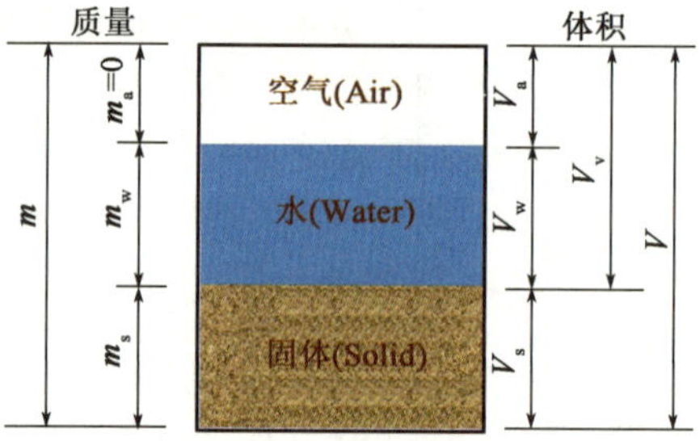

物理性质指标	公式
1. 土的密度 ρ：土体单位体积的质量 （试验方法：环刀法、灌水法、灌砂法、蜡封法）	$\rho = \frac{m}{V} = \frac{m_s + m_w}{V_s + V_w + V_a}$
2. 土粒比重 G_s：土的固体颗粒的单位体积质量与水在 4℃ 时的密度之比 （试验方法：比重瓶法、浮称法、浮力法）	$G_s = \frac{\frac{m_s}{V_s}}{\rho_w(4℃)}$
3. 土的含水率 w：土中水的质量与固体颗粒质量之比 （试验方法：烘干法、酒精燃烧法） 注意：分母是不含水的颗粒质量	$w = \frac{水的质量}{固体颗粒质量} = \frac{m_w}{m_s} \times 100\%$
4. 土的干密度 ρ_d：土的固体颗粒质量与土的总体积之比	$\rho_d = \frac{固体颗粒质量}{土的总体积} = \frac{m_s}{V}$

续上表

物理性质指标	公式
5. 土的饱和密度 ρ_{sat}：土孔隙中全部被水充满时土的密度（几种不同密度的大小：$\rho_{sat}>\rho>\rho_d>\rho_{浮}$，饱和密度 ρ_{sat} 是几种密度中值最大的）	$\rho_{sat}=\frac{孔隙全部充满水的总质量}{土的总体积}=\frac{m_s+m_w+V_a\rho_w}{V}$
6. 浮密度（浸水密度）$\rho_{浮}$：土浸在水中受到水的浮力作用时单位体积质量	$\rho_{浮}=\frac{m_s-V_s\cdot\rho_w}{V}$
7. 土孔隙比 e：土中孔隙的体积与固体颗粒的体积之比	$e=\frac{孔隙体积}{固体颗粒体积}=\frac{V_V}{V_s}$
8. 土的孔隙率 n：土中的孔隙体积与总体积之比	$n=\frac{孔隙体积}{土体总体积}=\frac{V_V}{V}\times100\%$
9. 土的饱和度 S_r：孔隙中水的体积与孔隙体积之比（$S_r=1$：完全饱和状态；$S_r=0$：完全干燥状态）	$S_r=\frac{水的体积}{孔隙体积}=\frac{V_w}{V_V}$

第二节　土的物理性质试验

考点一：含水率试验——烘干法【标准方法】

试验原理	土样烘干前后质量之差即为含水的质量
适用条件	适用于黏质土、粉质土、砂类土、砂砾土、有机质土和冻土等【各类土】
仪器设备	烘箱、天平（称量200g，感量0.01g；称量5000g，感量1g）、干燥器、称量盒
关键步骤	1. 取具有代表性试样，细粒土不小于50g，砂类土、有机质土不小于100g，砾类土不小于1kg，放入称量盒内，立即盖好盒盖，称质量。 2. 揭开盒盖，将试样和盒放入烘箱内，在温度105～110℃恒温下烘干。烘干时间细粒土不得小于8h；砂类土和砾类土不得小于6h；有机质超过5%的土或含石膏土，温度在60～70℃范围内，烘干时间不宜小于24h。 3. 含水率计算公式： $$w=(m-m_s)/m_s$$ 式中：w——含水率（%），计算至0.1%。 m——湿土质量（g）； m_s——干土质量（g）。 注：1. 一般土样烘干16～24h。有些土或试样数量过多或试样很潮湿，需更长时间。烘干时间也与烘箱内试样的总质量、烘箱的尺寸及其通风系统的效率有关。 2. 如铝盒的盖密闭，而且试样在称量前放置时间较短，可以不放在干燥器中冷却

续上表

图解试验	 天平	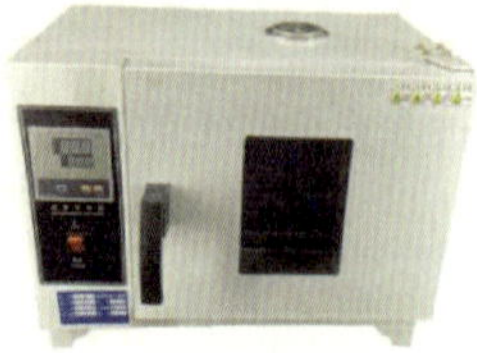 烘箱	 玻璃干燥器
精密度	两次平行测定取算数平均值准确至0.1%	含水率(%)	允许平行差值(%)
		$w \leq 5.0$	≤0.3
		$5.0 < w \leq 40.0$	≤1.0
		$w > 40$	≤2.0

考点二：含水率试验——酒精燃烧法

试验原理	土样中加入酒精，燃烧前后质量差即为含水质量
适用条件	本试验适用于快速简易测定土(含有机质的土和盐渍土除外)的含水率
仪器设备	称量盒、天平(感量0.01g)、酒精(纯度95%以上)、火柴、调土刀等
关键步骤	1. 取试样不小于10g，放入称量盒内，称盒与湿土的总质量，准确至0.01g。 2. 用滴管将酒精注入放有试样的称量盒中，直至盒中出现自由液面为止。点燃盒中酒精，燃至火焰熄灭。 3. 火焰熄灭并冷却数分钟，再次用滴管滴入酒精，不得用瓶直接往盒里倒入酒精，以防发生意外。如此再燃烧两次。 4. 待第三次火焰熄灭后，盖好盒盖，称干土和盒的质量，准确至0.01g
图解试验	 电子天平  称量盒/取土盒  酒精燃烧3次
精密度	同烘干法。当烘干法与酒精燃烧结果有差异时，以烘干法为准

考点三：密度试验——环刀法

试验原理	利用密度原始公式 $\rho = m/V$，称取固定体积（$V_{环刀}$）的土样质量为 $m_{土}$，代入公式即得
适用条件	环刀法在室内和野外广泛应用，适用于细粒土。坚硬易碎含粗粒、形状不规则的土样不宜采用环刀法而采用蜡封法
仪器设备	环刀（内径 6～8cm，高 2～5.4cm，壁厚 1.5～2.2cm），天平感量 0.01g，修土刀，钢丝锯，凡士林
关键步骤	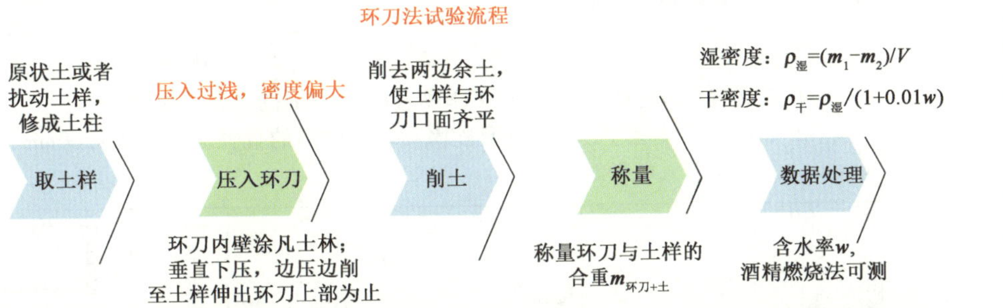
图解试验	 环刀  土表层处理  修整
精密度	本试验应进行两次平行测定，其平行差值不得大于 0.03g/cm^3，否则应重做试验。密度取其算术平均值，精确至 0.01g/cm^3。 注意：环刀打入过浅则密度测值偏大，反之偏小；宜打入 1/2 压实层厚

考点四：密度试验——蜡封法

试验原理	原始公式 $\rho = m/V$，但易破裂或形状不规则土样，体积难测，所以用【$V_{蜡封试样} - V_{蜡}$】来求土的体积。关键是理解蜡封试样水下质量与空气中称重的差（即所受浮力），即等于蜡封试件所排开水的质量【涉及浮力原理】
适用条件	本试验适用于坚硬易碎裂、难以切削和形态不规则的坚硬土
仪器设备	天平（感量 0.01g）、烧杯、石蜡、细线、针、削土刀
步骤	略
精密度	同烘干法【蜡封试件浸水时，水分进入试件导致结果偏大，若浸入水分质量超过 0.03g，应重做】

考点五：密度试验——灌砂法

试验原理	密度原始公式 $\rho_{土}=m_{土}/V_{土}$，挖试坑后收集土样，称取即得 $m_{土}$，但因坑洞不规则，$V_{土}$ 不好测定。因此给坑洞灌砂，用流满坑洞砂子的体积 $V_{砂}$ 来代替坑洞体积 $V_{土}$。关键是 $V_{砂}$ 怎么求？利用灌砂前后的质量差，即得流出砂的质量，再扣除灌砂筒底部圆锥内的 $m_{圆锥砂}$，就是流入坑洞中砂的质量，除以 $\rho_{砂}$，可得到 $V_{砂}$，即 $\rho_{土}=m_{土}/V_{砂}$。 两个标定：标定灌砂筒下部圆锥内砂质量 + 砂的密度，每次标定重复 3 次 说明：标定下部圆锥内砂质量时，不能直接往玻璃板上漏砂称重，要先流出与试坑体积相当的砂，再放在玻璃板上标定。
适用条件	试样最大粒径不得超过 60mm，测定密度层的厚度为 150 ~ 200mm。 注：1. 在测定细粒土的密度时，可以采用直径 100mm 的小型灌砂筒。 2. 如最大粒径超过 15mm，则灌砂筒和现场试洞的直径应为 150 ~ 200mm，灌砂筒的直径宜大于最大粒径的 3 倍
仪器设备	灌砂筒(内径 100mm，总高 360mm)、金属标定罐(内径 10mm，高 150mm/200mm 的金属罐各一个)、基板、玻璃板、饭盒、台秤、凿子、铁锤、量砂、天平、烘箱等  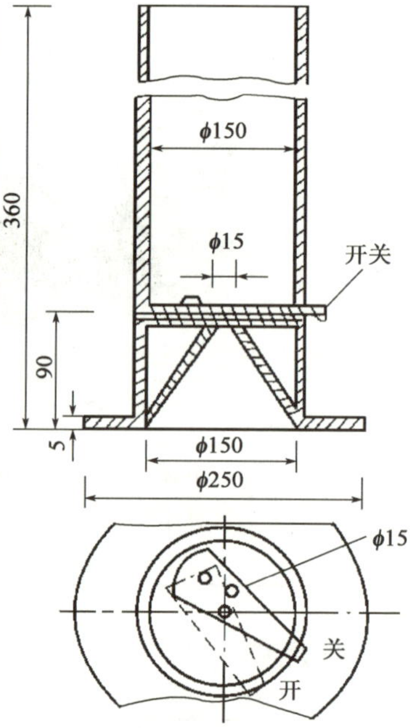
关键步骤	选点 → 放基板、凿洞 → 灌砂 → 取走灌砂筒 → 数据处理 选点：尺寸：40cm×40cm如表面粗糙度较大，需放置基板后用灌砂筒标定考虑粗糙度的圆锥体耗砂量 放基板、凿洞：凿洞挖出土的质量要求：细粒土不少于100g，粗粒土不少于500g 灌砂：如地面平整，则不需要放置基板，必须要等砂不再下流时，才能关闭开关，关早会导致结果偏大 取走灌砂筒：如试坑中有较大空隙，需按照试坑外形放置一层柔软的纱布，再灌砂。若不处理，会导致结果偏小 数据处理：公式计算较少考查，主要是把灌砂置换坑洞体积的原理搞懂，关键步骤的顺序搞懂

续上表

图解试验	 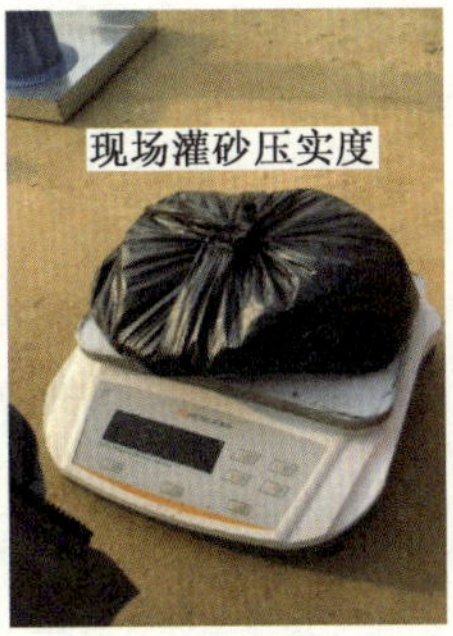  
超教材	2019 版现场测试规程：从挖出的全部试样中取代表性样品，测含水率。 用小灌砂筒测试时，细粒土不少于 100g；各种中粒土，不少于 500g。 用中灌砂筒测试时，细粒土不少于 200g；各种中粒土，不少于 1000g。 对于粗粒土或水泥、石灰、粉煤灰等无机结合料稳定材料，宜将取出的材料全部烘干，且不少于 2000g
发散考点	1. 挖坑时，挖的坑洞形状为上大下小，则密度偏大。【口诀：上大则大】 2. 提前结束灌砂，流入坑洞砂不足，质量减小，置换的 V 偏小，结果偏大。 3. 检测现场，有振动干扰→流入坑洞的砂变得更加密实，$m_{砂}$ 变大，置换的 V 偏大，结果偏小

考点六：密度试验——灌水法

适用条件	用于现场测定巨粒土和粗粒土的密度。其他略

考点七：比重试验

试验方法	注意要点
比重瓶法	适用范围：本试验法适用于粒径小于 5mm 的土
	将 15g 烘干土装入 100mL 比重瓶内，浸泡 20h 以上；砂土（砂粒易跳出）可以用真空抽气法代替煮沸法排除土中空气。 土中含可溶性盐（超过 0.5%）、有机质（超过 5%）、非亲水性胶体，必须用煤油测定，并用真空抽气法排除土中空气。 真空压力表读数宜为 100kPa，抽气时间 1～2h
	精密度和允许偏差：两次平行测定，平行差值不得大于 0.02，否则应重做试验。取其算术平均值，以两位小数表示
浮称法	本试验适用于粒径≥5mm 的土，且其中粒径≥20mm 的土小于总土质量 10%
浮力法	本试验适用于粒径≥5mm 的土，且其中粒径≥20mm 的土小于总土质量 10%
虹吸筒法	本试验适用于粒径≥5mm 的土，且其中粒径≥20mm 的土大于总土质量 10%

考点八:土颗粒基本知识

分析土粒组成方法	1. 筛分法:大于 0.075mm 的土粒。 2. 沉降分析法:小于 0.075mm 的土粒。 3. 当土粗细颗粒兼有,联合使用筛分和沉降分析法(移液管法/密度计法)
土粒级配指标	1. 不均匀系数:$C_u=\dfrac{d_{60}}{d_{10}}$ 2. 曲率系数:$C_c=\dfrac{d_{30}^2}{d_{10}\times d_{60}}$ 意义:C_u 反映大小不同粒组的分布情况,C_u 越大,表示土粒大小分布范围越大。C_c 描述累计曲线的分布范围,反映曲线形状。 同时满足 $C_u>5$ 和曲率系数 $C_c=1\sim3$ 这两个条件时,级配良好

考点九:筛分法

试验原理	将土颗粒试样依次过一组不同孔径的套筛,每层筛上的余砂就是 1 个粒组的质量
适用条件	适用于分析大于 0.075mm 的土颗粒组成;对于粒径大于 60mm 的土样,本方法不适用
仪器设备	标准筛、摇筛机、天平、烘箱、筛刷等
试验步骤	略
关键步骤	1. 摇筛机摇振时间为 10~15min,至每分钟筛下数量不超过筛余量的 1%。 2. 筛后各级筛上和筛底土总质量与筛前试样质量之差,不应大于 1%。 3. 2mm 筛下的土不超过 10% 可省略细筛分析;小于 0.075mm 的超过 10% 需做沉降分析
结果整理	考试一般不涉及

考点十:沉降分析法(密度计法、移液管法)

密度计法	试验原理	依据斯笃克斯定律,将小于 0.075mm 部分制成土悬液,搅拌后用密度计测密度,用公式换算小于某粒径的试样质量占总质量之比(了解即可)
	适用范围	本方法适用于分析粒径小于 0.075mm 的细粒土
	仪器设备	甲、乙两种密度计(甲:刻度单位以 20℃时每 1000mL 悬液所含土质量的克数表示,乙:刻度单位以 20℃时悬液的比重表示),量筒,细筛,温度计,天平,洗筛漏斗,煮沸设备、搅拌器等
	试剂	浓度 25% 氨水、氢氧化钠、草酸钠、六偏磷酸钠、焦磷酸钠(强)、阳离子交换树脂等。盐洗需:10% 盐酸、5% 氯化钡、10% 硝酸、5% 硝酸银及 6% 过氧化氢(双氧水)

续上表

<table>
<tr><td rowspan="2">密度计法</td><td colspan="2">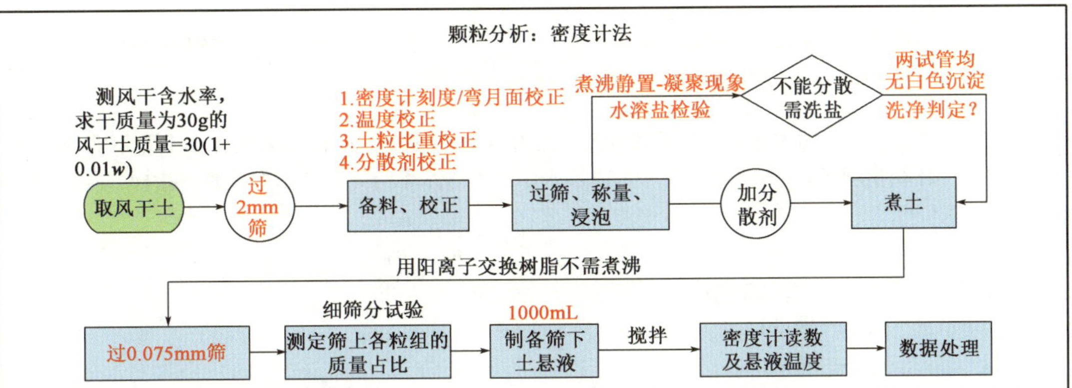
</td></tr>
<tr><td>数据处理</td><td>略,从未考查</td></tr>
<tr><td rowspan="6">移液管法</td><td>试验原理</td><td>依据斯笃克斯定律,将小于0.075mm部分制成土悬液(前部分操作同密度计法),静置一个固定的时间 t,让大于某粒径 d_i 的颗粒全部下沉到取液深度 L 以下(规范取 $L=10\text{cm}$),再用移液管吸取一定数量(25mL)悬液至烧杯中烘干称重,以此得到所取悬液中小于该粒径 d_i 的土粒质量,通过比例换算得到小于该粒径的颗粒含量百分比。同理,可求其他0.075mm以下粒径的百分比(了解即可,从未考查)</td></tr>
<tr><td>适用条件</td><td>本方法适用于分析粒径小于0.075mm细粒土的组成</td></tr>
<tr><td>仪器设备</td><td>分析天平(感量0.001g),移液管、恒温水槽、1000mL量筒、50mL烧杯</td></tr>
<tr><td colspan="2">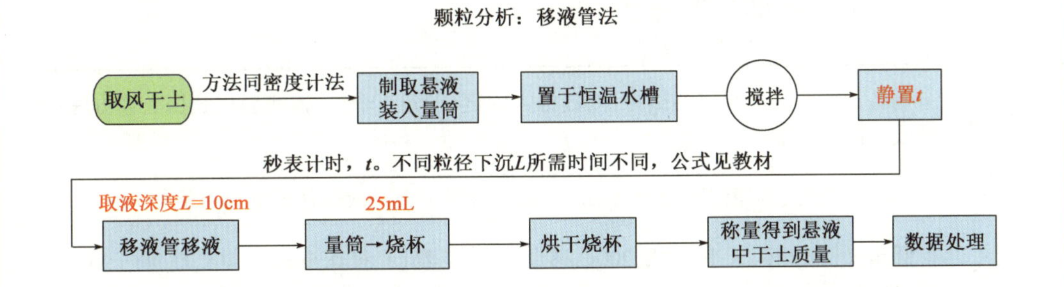
</td></tr>
<tr><td>数据处理</td><td>略,从未考查</td></tr>
</table>

考点十一:界限含水率基本知识

<table>
<tr><td>液限/塑限</td><td>1. 土从液体状态向塑性体状态过渡的界限含水率称为液限 w_L。
2. 土由塑性体状态向脆性固体状态过渡的界限含水率称为塑限 w_P
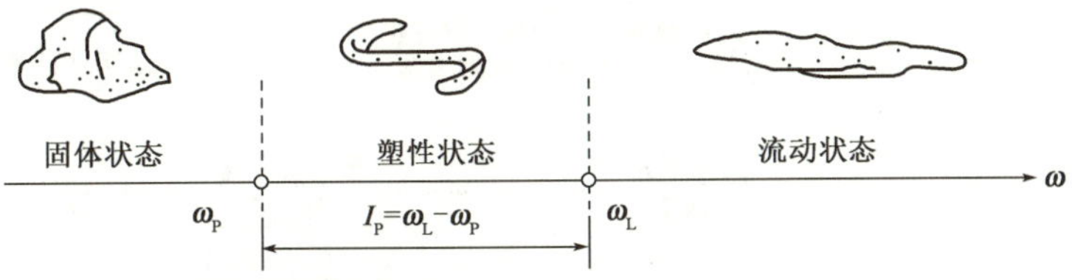

黏性土的状态与含水率关系图</td></tr>
</table>

续上表

塑性指数	液限与塑限之差(即土处于塑性状态的含水率变化范围)称为塑性指数 I_P。 $I_P = w_L - w_P$,塑性指数越大,表示土越具有高塑性
液性指标	土的天然含水率在一定程度上反映土中水量的多少。但仅靠天然含水率并不能说明土处于什么物理状态,因此还需要一个能够表示天然含水率与界限含水率关系的指标,即液性指标 I_L: $I_L = \frac{w - w_P}{w_L - w_P}$ 式中:w——天然含水率; w_L——液限; w_P——塑限。 当 $I_L = 1.0$,即 $w = w_L$ 时,土处于液限; 当 $I_L = 0$,即 $w = w_P$ 时,土处于塑限
缩限	当土达塑限后继续变干,土的体积随含水率的减少而收缩。但达到某一含水率后,土体积不再收缩,这个界限含水率称为缩限 w_s。当土的含水率低于缩限时,土是不饱和的
相对密度	所以引入相对密度的概念,来衡量砂的紧密程度。$D_r = \frac{e_{max} - e_0}{e_{max} - e_{min}}$

考点十二:液塑限联合测定法

试验原理	制备 3 种不同含水率的试样,测其锥入深度,得到 3 个点,连线后用数据处理方法(如下)在曲线中确定液塑限
适用条件	本试验适用于粒径不大于 0.5mm、有机质含量不大于试样总质量 5% 的土
仪器设备	圆锥仪、盛土杯、天平(称量 200g,感量 0.01g)、筛(孔径 0.5mm)、调土刀、调土皿、称量盒、研钵、吸管、凡士林
试验步骤	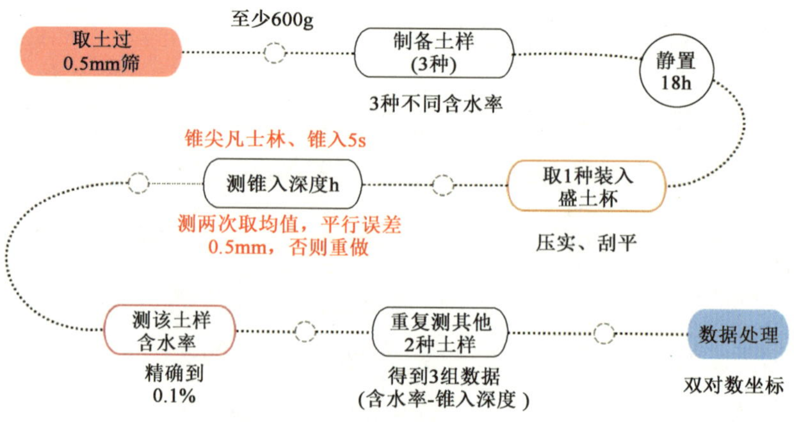

续上表

<table>
<tr><td>试验步骤</td><td colspan="3">制备土样→装入盛土杯→调平仪器→提起锥杆(此时游标或百分表读数为零)→锥头上涂少许凡士林→试杯放在联合测定仪的升降座上→转动升降旋钮,待锥尖与土样表面刚好接触时(灯亮)停止升降→扭动锥下降旋钮,经 5s 锥体停止下落→此时游标读数即为锥入深度→改变锥尖与土接触位置重复本试验(允许平行误差为 0.5mm)→取均值作为该点锥入深度→测该土样含水率。
注意:以上步骤考过多次排序题</td></tr>
<tr><td>图解试验</td><td colspan="3">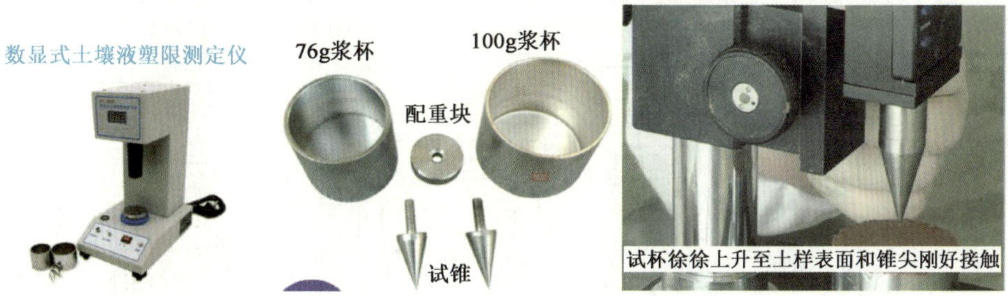
</td></tr>
<tr><td rowspan="2">数据处理</td><td rowspan="2">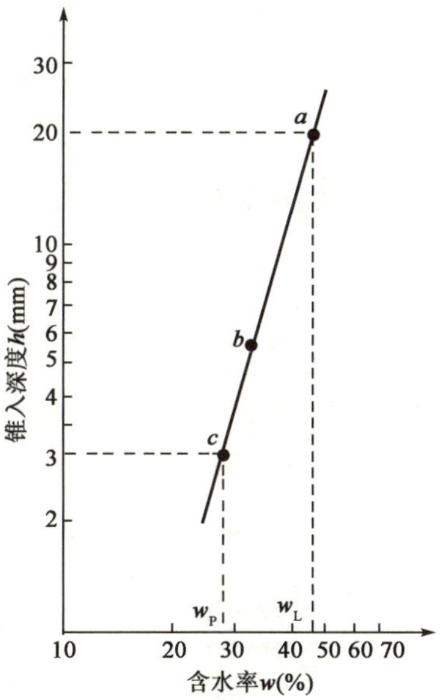

锥入深度与含水率(h-w)关系图</td><td>液限</td><td>1. a、b、c 三点连线(流程图中 3 组数据)。
2. 76g 锥:纵坐标 17mm 锥入深度对应的 w 即为 w_L。
3. 100g 锥:纵坐标 20mm 锥入深度对应的 w 即为 w_L</td></tr>
<tr><td>塑限</td><td>1. 76g 锥:纵坐标 2mm 锥入深度对应的 w 即为 w_P。
2. 100g 锥:先通过上面得到的 w_L,在 w_L-h_P 曲线查得 h_P,再在 h-w 曲线上找到对应 h_P 的 w 即为 w_P(对于细粒土,用双曲线确定值;对于砂类土,则用多项式曲线确定)</td></tr>
<tr><td>精度要求</td><td colspan="3">应进行两次平行测定,其允许差值为:高液限土≤2%,低液限土≤1%,若不满足要求,则应重新试验。取其算术平均值,保留至小数点后一位</td></tr>
</table>

第三节　土的工程分类

考点:土的工程分类

分类依据	1. 土的颗粒组成特征。 2. 土的塑性指标:液限(w_L)、塑限(w_P)和塑性指数(I_P)。 3. 土中有机质含量
粒组划分	巨粒组和粗粒组的界限为 60mm,粗粒组和细粒组的界限为 0.075mm
分类体系(重点掌握细粒土和特殊土分类)	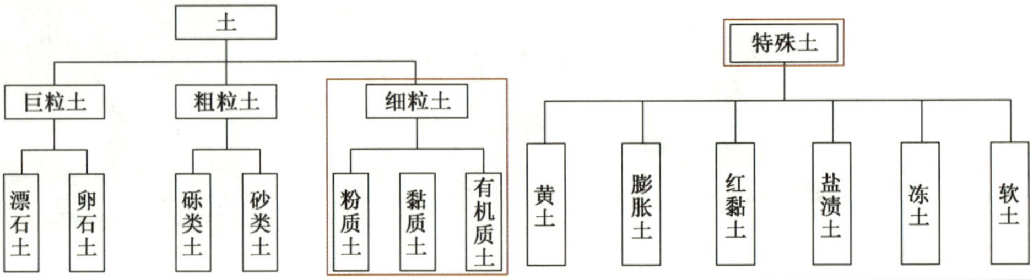
有机质土	当不能判定时,可采用下列方法: 将试样在 105 ~ 110℃的烘箱中烘烤。若烘烤 24h 后试样的液限小于烘烤前的 75%,该试样为有机质土

第四节　土的力学性质试验

考点一:击实试验

适用范围	本试验分轻型击实和重型击实。应根据工程要求和试样最大粒径选用击实试验方法。当粒径大于 40mm 的颗粒含量大于 5% 且不大于 30% 时,应对试验结果进行校正。粒径大于 40mm 的颗粒含量大于 30% 时,按"粗粒土和巨粒土的最大干密度试验"进行

	击实试验方法种类											
方法种类	试验方法	类别	锤底直径(cm)	锤质量(kg)	落高(cm)	试筒尺寸 内径(cm)	试筒尺寸 高(cm)	试样尺寸 高度(cm)	试样尺寸 体积(cm^3)	层数	每层击数	最大粒径(mm)
	轻型	Ⅰ-1	5	2.5	30	10	12.7	12.7	997	3	27	20
		Ⅰ-2	5	2.5	30	15.2	17	12	2177	3	59	40
	重型	Ⅱ-1	5	4.5	45	10	12.7	12.7	997	5	27	20
		Ⅱ-2	5	4.5	45	15.2	17	12	2177		98	40
	轻型重型之分,在于击实功不同,与筒的尺寸无关。 最大粒径尺寸,决定试筒尺寸											

续上表

<table>
<tr><td rowspan="2">试样制备
【土样不得重复使用】</td><td>干土法</td><td>过 40mm 筛后，按四分法至少准备 5 个试样，分别加入不同水分（按 1% ~3% 含水率递增），将土样拌和均匀，闷料一夜备用</td></tr>
<tr><td>湿土法</td><td>对于高含水率土，可省略过筛步骤，拣除大于 40mm 的石子。保持天然含水率的第一个土样，可立即用于击实试验。其余几个试样，将土分成小土块，分别风干，使含水率按 2% ~4% 递减</td></tr>
<tr><td>试验步骤</td><td colspan="2">制备土样→装筒（小试筒可分 3 或 5 层，每层 800 ~ 900g 或 400 ~ 500g；大试筒只能 3 层，每层 1700g），每层击实拉毛，小试筒击实后，试样不应高出筒顶面 5mm；大试筒击实后，试样不应高出筒顶面 6mm→称重→推出试验→测含水率

测定含水率用试样的数量
<table><tr><th>最大粒径（mm）</th><th>试样质量（g）</th><th>个数</th></tr><tr><td><5</td><td>约 100</td><td>2</td></tr><tr><td>约 5</td><td>约 200</td><td>1</td></tr><tr><td>约 20</td><td>约 400</td><td>1</td></tr><tr><td>约 40</td><td>约 800</td><td>1</td></tr></table></td></tr>
<tr><td colspan="3"> 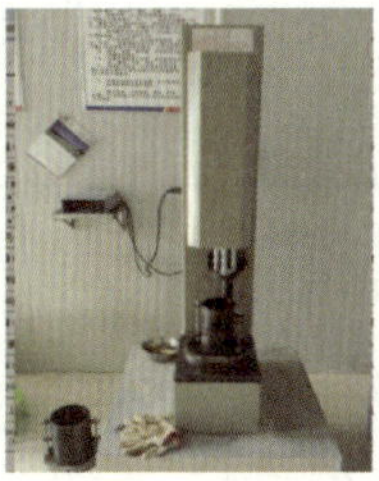  </td></tr>
<tr><td>数据处理</td><td colspan="2">1. 干湿密度换算：$\rho_d = \rho/(1 + 0.01w)$。
2. 以干密度为纵坐标，含水率为横坐标，绘制干密度与含水率的关系曲线，曲线上峰值点的纵、横坐标分别为最大干密度和最佳含水率。如曲线不能绘出明显的峰值点，应进行补点或重做。
3. 当试样中有大于 40mm 颗粒时，应先取出大于 40mm 颗粒，并求得其百分率 P，把小于 40mm 部分做击实试验，按公式分别对试验所得的最大干密度和最佳含水率进行校正（适用于大于 40mm 颗粒的含量小于 30% 时）。
4. 精度和允许差：最大干密度精确至 0.01g/cm^3；最佳含水率精确至 0.1%</td></tr>
<tr><td>影响压实的因素</td><td colspan="2">1. 含水率对整个压实过程的影响。一般粉粒和黏粒含量多，土的塑性指数越大，土的最佳含水率也越大，同时其最大干密度越小。因此，一般砂性土的最佳含水率小于黏性土，而砂性土的最大干密度大于黏性土。
结论：土越粗，最佳含水率越小，最大干密度越大。
2. 击实功对最佳含水率和最大干密度的影响。
3. 不同压实机械对压实的影响。
4. 土粒级配的影响。
发散：提高土的最大干密度的措施有增大击实功或增加土中粗颗粒含量</td></tr>
</table>

考点二:粗粒土和巨粒土的最大干密度试验(表面振动压实仪法)

<table>
<tr><td>适用范围</td><td>本试验用于测定无黏聚性自由排水粗粒土和巨粒土(粒径小于 0.075mm 的干土质量百分数不大于 15%)的最大干密度</td></tr>
<tr><td>试筒选择</td><td>
试样质量及仪器尺寸
<table>
<tr><th rowspan="2">土粒最大尺寸(mm)</th><th rowspan="2">试样质量(kg)</th><th colspan="2">试筒尺寸</th><th rowspan="2">装料工具</th></tr>
<tr><th>容积(cm³)</th><th>内径(mm)</th></tr>
<tr><td>60</td><td>34</td><td>14200</td><td>280</td><td>小铲或大勺</td></tr>
<tr><td>40</td><td>34</td><td>14200</td><td>280</td><td>小铲或大勺</td></tr>
<tr><td>20</td><td>11</td><td>2830</td><td>152</td><td>小铲或大勺</td></tr>
<tr><td>10</td><td>11</td><td>2830</td><td>152</td><td>ϕ25mm漏斗</td></tr>
<tr><td>≤5</td><td>11</td><td>2830</td><td>152</td><td>ϕ3mm 漏斗</td></tr>
</table>
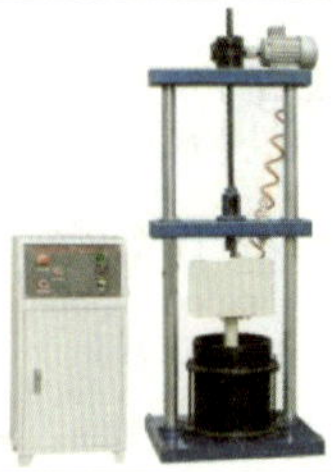
</td></tr>
<tr><td>试验步骤</td><td>1. 本试验采用干土法,分成 3 份。
2. 装料,分三层,先装第一份。
3. 放下振动器,振动 6min。吊起振动器。
4. 进行第二层、第三层试样振动压实。
5. 卸去套筒,将直钢条放于试筒直径位置上,测定振毕试样高度。读数宜从四个均布于试样表面至少距筒壁 15mm 的位置上测得并精确至 0.5mm,记录并计算试样高度 H_0。
6. 卸下试筒,测定并记录试筒与试样质量。扣除试筒质量即为试样质量。计算最大干密度 ρ_{dmax}</td></tr>
</table>

考点三:土的承载比(CBR)试验

<table>
<tr><td>概念</td><td>CBR 定义:试验贯入量达到 2.5mm 或 5mm 时单位压力与标准碎石压入相同贯入量时标准荷载强度(7MPa 或 10.5MPa)比值的较大值,用百分数表示。CBR 击实试件预先浸水饱和,以模拟材料在使用过程中的最不利状态;贯入过程中在试件上面放置荷载板,以模拟路面结构对路基的附加应力</td></tr>
<tr><td>适用范围</td><td>本试验方法只适用于在规定的试筒内制件后,对各种土和路面基层、底基层材料进行承载比试验。试样的最大粒径宜控制在 20mm 以内,最大粒径不得超过 40mm,且粒径在 20 ~ 40mm 的颗粒含量不宜超过 5%</td></tr>
<tr><td>仪器设备</td><td>1. 圆孔筛:孔径 40mm、20mm 及 5mm 筛各 1 个。
2. 试筒:内径 152mm、高 170mm 的金属圆筒。
3. 套环:高 50mm。
4. 筒内垫块:直径 151mm、高 50mm。
5. 夯击底板:同击实仪。
6. 夯锤和导管:夯锤的底面直径 50mm,总质量 4.5kg;夯锤在导管内的总行程为 450mm。
7. 路面材料强度仪:能调节贯入速度至每分钟贯入 1mm。
8. 荷载板:直径 150mm,中心孔眼直径 52mm,每块质量 1.25kg,共 4 块,并沿直径分为两个半圆块</td></tr>
</table>

续上表

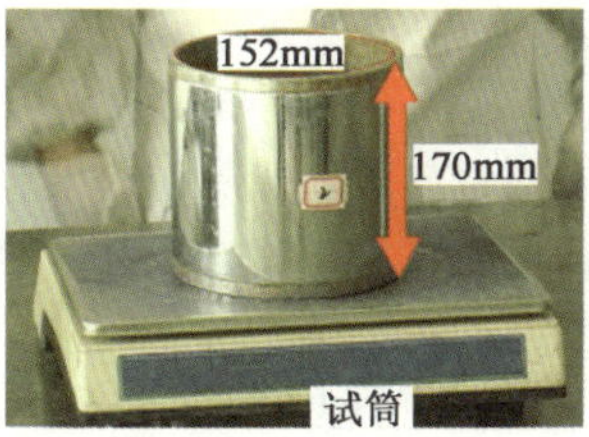

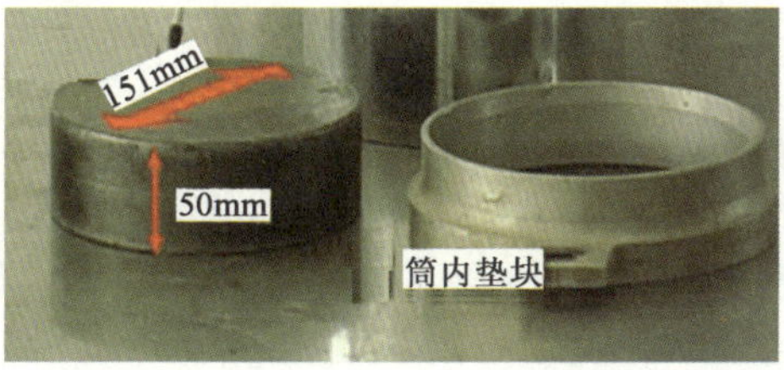

试样	将具有代表性的风干试料(必要时可在50℃烘箱内烘干),用木碾捣碎。土团应捣碎到过5mm的筛孔。用40mm筛筛除大于40mm的颗粒,并记录超尺寸颗粒的百分数。按击实试验方法确定试料的最大干密度和最佳含水率

试验步骤:

1. 取试料测风干含水率。按最佳含水率制备3个试件,掺水浸润。浸润时间:黏性土≥24h,粉性土可缩短到12h,砂土可缩短到6h,天然砂砾可缩短到2h。

2. 称试筒质量 m_1,试筒固定在底板上,垫块放入筒内,垫块上放一张滤纸,安上套环。

3. 取试样分3次倒入筒内(每层约1500~1750g),其量应使击实后的试样高出1/3筒高1~2mm。整平,进行第一层试样击实。第一层击实后,将试样层面"拉毛",然后再装入套筒,重复其余2层的击实。大试筒击实后,试样不宜高出筒高10mm。(每层击数一般分别为30次、50次和98次)

4. 每击实完一个试件,都要取代表性试样测含水率。

5. 卸下套环,用直刮刀沿试筒顶修平,表面不平整处用细料修补。取出垫块,称试筒和试件的质量(m_2)。

6. CBR试样制件采用静压成型制件时,一次静压成型。

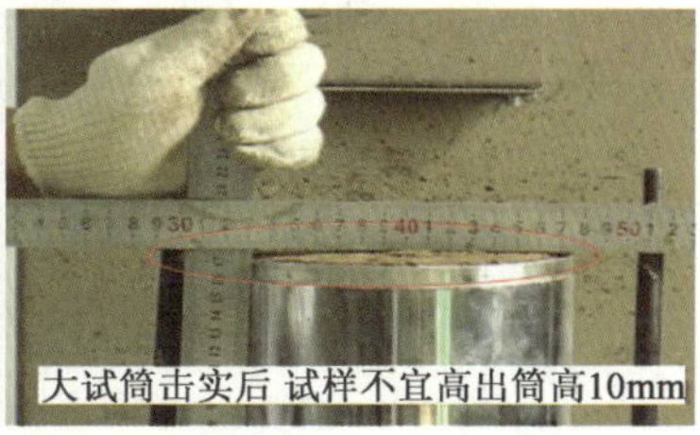

7. 泡水测膨胀量的步骤如下:

(1)在试件制成后,取下试件顶面的破残滤纸,放一张好滤纸,安装多孔板,在多孔板上加4块荷载板。

(2)将试筒与多孔板一起放入槽内(先不放水),并用拉杆将模具拉紧,安装百分表,并读取初读数。

(3)向水槽内注水,使水漫过试筒顶部。在泡水期间,槽内水面应保持在试筒顶面以上约25mm。通常试件要泡水4昼夜。

(4)泡水终了时,读取试件上百分表的终读数,计算膨胀率:$\delta_e=(H_1-H_0)/H_0$。

(5)从水槽中取出试件,倒出试件顶面的水,静置15min,让其排水,然后卸去附加荷载和多孔板、底板和滤纸,并称量(m_3),以计算试件的湿度和密度的变化。

8. 贯入试验:

(1)应选用合适吨位的测力环,贯入结束时测力环读数宜占其量程1/3以上。

(2)将泡水试验终了的试件放到强度试验仪的升降台上,调整偏球座,对准、整平并使贯入杆与试件顶面全面接触,在贯入杆周围放置4块荷载板。

续上表

<table>
<tr><td colspan="3">(3)先在贯入杆上施加少许荷载,以便试样与土样紧密接触,然后将测力和测变形的百分表的指针均调整至整数,并记读初始读数。
(4)加荷使贯入杆以1 ~ 1.25mm/min 的速度压入试件,同时测记三个百分表的读数。记录测力计内百分表某些整读数(如 20、40、60)时的贯入量,并注意使贯入量为 250×10^{-2}mm 时,能有 5 个以上的读数。因此,测力计内的第一个读数应是贯入量 30×10^{-2}mm 左右</td></tr>
<tr><td colspan="3">  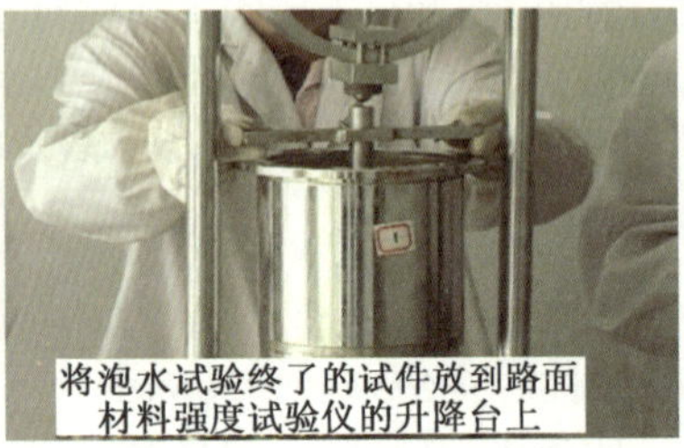 </td></tr>
<tr><td>结果整理</td><td>1. 以单位压力(p)为横坐标,贯入量(l)为纵坐标,绘制 $p-l$ 关系曲线,如右图所示。图上曲线 1 是合适的。曲线 2 开始段是凹曲线,需要进行修正。修正时,在变曲率点引一切线,与纵坐标交于 O'点,O'为修正后的原点。
修正后,压力 p 值变大。
2. 分别计算贯入量为 2.5mm 和 5mm 时的 CBR。
$$\text{CBR} = \frac{p}{7000} \times 100 \qquad \text{CBR} = \frac{p}{10500} \times 100$$
式中:CBR——承载比,计算至 0.1%;
p——单位压力(kPa)。
取两者的较大值作为该材料的承载比(CBR)</td><td>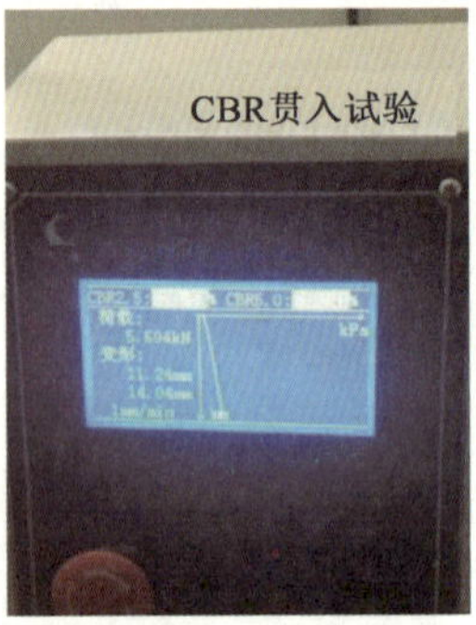
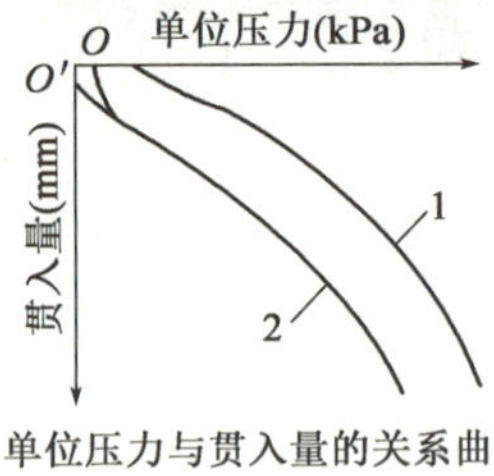
单位压力与贯入量的关系曲线</td></tr>
<tr><td>精度和允许差</td><td colspan="2">计算 3 个平行试验的承载比变异系数 C_v。
1. 如 C_v 小于 12%,则取 3 个结果的平均值。
2. 如 C_v 大于 12%,则去掉一个偏离大的值,取其余两个结果的平均值。CBR 值(%)与膨胀量(%)取小数点后一位</td></tr>
</table>

第五节　土工合成材料

考点一：土工合成材料概述

<table>
<tr><td>分类</td><td colspan="5">四大类：土工织物、土工膜、土工复合材料、土工特种材料</td></tr>
<tr><td colspan="6">用途：土工合成材料可应用于公路路基、挡土墙、路基防排水、路基防护、路基不均匀沉降防治、路面裂缝防治、特殊土和特殊路基处治地基处理等工程中</td></tr>
<tr><td>土工织物</td><td>复合土工膜</td><td>复合排水材料</td><td>土工格栅</td><td>土工带</td><td>土工格室</td></tr>
<tr><td></td><td></td><td></td><td></td><td></td><td></td></tr>
<tr><td>隔离介质、路基防排水、防沙固沙、构筑物表面防腐、路面裂缝防治；加筋</td><td>路基防水、盐渍土隔离</td><td>地基（排水）处理和路基排水</td><td>路基加筋、路基不均匀沉降防治、特殊土路基处治、地基处理；路面裂缝防治（玻璃纤维）</td><td>可用于有面板的加筋土挡土墙</td><td>路基加筋、防沙固沙、路基防护等场合</td></tr>
<tr><td rowspan="4">性能指标（易考分类）</td><td>物理指标</td><td colspan="4">密度、厚度、单位面积质量、有效孔径</td></tr>
<tr><td>力学指标</td><td colspan="4">拉伸、握持拉伸、撕裂、顶破、CBR 顶破、刺破、胀破等强度和直剪摩擦、拉拔摩擦等</td></tr>
<tr><td>水力学指标</td><td colspan="4">垂直渗透系数（透水率），平面渗透系数（导水率）、梯度比</td></tr>
<tr><td>耐久性指标</td><td colspan="4">抗紫外线能力、化学稳定性和生物稳定性、蠕变性等</td></tr>
<tr><td>取样制备</td><td colspan="5">1. 取卷装样品：所选卷装材料应无破损，卷装呈原封不动状。
2. 裁取样品：全部试验的试样应在同一样品中裁取。卷装材料的头两层不应取作样品。取样时应尽量避免污渍、折痕、孔洞或其他损伤部分，否则要加放足够数量。
3. 样品的标记：应标明的内容包括商标、生产商、供应商、型号、取样日期，要加标记表示样品的卷装长度方向。样品可以卷起，但不能折叠</td></tr>
<tr><td>调湿和状态调节</td><td colspan="5">1. 土工织物：试样应在标准大气条件下调湿 24h，标准大气条件：温度 20℃ ±2℃、相对湿度 65% ±5%。
2. 塑料土工合成材料：在温度 23℃ ±2℃的环境下进行状态调节，时间不少于 4h。
3. 如试样不受环境影响，可省去调湿和状态调节，但应注明试验温湿度</td></tr>
</table>

考点二：物理性能试验

试验名称		试样	关键参数/步骤	数据处理
单位面积质量测定		$10000mm^2$ 的试样 10 块		均值(精确至 $0.1g/m^2$)
厚度测定	土工织物	10 块	2kPa 压力下 30s 测定	均值(精确至 0.01mm)
	土工膜	试样条宽 100mm		平均厚度、厚度最大值、厚度最小值(精确至 0.001mm)
土工格栅、土工网孔尺寸测定		至少包括 10 个完整网孔	游标卡尺精度 0.02mm	10 个网孔当量孔径平均值(精确至 1mm)

考点三：力学性能试验

试验名称	试样	关键参数	关键步骤	数据处理
宽条拉伸试验	纵向横向各剪取 5 块，宽 200mm	夹具夹持 100mm ± 3mm、伸长计 60mm；预张力 = 最大负荷的 1%；拉伸速率为名义夹持长度的 20% ±1%/min；实际夹持长度 = 预负荷伸长 + 名义夹持长度	湿态试样，从水中取出 3min 内进行试验。试样在距钳口 5mm 范围内断裂结果剔除；补做至 5 块有效试样	拉伸强度和特定伸长率下的拉伸力精确至 3 位有效数字；最大负荷下伸长率精确至 0.1%；伸长率 $\varepsilon = \Delta L/(L_0 + L_0')$
接头接缝宽条拉伸试验	含接头接缝试样至少 5 块；长度不少于 200mm，宽度 200mm	拉伸速率为名义夹持长度的 20% ±1%/min	湿态试样，从水中取出 3min 内进行试验。有不合格时需补做至 5 块有效试样	强度值精确至 3 位有效数字；计算 5 个试样均值
条带拉伸试验	至少 5 个试样			
梯形撕破强力试验	纵向横向各取 10 块	拉伸速率为 100mm ± 5mm/min；拉伸试验机卡具初始距离为 25mm	有不合格时需补做至 10 块有效试样	10 次试验值的均值
CBR 顶破强力	ϕ300 圆形试样 5 块	顶压杆 ϕ50mm，高度 100mm；下降速度 60mm ±5mm/min	试样有滑移需补做至 5 块有效试样	5 次试验值的均值
刺破强力试验	直径不小于 100mm 圆形试块 10 块	顶压杆 ϕ8mm ± 0.01mm；加载速度 300mm ± 10mm/min	湿态试样，从水中取出 3min 内试验；试样有滑移需补做至 10 块有效试样	10 次试验值的均值

续上表

试验名称	试样	关键参数	关键步骤	数据处理
直剪摩擦特性试验	每种样品每个被测试方向至少取4块	水平位移速率1mm±0.2mm/min;50kPa法向压力;位移达到剪切面长度的16.5%结束	滑板的长度至少为剪切盒长度加上试样尺寸的16.5%	最大剪应力的确定方法:剪应力和位移曲线有峰值取峰值;无峰值取位移量为剪切面积长度10%的剪应力为最大剪应力
拉拔摩擦试验	试样不少于5块,长度不小于200mm	试样埋入土中100~150mm;拉拔速率要求在0.2~3.0mm/min	要求在四级不同荷载作用下试验	试验结束的标准: ①水平荷载出现峰值或获得稳定值。 ②如不出现峰值或试样被拉断,说明试样埋入长度过长,应缩短后重新试验

考点四:水力性能测试

试验名称	试样	关键参数/步骤	数据处理
垂直渗透性能测试	试样不少于5块	仪器能设定的最大水头差应不小于70mm;浸泡至少12h;向仪器注水,先达到50mm水头差,再调整水流达到70mm±5mm水头差	均值(精确至0.1g/m^2)
耐静水压试验	3块试样	加压步骤:先缓慢加压至0.1MPa,保持1h无渗水,继续以0.1MPa加压;每级均保持1h直至渗水或破裂;记取前一级压力为最大耐静水压	三个试样的最低值(精确至0.1MPa)
有效孔径试验	5×n块;n为粒径组数	试样调湿:当试样在间隔至少2h的连续称重中质量变化不超过试样质量的0.25%时,可认为试样已经调湿。颗粒粒径的下限值为横坐标;平均过筛率为纵坐标	纵坐标10%对应的横坐标即为O_{90};纵坐标5%对应的横坐标即为O_{95}

第三章　集料与岩石

第一节　集料的基本概念

考点：基本概念

概念	集料或称之为矿质混合料(矿料)，指不同粒径的碎石、砾石、砂等粒状材料的总称
分类	1. 根据集料形成过程：天然的(卵石、碎石)；人工(碎石)。 2. 根据粒径大小：粗集料、细集料(注意不同用途时的划分依据)。 3. 根据化学成分：酸性集料、碱性集料【依据二氧化硅含量划分】
粒径的划分	1. 用于水泥混凝土、路面基层的粗细粗集料划分尺寸为 4.75mm。 2. 用于沥青混合料(SMA 除外)的粗细粗集料划分尺寸为 2.36mm。 3. SMA：划分随混合料中粗集料的粒径大小，采用不同粗细划分界限。 易考实例：SMA-10 为 2.36mm；SMA-13/16/20 为 4.75mm。 4. 集料最大粒径：使集料 100% 通过的最小标准筛筛孔尺寸。 5. 集料公称最大粒径：可能全部通过或允许有少量筛余(不超过 10%)的最小标准筛筛孔尺寸。(易考实例) 6. 集料公称粒径越大，取样量和试验用量越大

第二节　集料的技术性质和技术要求

考点一：粗集料技术性质

物理性质	物理常数	1. 表观密度：单位表观体积(含材料实体矿物成分、闭口孔隙和开口中尚未完全被水填充的孔隙体积)物质颗粒的干质量。 2. 毛体积密度：单位毛体积(含材料实体矿物成分、闭口孔隙、开口孔隙等颗粒表面轮廓线所包围的全部毛体积)物质颗粒的干质量。

续上表

物理性质	物理常数	3. 表干密度：单位毛体积下的饱和面干质量（含物质颗粒的干质量和开口孔隙吸收水的质量）。（注：表干指表面干，孔隙里不干。） 4. 堆积密度：单位堆积体积（含材料实体矿物成分及其闭口孔隙、开口孔隙及颗粒间的空隙体积）物质颗粒的质量。 数值排序：表观密度 > 表干密度 > 毛体积密度 > 堆积密度 5. 空隙率：空隙体积占集料总体积的百分率
	级配	1. 概念：集料中组成颗粒的分级和搭配状况称为级配。 2. 描述级配的相关参数： (1)分计筛余百分率：$a_i(\%) = m_i \times 100/M$ (2)累计筛余百分率：$A(\%) = a_1 + a_2 + a_3 + \cdots + a_i$ (3)通过百分率：$p_i(\%) = 100 - A_i$
坚固性		粗集料的坚固性也称为集料的安定性，是用来表征材料耐候性的一项指标，即集料抵抗多次由硫酸钠结晶膨胀循环后造成的破坏作用的性能
力学性质		主要指抗压碎能力和磨耗性两大指标。用于表层路面时，加测磨光值和磨耗值。 1. 压碎值：用于评定粗集料的承载能力；采用被压碎到小于某粒径的质量占全部的百分率来表示。 2. 磨耗性：评定粗集料抗磨耗、冲击、边缘剪切等综合性能。（洛杉矶磨耗仪） 3. 磨耗值(AAV)：高等级公路沥青路面表层用粗集料专用试验。（道瑞磨耗试验机） 4. 磨光值(PSV)：评价高等级公路沥青路面表层用粗集料抗滑性的试验。（加速磨光机） 【压碎值、磨耗性、磨耗值】→越小越好；磨光值越大越好
化学性质		根据二氧化硅含量：碱性—52%—中性—65%—酸性

考点二：细集料的技术性质

粗度	1. 概念：评价砂粗细程度的指标，用细度模数表示，数值越大砂越粗。 2. 细度模数与级配无直接关系，同用途的两种砂： ①若级配相同，筛分试验的级配参数一致，则细度模数一定相同； ②若细度模数相同，级配未必相同。 3. 根据细度模数大小，将砂分成如下四级： 粗砂：细度模数在3.7~3.1之间；中砂：细度模数在3.0~2.3之间；细砂：细度模数在2.2~1.6之间；特细砂：细度模数在1.5~0.7之间
计算公式	见后续相关试验
有害物质	泥或泥块、有机质、云母、轻物质以及三氧化硫以及氯离子等

第三节 粗集料试验检测

考点一:粗集料的取样方法

取样方法	注意事项	
皮带运输机上取样	适用于采石场的生产线和拌和楼(机)冷料输送带上。取样时,在运输机骤停状态下在输送带上随机截取一段,用料铲和毛刷取全断面材料;或用接料器在皮带运输机的端部出料处连续接一定时间内的全部材料。取样长度应不小于输送带上料宽的 3 倍。间隔多次取样;取至少三份等量材料组成一组样品	
料堆上取样	1. 应清除料堆表面部分材料后从料堆内部取样。 2. 对于分层堆积成扁平状料堆,在顶部选择至少均匀分布的 3 处位置进行取样,如右图。 3. 对于锥体状料堆,宜采用装载机按右图方法沿料堆四周均匀分布的至少 3 个坡面位置取样。 4. 对于锥体状料堆,当不具备装载机,可选择均匀分布的至少 3 个坡面进行人工取样	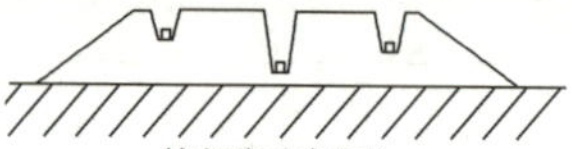 (侧面示意图) 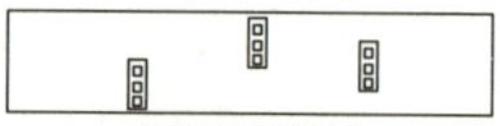 (俯视示意图) 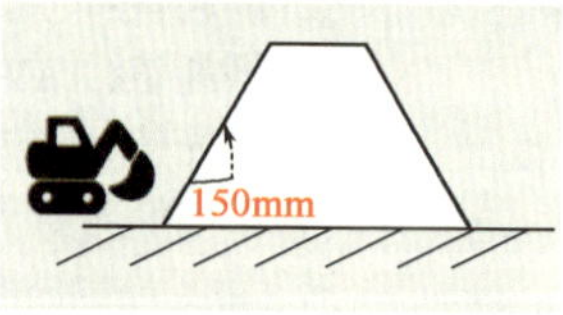
货仓(火车皮、货车斗、船仓)中取样	1. 对于火车上取样,应随机抽取一列火车中至少 3 节货仓。 2. 对于货船上取样,应从货仓顶部选择均匀分布的至少 3 处。 3. 对于货车上取样,应随机抽取 1 辆货车	
沥青拌和楼的热料仓取样	取样之前,热料仓为满仓或接近满仓。按一定配比拌和至少 3 盘集料混合料或单档集料(不加沥青结合料及各添加剂),至集料表面未见裹覆沥青。 1. 操作拌和楼,将某一单档热料仓材料排放到拌和锅内,放料宜不少于满锅质量的 60% ~85%。打开仓门借助装载机进行卸料;卸料时装载机不得溢料。 2. 按上述方法卸料至少四次。第一次卸料废弃;从第二次开始,将材料卸到一处干净的平地上,取一份样品。按上述方法取至少三份等量材料组成一组样品	

考点二:粗集料密度试验方法(网篮法)

目的与适用范围	本方法适用于测定各种粗集料的表观密度、表干密度、毛体积密度,以及粗集料的吸水率。 说明:1. 粗集料试验还有容量瓶法,所测密度种类与网篮法一致。 2. 细集料的容量瓶法测密度,仅可测表观密度和表观相对密度

续上表

<table>
<tr><td>仪器设备</td><td>1. 电子天平:可悬挂吊篮测定集料的水中质量,称量应满足试样数量称量要求,感量不大于称量质量的 0.1%;2. 吊篮;3. 溢流水槽;4. 吊线;5. 烘箱;6. 恒温水槽:恒温 23℃ ±2℃</td></tr>
<tr><td colspan="2">   </td></tr>
<tr><td colspan="2">试验方法和步骤</td></tr>
<tr><td>试验准备</td><td>1. 将样品用 4.75mm 试验筛(对于 3~5mm、3~10mm 集料,采用 2.36mm 试验筛)充分过筛。
2. 将试样浸泡在水中,借助金属丝刷将试样颗粒表面洗刷干净,经多次漂洗至水清澈为止。
3. 样品不得采用烘干处理。经过拌和楼等加热后的样品,试验之前,应在室温条件下放置不少于 12h</td></tr>
<tr><td>关键步骤</td><td>1. 将试样装入盛水容器中,注水,水面高出试样 20mm;搅动试样排除气泡。
2. 浸水 24h ±0.5h,可在室温下浸水后,再移入 23℃ ±2℃ 恒温水槽继续浸水。其中恒温水槽浸水不少于 2h。
3. 将吊篮挂在天平吊钩上,浸入水槽,加水至吊篮完全浸没,吊篮顶部至水面距离不小于 50mm。上、下升降吊篮排除气泡,升降 25 次,升降高度约 25mm,且吊篮不得露出水面。(排除的是吊篮的气泡)
4. 将试样移入吊篮中,按照相同方法排除气泡。待水槽中水位达到溢流孔位置、天平读数稳定后,称取试样水中质量。
5. 提起吊篮、稍沥干水后,将试样完全移至拧干的软布上,用另外一条软布在试样表面搓滚、吸走颗粒表面及颗粒之间的自由水,至颗粒表面自由水膜消失、看不到发亮的水迹,即为饱和面干状态。对较大粒径的粗集料,宜逐颗擦干颗粒表面自由水,此时拧湿毛巾时不要太用劲,防止拧得太干。
6. 对擦拭完成的试样,立即称量饱和面干质量 m_f。如果擦拭过干,则放入水中浸泡约 30min,再次擦拭</td></tr>
<tr><td colspan="2">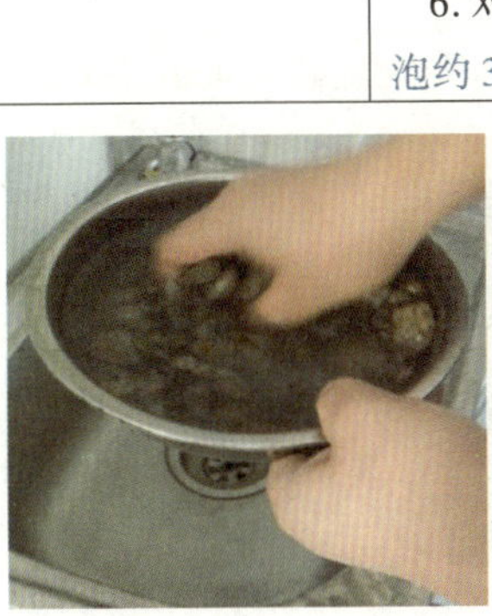  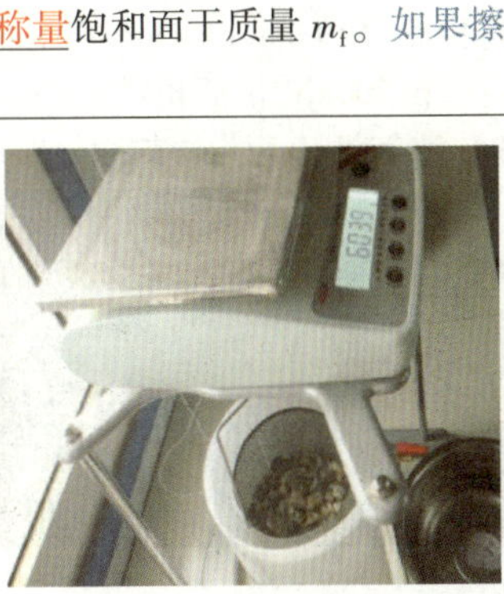 </td></tr>
</table>

续上表

数据处理 (注意计算小题, 给出三种质量, 代入公式求密度)	相对密度:物质的密度与标准密度(4℃水的密度)的比值,无量纲。 表观相对密度:　$\gamma_a = m_a/(m_a - m_w)$ 毛体积相对密度:　$\gamma_b = m_a/(m_f - m_w)$ 表干相对密度:　$\gamma_s = m_f/(m_f - m_w)$ 式中:γ_a——粗集料表观相对密度,无量纲; γ_b——粗集料毛体积相对密度,无量纲; γ_s——粗集料表干相对密度,无量纲; m_a——集料烘干质量(g); m_w——集料水中质量(g); m_f——集料饱和面干质量(g)
精度控制	集料的吸水率以烘干试样为基准,按下式计算,精确至 0.01%。 $$W_x = \frac{m_f - m_a}{m_a} \times 100$$ 式中:W_x——粗集料的吸水率(%); m_f——集料饱和面干质量(g); m_a——集料烘干质量(g)。 取两份试样的测定值算术平均值作为试验结果,相对密度准确至 0.001,密度准确至 0.001g/cm^3,吸水率准确至 0.01%。 精度控制:两次结果相差不超过 0.02,吸水率不超过 0.2%

考点三:粗集料压碎值试验

试验目的	本方法适用于测定粗集料压碎值,以评价集料的抗破碎能力
仪器设备	1. 压碎值试模。 2. 金属棒。 3. 天平:称量不小于 5kg,感量不大于 1g。 4. 试验筛:孔径为 19mm、13.2mm、9.5mm、2.36mm 的方孔筛。 5. 压力机:量程 500kN,示值相对误差不大于 2%;能 10min ± 30s 均匀加载到 400kN,4min ± 1min 均匀加载到 200kN;应设防护网   

续上表

试验准备	1. 将样品用9.5mm和13.2mm试验筛充分过筛，取9.5～13.2mm粒级缩分至约3000g试样三份。对于结构物水泥混凝土用粗集料，样品用9.5mm和19mm试验筛充分过筛，取9.5～19mm粒级，剔除针片状颗粒后，再缩分至约3000g的试样三份 2. 试样泡水→洗刷漂洗→沥干→105℃±5℃烘干（≤4h）→冷却至室温（温度敏感可40℃±5℃烘干）。 3. 取一份试样，分3次（每次在表面夯击25次）等量装入金属筒中。用减量法称取质量m_0'后，予以废弃。注意：这一份试样没有做压碎试验
方法步骤	1. 取一份试样，从中取m_0'±5g试样一份，称量记为m_0。 2. 将称取质量的试样分3次等量装入试模中，夯击后将表面整平。 3. 将试筒安放在压力机上，压柱放到试筒内压在试样表面。 4. 操作压力机，均匀施加荷载，在10min±30s内加到400kN，然后立即卸除荷载；对于结构物水泥混凝土用粗集料，可在3～5min内加到200kN，稳压5s后卸载，但应在报告中注明。 5. 取下试筒，将试样移入金属盘中。 6. 采用2.36mm试验筛充分过筛。 7. 称取2.36mm筛上集料质量m_1和2.36mm筛下集料质量m_2。 8. 取另外一份试样，按照以上步骤进行试验

结果计算及精度要求	1. 试样损耗率（公式略），准确至0.1%，应不大于0.5%。 2. 试样的压碎值按下式计算，准确至0.1%。 $$ACV = \frac{m_2}{m_1 + m_2} \times 100$$ 式中：ACV——试样的压碎值（%）； m_1——试样的2.36mm筛上质量（g）； m_2——试样的2.36mm筛下质量（g）。 取两份试样压碎值算术平均值作为测定结果，准确至1%。 压碎值重复性试验的允许误差为平均值的10%

考点四：洛杉矶磨耗试验

试验目的	适用于测定粗集料（各等级粒径）洛杉矶磨耗值，以评价集料的抗破碎能力
试验准备	将样品缩分得到一组子样。泡水→洗刷漂洗→沥干→105℃±5℃烘干（≤4h）→冷却至室温（温度敏感可40℃±5℃烘干）

续上表

方法和步骤	1. 将圆筒内部清理干净,将钢球放入圆筒中。 2. 按表要求,称量不同粒级颗粒,组成一份试样(水泥混凝土用集料宜采用A级粒度,试样重5000g ±10g,钢球12个)。称取试样总质量 m_1 后装入圆筒中,盖好试验机盖子、紧固密封。 3. 将转数计数器调零,设定转动次数(水泥混凝土集料500转,沥青混合料集料500转或1000转),开动试验机,转速30 ~ 33r/min。 4. 打开试验机盖子,将钢球及所有试样移入金属盘中,从试样中捡出钢球。 5. 用干筛法,将试样用1.7mm方孔筛充分过筛,然后将筛上试样用水冲干净、沥干,置于105℃ ±5℃烘箱中烘干至恒重、室温冷却后称量 m_2。 注:温度敏感性再生材料等,烘干采用40℃ ±5℃  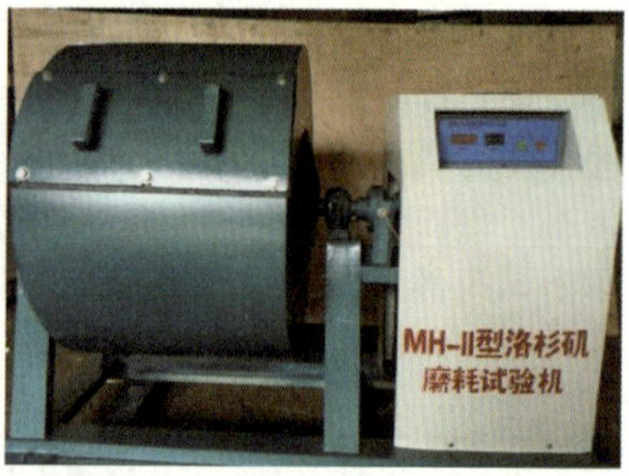
结果计算	粗集料的洛杉矶磨耗损失: $$Q = \frac{m_1 - m_2}{m_1} \times 100$$ 式中:Q——粗集料的洛杉矶磨耗损失(%); m_1——试验前试样总质量(g); m_2——试验后1.7mm筛上洗净烘干的试样总质量(g)
注意问题	同一采石场生产的同一类集料,可以在一起组成进行洛杉矶磨耗试验。当集料规格较多时,也可分别试验。不同采石场生产的集料,必须分开进行试验
精度要求	取两份试样的洛杉矶磨耗值的算术平均值作为试验结果,准确至0.1%

考点五:粗集料的针片状颗粒含量

规准仪法	
试验目的	本方法适用于测定混凝土用粗集料的针、片状颗粒含量
判别标准	针状颗粒:$\frac{\text{最大长度}}{\text{颗粒粒级的平均粒径}} > 2.4$;片状颗粒:$\frac{\text{最大厚度}}{\text{颗粒粒级的平均粒径}} < 0.4$
试验准备	将样品用4.75mm试验筛充分过筛,取筛上颗粒缩分至下表要求质量的试样一份,烘干或室内风干。

粗集料针状和片状颗粒含量试验的试样质量

公称最大粒径(mm)	9.5	13.2	16	19	26.5	31.5	37.5	53	63	75
一份试样的最小质量(kg)	0.2	0.4	0.5	1.0	1.7	3.0	5.0	12.0	20.0	28.0

续上表

1. 取一份试样，称量质量 m_0，用干筛法进行充分筛分。

2. 将不同粒级分别用规准仪逐颗检验。凡颗粒长度大于针状规准仪上相应间距的，为针状颗粒；凡颗粒厚度小于片状规准仪上相应孔宽的，为片状颗粒。

3. 对于公称最大粒径大于 37.5mm 的试样，可采用卡尺逐颗检验。

4. 称出各粒级挑出的针状颗粒和片状颗粒的总质量 m_1。

5. 针片状颗粒含量 $Q_{e+f} = (m_0/m_1) \times 100$

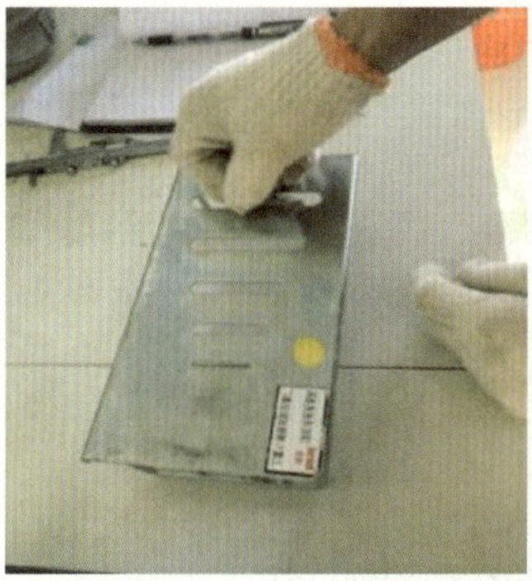

游标卡尺法

试验目的

1. 本方法测定的针片状颗粒，是指用最大长度与最小厚度之比大于 3 的颗粒。当采用其他比例时，应在试验报告中注明。

2. 适合于沥青混合料、无结合料粒料材料和无机稳定材料用粗集料针片状颗粒含量测定。

注：不能用规准仪法替代游标卡尺法

试验准备

将样品用 4.75mm 试验筛充分过筛，取筛上颗粒缩分至下表要求的质量两份且每份试样不少于 100 颗，烘干或室内风干。

粗集料针片状颗粒试验的试样质量

公称最大粒径(mm)	9.5	13.2	16	19	26.5	31.5	37.5	53	63	75
一份试样的最小质量(kg)	0.2	0.4	0.5	1.0	1.7	3.0	5.0	12.0	20.0	28.0

方法步骤：

1. 取一份试样称取质量 m_0。

2. 将试样平摊于试验台上，用目测直接挑出接近立方体的颗粒。

3. 如右图所示，将疑似针片状颗粒平放在桌面上成一稳定的状态。

4. $L/T \geqslant 3$ 即判定为针片状颗粒。

5. 逐颗判定所有集料是否为针片状颗粒。称取所有针片状颗粒质量 m_1；称取所有非针片状颗粒质量 m_2

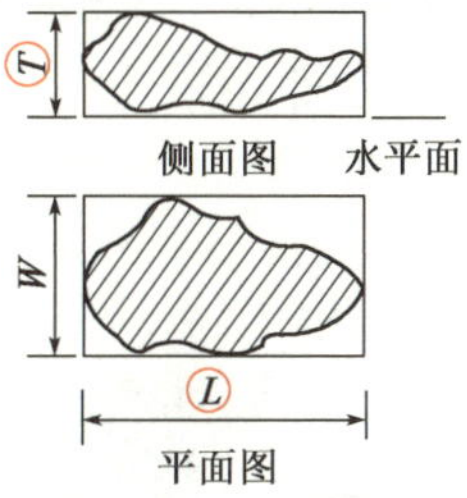

结果整理（公式略）

1. 试样的损耗率，准确至 0.1%（应不大于 0.5%）。

2. 取两份试样针片状颗粒含量的算术平均值，准确至 0.1%

精度要求

若两份试样的针片状颗粒含量之差超过平均值的 20%，应追加一份试样，取三份试样的算术平均值作为结果，准确至 0.1%

考点六:粗集料的磨光试验

试验目的	集料磨光值是利用加速磨光机磨光集料,并以摆式摩擦系数仪测定集料磨光后的摩擦系数值,以评定沥青路面表层用粗集料抗磨光性,判断粗集料在高等级公路沥青路面表层上的适用性
准备工作	1. 新橡胶片预摩擦方法,使橡胶片工作边缘在干燥标准试件表面摆动 5 次;然后喷洒水湿润试件表面,再次使橡胶片工作边缘在试件表面摆动 20 次,每摆动一次均需喷洒水湿润一次。(共预摩擦 25 次) 2. 试样处理方法,取 9.5 ~ 13.2mm 粒级颗粒缩分试样一份;剔除针、片状颗粒,表面过于粗糙或过于光滑的颗粒,不规则或高度大于试模厚度的颗粒;泡水→洗刷漂洗→沥干→40℃ ±5℃烘干
关键步骤	1. 制备试件:试模中摆放集料(9.5 ~ 13.2mm)→填入砂子(0.1 ~ 0.3mm)→填入环氧树脂砂浆填料→抹平处理→40℃的烘箱烘 3h,自然冷却 9h 拆模。 2. 磨光:先 C 橡胶轮 + 再 X 橡胶轮(每次均 180 ±1min 或 57600 转)。 3. 测摩擦系数值:一个试块重复测 5 次,极差不超过 3
结果整理	被测集料磨光值:　$PSV = PSV_{ra} + PSV_{b} - PSV_{bra}$ 式中:PSV——集料的磨光值; PSV_{ra}——被测集料 4 块试件磨光值的算术平均值; PSV_{b}——标准集料磨光值标称值; PSV_{bra}——4 块标准试件的磨光值算术平均值
精度要求	标准试件两组间的磨光值算术平均值之差不大于 5,否则所有被测集料试件试验结果无效。被测集料试件的两组间磨光值算术平均值之差应不大于 5,否则该被测集料试验结果无效

JM-Ⅱ型加速磨光机

本机适用于室内模拟汽车轮胎对公路沥青路面的磨光作用,对路面所用集料进行加速磨光。利用测得的集料的磨光值,评价集料的抗磨光性能

第四节　细集料试验检测

考点一：筛分试验(干筛法、水洗法)

<table>
<tr><td>试验目的</td><td colspan="3">1. 本方法适用于测定细集料的颗粒组成、计算细度模数。
2. 对于水泥混凝土、水泥砂浆，采用细集料干筛法/水洗法均可以；当 0.075mm 通过率大于 5% 时，宜采用水洗法进行筛分试验；对于沥青混合料、无结合料粒料材料及无机稳定材料用细集料，应采用水洗法进行分试验。
3. 对于轻集料，应采用干筛法进行筛分试验</td></tr>
<tr><td rowspan="4">试验准备</td><td colspan="3">将样品缩分至下表要求质量的试样两份，置于 105℃ ±5℃ 烘箱中烘干至恒重冷却至室温备用。特细砂可以减少到 100g。
细集料筛分试验的试样质量</td></tr>
<tr><td>公称最大粒径(mm)</td><td>4.75</td><td>≤2.36</td></tr>
<tr><td>一份试样的最小质量(g)</td><td>500</td><td>300</td></tr>
<tr><td>轻集料一份试样的最小体积(L)</td><td colspan="2">0.3</td></tr>
<tr><td colspan="3">1. 干筛法步骤要点
(1)取一份干燥试样，称取试样总质量 m_0。
(2)按干筛法试验步骤进行筛分，称量每号筛的分计筛余量 m_i 和筛底质量 $m_{底}$。
要点：机筛/人工筛 10min + 人工补筛(筛至每分钟各号筛的分计筛余量变化小于试样总质量的 0.1%)。
2. 水洗法步骤要点
先测小于 0.075mm 的颗粒含量，剩下的重复干筛试验。
(1)取一份干燥试样，称取试样总质量 m_0。
(2)由 4.75mm、0.075mm，或 2.36mm、0.075mm 组成套筛(粗筛在上)淘洗至清澈，不得有砂粒损失。烘干后筛分，称取水洗后的干燥试样总质量 $m_{洗}$，每号筛的分计筛余量 m_i 和筛底质量 $m_{底}$</td><td>
</td></tr>
<tr><td>结果整理</td><td colspan="3">$$M_x = \frac{(A_{0.15} + A_{0.3} + A_{0.6} + A_{1.18} + A_{2.36}) - 5A_{4.75}}{100 - A_{4.75}}$$
式中：M_x——细集料的细度模数；
$A_{0.15}$、$A_{0.3}$、$A_{0.6}$、$A_{1.18}$、$A_{2.36}$、$A_{4.75}$——分别为 0.15mm、0.3mm、0.6mm、1.18mm、4.75mm 各号筛的筛余率(%)</td></tr>
<tr><td>允许误差</td><td colspan="3">1. 一份试样的筛分损耗率应不大于 0.5%。
2. 0.075mm 通过率重复性试验的允许误差为 1%。
3. 细度模数重复性试验的允许误差为 0.2</td></tr>
</table>

考点二:细集料含泥量试验

<table>
<tr><td>试验目的</td><td>本方法适用于测定天然砂中粒径小于 0.075mm 的黏土、淤泥和尘屑的含量,不适用于机制砂、石屑及特细砂(石粉含量较高)等细集料</td></tr>
<tr><td>试验仪器</td><td>天平、烘箱、标准筛(孔径 0.075mm 及 1.18mm 的方孔筛)等</td></tr>
<tr><td>试验准备</td><td>样品缩分至约 400g 的试样两份,105℃ ±5℃烘干至恒重,冷却至室温</td></tr>
<tr><td colspan="2">试验方法和步骤:
1. 称取一份试样 m_0 装入盛水容器内摊平,加水至水面高出试样 150mm,并充分搅拌均匀,然后浸泡 2h。
2. 用手在水中淘洗,将浑浊液倒入 1.18mm 及 0.075mm 的套筛上,滤去小于 0.075mm 的细粉。
3. 试验前筛子的两面应先用水湿润,注意避免试样颗粒丢失。
4. 采用水冲洗等方法,将两只筛上颗粒并入盛水容器中。再次加水于盛水容器中,重复上述步骤,直到水清澈。
5. 将两只筛上及盛水容器中的试样全部回收到一个金属盘中,将金属盘连同试样一起置 105℃ ±5℃烘箱中烘干至恒重,冷却至室温后称取试样的质量 m_1
 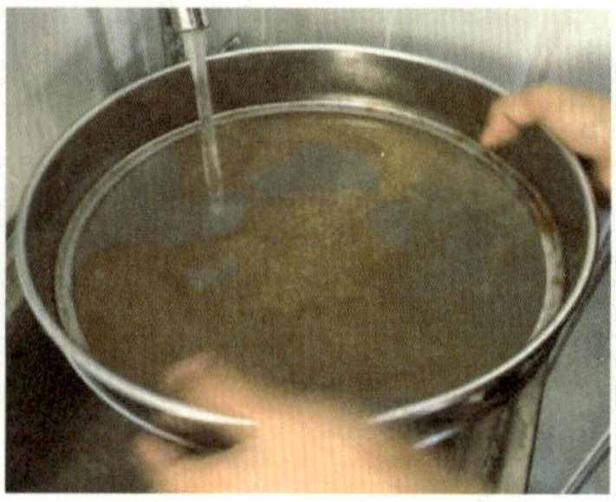 </td></tr>
<tr><td>结果的计算</td><td>$$Q_n = \frac{m_0 - m_1}{m_0} \times 100$$
式中:Q_n——砂的含泥量(%);
m_0——试验前烘干试样的质量(g);
m_1——试验后烘干试样的质量(g)</td></tr>
</table>

考点三:亚甲蓝试验

试验目的	1. 测定细集料亚甲蓝值,评价黏土类有害物质含量,评价细集料洁净程度。 2. 测定细集料中 0 ~ 2.36mm 部分的亚甲蓝值 MB,或细集料中 0 ~ 0.15mm 部分的亚甲蓝值 MB_F。 3. 适用于填料中 0 ~ 0.15mm 部分的亚甲蓝值 MB_F,用于评价矿粉质量
试验准备	1. 标准亚甲蓝溶液(10.0g/L ±0.1g/L)配制(10g 干亚甲蓝粉末) 先称 5g 左右亚甲蓝粉末测含水率 w_1,实际称取 10 × (1 + w%) g 亚甲蓝,加入盛有 600mL 温度不超 40℃的水中,持续搅动至全部溶解。容量瓶和溶液的温度应保持在 20℃ ±1℃,再定容至 1L。保存期应不超过 28d。

续上表

<table>
<tr><td>试验准备</td><td>2. MB 亚甲蓝用试样准备（0～2.36mm 细集料试样，相当于 200g 干砂）
试样过 2.36mm 筛，筛下缩分至不少于 2000g 子样一份。将子样拌匀、缩分得到 200g 含水率试样两份，测定含水率 w_2，实际称取 $200 \times (1 + w_2\%)$ g 砂</td></tr>
<tr><td colspan="2">MB 亚甲蓝试验步骤：

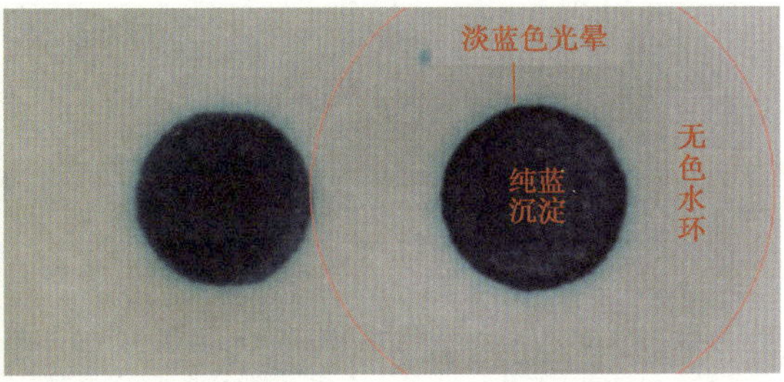

1. 取一份试样，倒入盛有 500mL ± 5mL 水的烧杯中，600r/min ± 60r/min 搅拌约 5min。形成悬浊液后，加 5mL 亚甲蓝溶液，设定转速 400r/min ± 40r/min 持续搅拌到试验结束。
2. 加入亚甲蓝溶液搅拌不少于 1min 后，进行第一次色晕试验。若沉淀物周围边缘放射出宽约 1mm 的浅蓝色色晕时，试验结果为阳性，说明待测样品中膨胀性黏土矿物数量较低。
3. 若第一次未出现色晕，则再加 5mL 亚甲蓝溶液，搅拌 1min 后再进行色晕试验，直至纯蓝色沉淀物周围出现 1mm 浅蓝色光晕，表明试验接近终点。
4. 当首次出现约 1mm 的浅蓝色光晕（下图红色），停止添加亚甲蓝溶液：每隔 1min 进行 1 次色晕检验，共进行 5 次色晕检验（下图蓝色为 5 次复检）。如果浅色光晕在 4min 内消失，则再加入 5mL 亚甲蓝溶液，重新以 1min 间隔共进行 5 次色晕检验；如果浅蓝色光晕在第 5min 内消失，则再加入 2mL 亚甲蓝溶液，重新以 1min 间隔共进行 5 次色晕检验。
重复试验直至连续 5min 内色晕检验均出现光晕。记录加入的亚甲蓝溶液总体积 V

</td></tr>
<tr><td>结果计算</td><td>$$MB = \frac{V_2 - V_1}{m_2 \times \dfrac{100}{100 + w_2}} \times 10$$
式中：MB——0～2.36mm 试样的亚甲蓝值（g/kg）；
m_2——试样质量（含水质量，g）；
w_2——试样含水率；
V_2——加入的亚甲蓝溶液总体积（mL）；
V_1——一般 V_1 取 0，当加入高岭土时，$V_1 = 3 \times MB_K$，MB_K 为高岭土亚甲蓝值</td></tr>
<tr><td>快速评价（一局定输赢）</td><td>准备 0～2.36mm 试样，称重；一次性加入体积 V 的亚甲蓝溶液（公式略）；
以 400r/min ± 40r/min 转速持续搅拌 8min，然后做色晕测试。
如果出现浅蓝色光晕，则此细集料亚甲蓝检验合格。
如果未出现浅蓝色光晕，则此细集料亚甲蓝不合格</td></tr>
</table>

考点四:细集料砂当量试验

试验目的	测定细集料砂当量,评价黏土类物质相对含量,以评定细集料洁净程度
试验仪器	透明圆柱形试筒、冲洗管、橡胶管、配重活塞、套筒、机械振荡器

试验方法和步骤:

1. 配制冲洗液:氯化钙、甘油和甲醛,配制 5L。该溶液可在 14 天内使用,超过 14 天则应废弃,工作温度为 22℃ ±3℃。

2. 试样准备:取待测砂样不少于 1000g,充分分散,筛除大于 4.75mm 的颗粒。测定砂样含水率,根据含水率称取干燥砂样为 120g 时的含水砂样质量,计算公式为:

$$m_1 = \frac{120 \times (100 + w)}{100}$$

【注:类似于称亚甲蓝湿粉末,湿质量 = 干质量 × (1 + w%)】

式中:w——砂样的含水率(%);

m_1——待测砂样质量(g)。

3. 用冲洗管将冲洗液加入试筒至下部 100mm 刻度处。将砂样经漏斗倒入试筒。拍打试筒底部排除气泡,放置 10min ±1min。

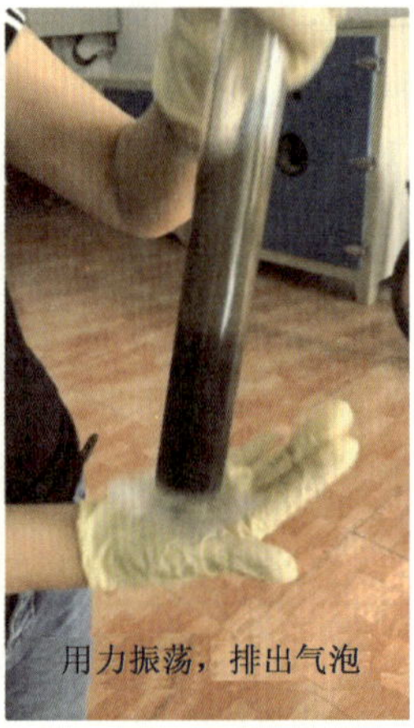

放置后,用橡胶塞堵住试筒,水平固定在振荡机上。开动机械振荡器,在 30s ± 1s 的时间内振荡 90 次 ± 3 次。然后取下试筒竖直放回试验台上。取下橡胶塞,用冲洗液冲洗黏附在试筒壁上的砂样颗粒。

将试筒按压在试验台上,保持竖直,迅速用力将冲洗管插到试筒底部,同时打开冲洗管液流,通过冲洗管搅动底部试样,冲洗液冲击使粉料上浮、悬浮。随后缓慢匀速向上提升冲洗管,当液面接近 380mm 刻度线时,缓慢将冲洗管提出液面,关闭液流,使液面正好位于 380mm 刻度线处,此时立即启动秒表计时。在没有扰动的情况下静置 20min ± 15s。静置后,立即用钢直尺量取从试筒底部到絮状凝结物上液面的高度 h_1。

随后将配重活塞缓缓插入试筒中至碰到沉淀物,拧紧套筒上的固定螺钉。将活塞取出,用直尺插入套筒开口中,量取套筒顶面至活塞底面的高度 h_2,精确至 1mm,同时记录试筒内的温度,精确至 1℃。测定试筒内冲洗液温度,如达不到 22℃ ±3℃,应予以舍弃

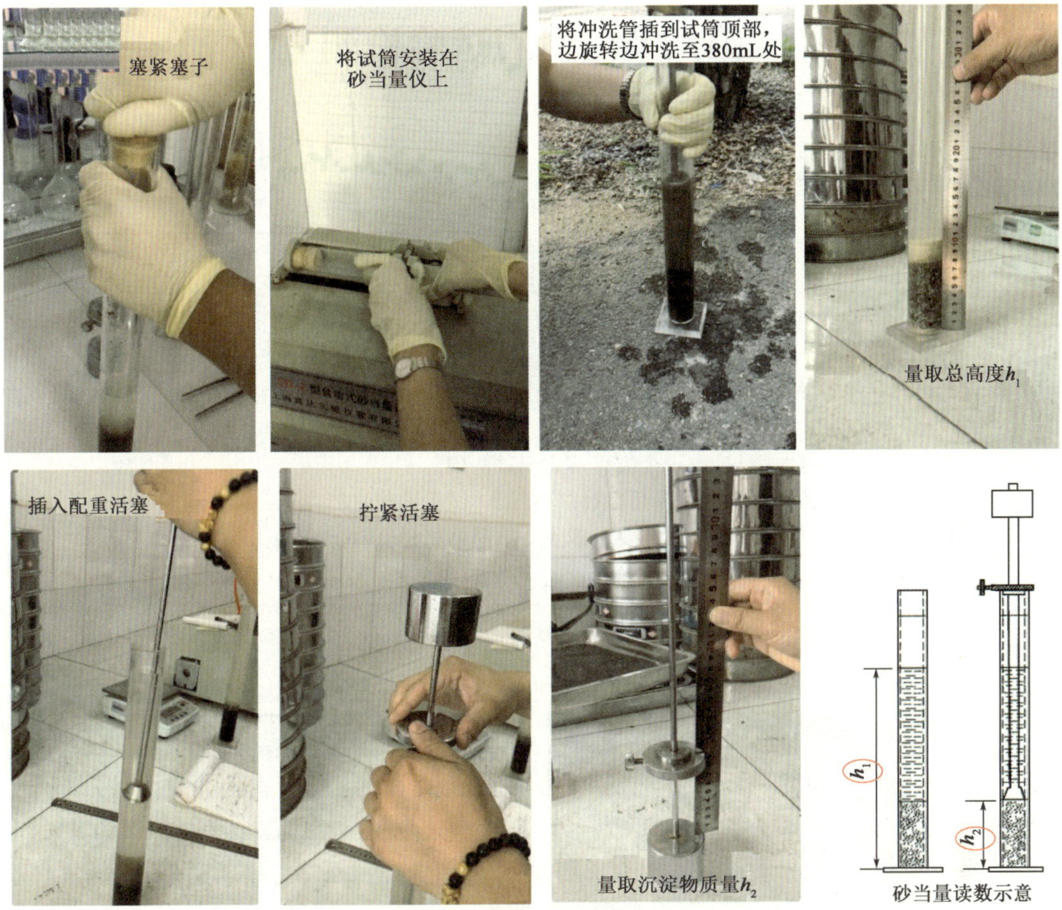

结果计算	试样的砂当量按下式计算： $$SE(\%) = (h_2/h_1) \times 100$$ 式中：h_2——试筒中用活塞测定的集料沉淀物的高度(mm)； h_1——试筒中絮凝物和沉淀物的总高度(mm)
说明注意	1. 砂当量越大，说明砂中小于0.075mm的颗粒中黏性土所占的数量越少，对应砂的洁净度越高，则砂的品质越好。 2. 含泥量试验和砂当量试验，没有排除石粉的干扰，而亚甲蓝法可以排除石粉对试验结果的影响，所以能够更加准确地评价砂样中黏土存在的状况

第五节　矿质混合料组成设计

略。

第六节　岩石试验检测

考点一:取样与试件制备

<table>
<tr><td>取样要点</td><td colspan="2">1. 同一组试样的采取位置应相同,并具有同类地质条件或处于同一层位。
2. 当需保持天然含水率时,严禁采用爆破或湿钻法。
3. 对易崩解、易风化、易溶解或具有膨胀性的岩石,取样后应立即密封,避免受到温度和湿度的影响。
4. 含有软弱夹层或其他类型结构面的试样,在取样过程中应采取相应措施,保证试样的完整性,减少扰动。
5. 宜缩短取样时间,且取样全过程不宜超过两周。
6. 需进行岩体试验的工程项目,取样应在岩体试验部位进行。
7. 每一个试样均应编号;对需要考虑受力方向的试样,应在试样上标注</td></tr>
<tr><td rowspan="3">试样种类</td><td>钻孔岩心样</td><td>岩心样净长不宜小于 100mm,直径不宜小于 50mm</td></tr>
<tr><td>岩块试样</td><td>岩块试样不宜小于 200mm × 200mm × 200mm,用于弯拉强度试验的试样不宜小于 300mm × 100mm × 100mm</td></tr>
<tr><td colspan="2"> </td></tr>
<tr><td>试件制备</td><td colspan="2">需考虑受力方向的试验,试件制备应采用岩块试样,根据试样上标注方向加工试件,并在试件上标明方向。
不考虑受力方向的试件,岩心试样应按岩心轴线方向制备</td></tr>
<tr><td>试件精度</td><td colspan="2">1. 试件端面平面度公差不得大于 0.05mm。
2. 试件高度、直径或边长误差不得大于 0.3mm。
3. 上下端面应垂直于试件轴线,偏差不得大于 0.25°</td></tr>
</table>

考点二:含水率试验

适用范围	本试验采用烘干法,适用于各类岩石
仪器设备	1. 烘箱:能控温在 105 ~ 110℃ 范围,最低控温能满足在 60℃ ± 5℃。 2. 干燥器。 3. 天平:分度值 0.01g。 4. 称量盒。 5. 真空抽气设备

续上表

试件制备	试件最小尺寸应大于组成岩石最大矿物颗粒直径的10倍,每个试件的质量为40~200g,每组试验试件的数量应为5个
试验要点	不含结晶水的岩石:105~110℃烘干至恒量,烘干时间宜为24h。 含结晶水的岩石:宜在60℃±5℃烘24~48h或常温下用真空抽气干燥法
数据处理	公式略;求5个试件含水率的算术平均值,精确至0.01%

考点三:吸水性试验

评价指标	吸水率	岩石吸水率采用自由吸水法测定
	饱和吸水率	饱和吸水率采用煮沸法或真空抽气法测定
适用范围	本试验适用于不干缩湿胀和遇水不崩解、不溶解的岩石	
仪器设备	切石机、钻石机、磨石机、天平、烘箱(105~110℃)、干燥器、真空抽气设备、煮沸水槽、水中称量装置	
步骤要点	1. 试件在105~110℃烘箱烘干大于24h,取出冷却至室温称重m_d。 2. 将试件(高度为H)置于盛水容器内,先注水至$1/4H$,每隔2h分别注水至$1/2H$和$3/4H$,6h后加至高出试件顶面20mm。再自由吸水48h,水面始终高于试件顶面。 3. 取出浸水试件,用拧干的湿纱布擦去试件表面水分,立即称其质量m_1。 4. 试件强制饱和,可采用煮沸法和真空抽气法。 5. 然后置于水中称量装置上,在水中称量m_2。 6. 称量准确至0.01g	
数据处理	1. 吸水率: $w_a=\frac{m_1-m_d}{m_d}\times 100$ 2. 饱和吸水率: $w_{sa}=\frac{m_2-m_d}{m_d}\times 100$ 式中:m_d——烘至恒量时的试件质量(g); m_1——吸水48h时的试件质量(g); m_2——试件经强制饱和后的质量(g)。 3. 饱水系数:$K_w=\frac{w_a}{w_{sa}}$,精确至0.01。(系数越大,抗冻性越差) 4. 取3个试件的平均值作为测定值,并列出每个试件的试验结果	

考点四:颗粒密度试验

目的和适用范围	岩石的颗粒密度是评价岩体稳定性、确定围岩压力等必需的参数。本试验采用比重瓶法,适用于各类岩石

续上表

仪器设备	手锤、粉碎机、瓷研钵、玛瑙研钵,磁铁、筛(孔径0.25mm)、比重瓶、天平(分度值0.001g)、烘箱(105~110℃)、干燥器、煮沸设备或真空抽气设备、恒温水槽、温度计等
试件制备	1.将试样敲成约5mm角砾→粉碎成岩粉→过0.25mm筛→磁铁吸去铁屑。 2.含磁性矿物的岩石,应粉碎后使岩粉全部过0.25mm筛
试验步骤	1.岩粉烘干(105~110℃)不少于6h至恒量。 2.四分法取岩粉两份,每份约15g。 3.称量岩粉 m_1 装入比重瓶,注入蒸馏水或煤油至容量一半,摇动分散岩粉;含可溶盐、亲水性黏土矿物、有机质的岩石,用煤油作试液;其他可用蒸馏水。 4.排除气体。煤油用真空抽气法(不小于1h);蒸馏水可用真空抽气法(不小于1h)或煮沸法。 5.继续注入试液至近满,置于恒温水槽内,使瓶内温度稳定,上部悬液澄清。 6.塞好瓶塞,使多余的试液自瓶塞毛细孔中溢出,擦干瓶外壁,称比重瓶、试液和岩粉总质量 m_3,并测定瓶内悬液的温度,准确至0.5℃。 7.洗净比重瓶,注入试液于比重瓶内,按上述第5、6条规定称比重瓶和试液的总质量 m_2。 8.称量准确至0.001g
数据处理	岩石颗粒密度: $$\rho_s = \frac{m_1}{m_1 + m_2 - m_3} \times \rho_{WT}$$ 式中:m_1——烘干岩粉质量(g); m_2——比重瓶与试液的总质量(g); m_3——比重瓶、试液、岩粉总质量(g); ρ_{WT}——与试验同温度试液密度(g/cm^3)
精度要求	1.取两次试验结果的算术平均值作为测定值,精确至0.01g/cm^3。 2.两次试验结果之差大于0.02g/cm^3时,应重新取样进行试验

考点五:块体密度试验

密度类型	根据岩石含水状态可分为烘干块体密度、饱和块体密度和天然块体密度	
仪器设备	切石机、钻石机、磨石机、天平、烘箱(105~110℃)、干燥器、石蜡等	
量积法	适用范围	适用于能制备成规则试件的各类岩石
	试件制备	1.试件尺寸应大于岩石最大矿物颗粒直径的10倍,最小尺寸不宜小于50mm。 2.试件可采用圆柱体、方柱体或立方体。 3.试件精度应符合规程有关规定
	试验要点	1.量测直径/边长:量取试件两端和中间三个断面上互相垂直的两个方向,按平均值计算截面积。 2.量测试件高度:量测试件两端面周边对称四点和中心点的五个高度,取均值。

续上表

量积法	试验要点	3. 测干密度时在 105～110℃烘干 24h，取出干燥冷却，称重 m_d；测饱和密度时，预先强制饱和再取出并沾去表面水分，称重 m_{sa}。 4. 强制饱和。煮沸法≥6h 或真空抽 4h，再常压静置 4h
水中称量法	适用范围	水中称量法适用于除遇水崩解、溶解和干缩湿胀外的其他各类致密型岩石
	试件制备	1. 试件可采用规则或不规则形状。 2. 试件尺寸应大于组成岩石最大矿物颗粒粒径的 10 倍。 3. 每个试件质量不宜小于 150g
	试验要点	将经煮沸法或真空抽气法饱和的试件置于水中称量装置上，在试验用水中称量 m_w；称量准确至 0.01g
蜡封法	适用范围	蜡封法适用于不能用量积法或直接在水中称量进行试验的岩石
	试件制备	1. 将岩样制成边长或直径 40～60mm 的浑圆状或近似立方体。 2. 测定天然密度的试件，应在岩样拆封后，在设法保持天然湿度的条件下，迅速制件、称量和密封
	试验要点	将试件置于 60℃左右的熔蜡中蜡封 1～2s，冷却称重 m_1；水中称重 m_2；水中取出再次称重若增加，则渗水需重做
计算公式	略；精度准确至 0.01g/cm^3	

考点六：单轴抗压强度试验

目的和适用范围	单轴抗压强度试验是测定规则形状岩石在无侧限条件下，受轴向压力作用破坏时，单位面积上所承受的荷载，主要用于岩石的强度分级和岩性描述。本试验适用于能制成规则试件的各类岩石	
仪器设备	切石机、钻石机、磨石机、测量平台、直角尺、放大镜、游标卡尺、材料试验机（示值误差不超过 ±1%）、烘箱、干燥器等	
试件制备与描述	制备方法	用岩心或岩块加工制成。对于各向异性岩石，应按要求的方向制备试件；干缩湿胀和遇水崩解的岩石，应采用干法制备试件
	试件尺寸	1. 岩石试验采用圆柱体作为标准试件，直径为 50mm ±2mm，高度与直径之比值为 2.0。 2. 砌体工程用的石料试验，采用边长 70mm ±2mm 的立方体试件。 3. 混凝土集料试验，采用圆柱体或立方体试件，边长或直径取 50mm ±2mm
	含水状态	可根据需要选择烘干状态、天然状态、饱和状态、冻融循环后状态、干湿循环后状态
	试件个数	当单独测定单轴抗压强度时，不同状态每组试件为 6 个。当测定软化系数时，烘干状态和饱和状态下的试件个数分别为 3 个

续上表

试验步骤	1. 用游标卡尺量取试件尺寸,准确至0.1mm,计算抗压强度所用的截面积A。 2. 将试件置于材料试验机的承压板中心,对正上、下承压板,不得偏心,承压板边长不大于2倍试件边长,垫板面积等于或略小于承压板,厚度为2~3cm。 3. 开动材料试验机,使试件端面与上、下承压板接触均匀密合,然后在试件周围挂上铁丝网或有机玻璃防护罩。 4. 以0.5~1.0MPa/s速率加载至破坏,记录破坏荷载P及加载过程中出现的现象。对于软质岩应适当降低加载速率
数据处理	1. 标准试件的岩石单轴抗压强度:$R = P/A$(P为极限荷载、A为截面积)。 2. 软化系数: $K_p = R_c/R_d$ 式中:R_c——岩石饱和状态下的单轴抗压强度平均值(MPa); R_d——岩石烘干状态下的单轴抗压强度平均值(MPa)

考点七:抗冻性试验

目的和适用范围	抗冻性用于评估岩石在饱和状态下经受规定次数的冻融循环后抵抗破坏的能力。本试验采用直接冻融法,适用于能制成规则试件的各类岩石
仪器设备	切石机、钻石机及磨石机、测量平台、角尺、游标卡尺、冻融装置(能控制最低温度-24℃)、天平(分度值0.01g)、烘箱(105~110℃)、干燥器、试件饱和及融解设备、材料试验机
试件制备	每组试件应为6个
试验步骤	1. 计算试件受压面积,烘干24h冷却至室温,称干质量m_d。 2. 让试件强制吸水饱和,取出擦去表面水分,放在铁盘中备用,试件与试件之间应留有一定间距。 3. 取3个经过强制饱和的试件测定冻融前的饱和单轴抗压强度R_c。 4. 另外3个经强制饱和的试件,待冻融装置温度下降到-18℃以下时,将铁盘连同试件一起放入并计时。在-20℃±2℃下冻结4h取出,放入20℃±2℃恒温水中融解4h,如此反复冻融至规定次数。严寒地区(最冷月的月平均气温低于-15℃)为25次;寒冷地区(最冷月的月平均气温低于-15~-5℃)为15次。 5. 每隔一定的冻融循环次数,检查试件有无剥落、裂缝、分层及掉角,并记录。 6. 称量冻融试验后的试件饱水质量m_f',再将其烘干至恒量,称其质量m_f,并测定冻融试验后的试件饱水抗压强度R_f。试验中质量称量准确至0.01g
结果整理	略

第四章　路面基层与底基层材料

第一节　路面基层、底基层材料及其技术要求

考点一：材料类型与适用场合

按材料力学特性划分	刚性类：水泥混凝土
	半刚性：水泥、石灰、粉煤灰等无机结合料稳定类、工业矿渣稳定类
	柔性类：沥青结合料稳定类和无结合料粒料类（级配碎石、砾石）等

考点二：路面基层、底基层的技术性能

力学性能指标	1. 无机结合料稳定材料：无侧限抗压强度、弹性模量和弯拉强度。 (1)配合比设计与施工质量控制：用 7d 龄期的无侧限抗压强度指标，强度取值受结构层位、公路等级、交通荷载等级三个因素的影响。 (2)路面结构设计：90d 或 180d 龄期的弹性模量与弯拉强度。 ①水泥稳定类（添加了水泥）：90d 龄期。 ②石灰和二灰稳定类采用 180d 龄期的试验结果。 2. 级配碎石的强度指标：CBR 值
收缩特性	分为干燥收缩、温度收缩；小于 0.075mm 颗粒影响收缩性能，需严格控制
冲刷特性	强度越高，抗冲刷性越好
抗冻性	抗冻试验，试件质量损失率应≤5%；受材料自身强度和空隙率影响

考点三：路面基层、底基层原材料及技术要求

水泥	采用强度等级为 32.5 或 42.5 的水泥，满足要求的普通硅酸盐水泥等均可使用。所用水泥初凝时间应大于 3h，终凝时间应大于 6h 且小于 10h。 国标：普通硅酸盐水泥初凝时间大于 45min，终凝时间不大于 600min。 说明：此处为满足道路施工流程的特殊性而提高标准，并非与国标冲突

续上表

石灰	1. 高速公路和一级公路用石灰应不低于Ⅱ级技术要求,二级公路用石灰应不低于Ⅲ级技术要求,二级以下宜不低于Ⅲ级技术要求。 2. 高速公路和一级公路的基层,宜采用磨细消石灰
粉煤灰	当粉煤灰中 CaO 含量为 2% ~6% 时,称为硅铝粉煤灰;CaO 含量为 10% ~40% 时,称作高钙粉煤灰;干排或湿排的硅铝粉煤灰和高钙粉煤灰等均可用作基层或底基层的结合料
粗集料、细集料、材料分档与掺配等知识点,极少考查,此处略	

第二节　路面基层、底基层材料配合比设计

考点一:稳定类材料配合比设计

设计流程	原材料检验→目标配合比设计→生产配合比设计→施工参数确定	
目标配合比设计	设计内容包括:1. 选择级配范围;2. 确定结合料类型及掺配比例;3. 验证混合料相关的设计及施工技术指标。 步骤: 1. 确定结合料类型,确定混合料配合比设计的技术标准。 2. 集料的目标级配优化设计,应选择不少于4 条级配曲线。 3. 选择不少于5 个结合料剂量,分别确定各剂量条件下混合料的最佳含水率和最大干密度。确定无机结合料稳定材料最大干密度指标时宜采用重型击实或振动压实。 4. 根据试验确定的最佳含水率、最大干密度及压实度要求,用静压法成型标准试件。 5. 试件在标准养生条件下养护 6d,浸水 24h 后,进行无侧限抗压强度试验,计算强度代表值:$R_d^0 = R_{均值} \cdot (1 - Z_\alpha C_v)$,$C_v = S/$均值。 6. 强度代表值应不小于强度标准值:$R_d^0 \geq R_d$。 7. 合成级配曲线与波动范围的确定。选定目标级配曲线后,应对各档材料进行筛分,确定其平均筛分曲线及相应的变异系数,并按 2 倍标准差计算出各档材料筛分级配的波动范围。 8. 合成级配曲线与上、下波动范围级配的混合料技术性能验证	
生产配合比设计主要内容	主要内容	1. 确定料仓供料比例。 2. 确定水泥稳定材料(只有水泥类)的容许延迟时间。 3. 确定结合料剂量的标定曲线。 4. 确定混合料的最佳含水率和最大干密度。 容许延迟时间:在满足强度标准的前提下,水泥稳定材料拌和后至碾压成型之前所容许的最大时间间隔
	生产参数	混合料生产参数包括结合料剂量、含水率和最大干密度,应满足: ①对水泥稳定材料,工地实际采用的水泥剂量宜比室内试验确定的剂量多 0.5% ~1.0% 。采用集中厂拌法施工时宜增加 0.5% ;采用路拌法施工时宜增加 1% 。

续上表

生产配合比设计主要内容	生产参数	②以配合比设计的结果为依据，综合考虑施工过程的气候条件，对水泥稳定材料，含水率可增加0.5%～1.5%；对其他稳定材料，可增加1%～2%
	施工参数	确定施工参数包括的技术内容： 1. 确定施工中结合料的剂量。 2. 确定施工合理含水率及最大干密度。 3. 验证混合料强度技术指标

考点二：级配碎石配合比设计与技术要求

级配碎石配合比设计以合成集料的CBR值作为强度控制指标。配合比设计时，应按照下列步骤来进行：

1. 目标配合比设计

(1)级配优化设计，3～4条级配曲线。（无机结合料稳定类是4条以上）

(2)采用重型击实或振动成型试验方法确定混合料的最佳含水率和最大干密度。

(3)按试验确定的级配和最佳含水率，现场施工压实标准成型标准试件，进行CBR强度试验和模量试验。

(4)选择CBR强度最高的级配作为工程使用的目标级配，并确定相应的最佳含水率。

(5)确定目标级配曲线后，应针对各档材料进行筛分，确定各档材料的平均筛分线以及相应的变异系数，并按2倍标准差计算各档材料筛分级配的波动范围。

(6)合成目标级配曲线并验证性能。

(7)应根据已确定的各档材料使用比例和各档材料级配的波动范围，计算实际生产中混合料的级配波动范围，并应针对波动范围的上、下限验证性能。

2. 施工参数的确定

目标配合比以及波动上下限范围确定并通过性能验证后，进行施工参数的确定

第三节　路面基层、底基层施工质量标准与控制检验内容

考点一：基层和底基层混合料试验项目

材料类型	稳定类（水泥、石灰、粉煤灰稳定碎石、砾石）	粒料类（级配碎石、砾石）
原材料	水泥、石灰、粉煤灰、土、集料（延迟时间、有效 $CaO + MgO$ 含量、EDTA标准曲线试验）	集料（常规集料项目）
强度指标	7d无侧限抗压强度（抗压强度试验）	承载比（CBR试验）
共同试验	集料相关试验、含水率试验（重型击实、振动压实）	

考点二：施工过程检测

<table>
<tr><td>后场质量控制检验</td><td colspan="4">是指对拌和站的原材料以及混合料的抽检</td></tr>
<tr><td rowspan="10">前场质量控制检验</td><td colspan="4">摊铺目测、碾压项目、强度检测、承载比</td></tr>
<tr><td>压实度检测</td><td colspan="3">应以每天现场取样的击实结果确定的最大干密度为标准。
1. 击实试验应不少于 3 次平行试验，且相互之间的最大干密度差值应不大于 0.02g/cm³；否则应重新进行试验，并取平均值作为当天压实度检测标准。
2. 该数值与设计阶段确定的最大干密度差值大于 0.02g/cm³ 时，应分析原因，及时处理</td></tr>
<tr><td rowspan="7">钻取芯样</td><td colspan="3">1. 无机结合料稳定细粒材料的芯样直径宜为 100mm，无机结合料稳定中、粗粒材料的芯样直径应为 150mm。
2. 采用随机取样方式，不得在现场人为挑选位置；否则，评价结果无效。
3. 芯样顶面、四周应均匀、致密。
4. 芯样的高度应不小于实际摊铺厚度的 90%。
5. 取不出完整芯样时，应找出实际路段相应的范围，返工处理</td></tr>
<tr><td>层位</td><td>无机结合料类型</td><td>龄期(d)</td></tr>
<tr><td rowspan="3">水泥类</td><td>【基层】水泥稳定中、粗粒</td><td>7</td></tr>
<tr><td>【基层】水泥粉煤灰稳定中、粗粒</td><td>10 ~ 14</td></tr>
<tr><td>【底基层】水泥稳定类、水泥粉煤灰稳定材料</td><td>10 ~ 14</td></tr>
<tr><td rowspan="2">石灰类</td><td>【基层】石灰粉煤灰稳定材料</td><td>14 ~ 20</td></tr>
<tr><td>【底基层】石灰粉煤灰稳定材料</td><td>20 ~ 28</td></tr>
<tr><td>弯沉检测</td><td colspan="3">对于高速公路和一级公路的基层、底基层，应在养生 7 ~ 10d 内检测弯沉；不满足要求时，应返工处理</td></tr>
</table>

第四节　原材料试验检测

考点一：石灰有效氧化钙和氧化镁简易测定方法

适用范围	MgO 含量在 5% 以下的低镁石灰(测的是氧化钙和氧化镁的总含量)
试剂	1. 1mol/L 盐酸标准溶液，83mL + 蒸馏水稀释至 1L。 2. 1% 的酚酞指示剂。 标定盐酸摩尔浓度：碳酸钠(1.5 ~ 2.0g 烘干 2h) + 100mL 水 + 2 ~ 3 滴甲基橙；用待标定的盐酸标准溶液滴定碳酸钠溶液，变色如下： 黄色(中性)→橙红色(酸性)→黄色(中性)→橙红色(酸性)

续上表

准备试样	生石灰打碎，颗粒不大于1.18mm。四分法缩分至200g左右，研细再缩分至20g，过0.15mm筛。挑选10余克，烘干备用。消石灰四分法缩减至10余克，需磨细至无不均匀颗粒，105℃±1℃烘箱烘干备用
关键步骤	1.称样0.8~1.0g放入300mL三角瓶（精确至0.0001g）。加150mL新煮沸冷却的蒸馏水，加10颗玻璃珠，加热（勿沸腾）后冷却。 2.滴酚酞2滴。滴定管盐酸，滴定过程重要。（粉色消失又出现——陆续有CaO、MaO反应生成OH^{-1}）。滴定完毕的表征：5min内不再出现粉红色
注意事项	MgO分解缓慢，若MgO含量较高，则会增加滴定时间，空气中CO_2的作用会使误差增大。因此，本试验适用于MgO含量5%以下的低镁钙质石灰

考点二：石灰细度试验方法

适用范围	本试验方法适用于测定生石灰、生石灰粉和消石灰粉的细度
仪器设备	试验筛（2.36mm、0.6mm、0.15mm一套）、羊毛刷、天平、烘箱
试样准备	取300g生石灰粉或消石灰粉试样，在105℃±1℃烘箱中烘手备用
试验步骤	称取试样50g±0.1g，记录为m，倒入2.36mm、0.6mm、0.15mm方孔套筛内进行筛分。筛分直至2min内通过量小于0.1g时为止。分别称量筛余物质量m_1、m_2、m_3
数据处理	公式略；结果保留至小数点后2位；3次平行试验，重复性误差不得大于5%，否则应另取试样重新试验

考点三：粉煤灰烧失量测定方法

适用范围	测定粉煤灰中的含碳量
仪器设备	分析天平：量程不小于50g，感量0.0001g
试验步骤	1.取样10余克→磨细→烘干至恒量→储于干燥器中备用。 2.瓷坩埚烧至恒重m_1。 3.取约1g试样m_0，精确至0.0001g，置于瓷坩埚中，放在马福炉中，在950~1000℃下灼烧15~20min，至恒重m_2。 恒重判别标准：反复灼烧，连续两次称量之差小于0.0005g  
结论	含碳量越高，粉煤灰吸附性越强，材料活性指数越低，烧失量越小越好

第五节　无机结合料稳定材料试验检测

考点一:无机结合料稳定材料取样方法

适用范围	本方法适用于无机结合料稳定材料室内试验、配合比设计以及施工过程中的质量抽检等
料堆取料	在料堆上部、中部和下部各取一份试样,混合后按四分法分料取样
试验室分料	1. 目标配合比阶段各种集料逐级筛分,再按设定级配配料。 2. 生产配合比阶段可采用四分法分料,且取料总质量应大于分料取样后每份质量的 4 ~ 8 倍
施工过程中混合料取样	1. 在进行混合料验证时,宜在摊铺机后取料,且取料应分别来源于 3 ~ 4 台不同的料车,然后混合到一起进行四分法取样,进行无侧限抗压强度成型及试验。(要混合均匀) 2. 在评价施工离散性时,宜在施工现场取料。应在施工现场的不同位置按随机取样原则分别取样品,对于结合料剂量还需要在同一位置的上层和下层分别取样,试样应单独成型。(不能混合)

考点二:EDTA 滴定法

适用范围	本方法适用于快速测定水泥或石灰稳定材料及水泥和石灰综合稳定材料中结合料的剂量,并可用于检查现场拌和和摊铺的均匀性。 说明:适用于在水泥终凝之前的水泥含量测定,现场试样的石灰剂量应在路拌后尽快测试。(也可测定超过终凝的试样,要进行龄期修正)
试剂	1. 0.1mol/m^3 的 EDTA 二钠标准溶液。 2. 10% 氯化铵(NH_4Cl)溶液。 3. 1.8% 氢氧化钠溶液。 4. 钙红指示剂

试验步骤:

1. 制备标准曲线:准备 5 种不同水泥剂量混合料试样,应为 0、最佳剂量左右、最佳剂量的 ±2% 和 +4%。注:可为 0、2%、4%、6%、8%,应保证工地实际所用水泥或石灰的剂量位于标准曲线所用剂量的中间。每种剂量取两个(湿质量)试样,共 10 个试样。

2. 步骤:准备试样→盛样器内加 10% 氯化铵→搅拌→沉淀 10min→转移清液→取 10mL 清液到三角瓶→加 1.8% 氢氧化钠 50mL→0.2g 钙红指示剂→加 EDTA 二钠→紫色→纯蓝色。

以同一水泥或石灰剂量稳定材料 EDTA 二钠标准溶液消耗量(mL)的平均值为纵坐标,以水泥或石灰剂量(%)为横坐标绘图,得到水泥或石灰剂量与 EDTA 消耗量的工作曲线,如图所示。如制作标准曲线所用素土、水泥或石灰改变,则必须重做标准曲线。

续上表

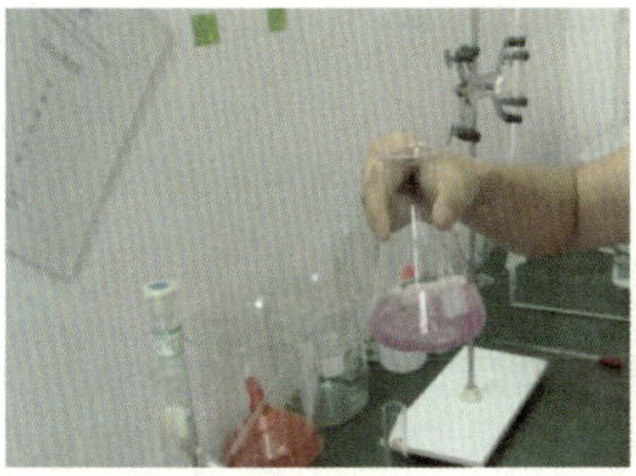

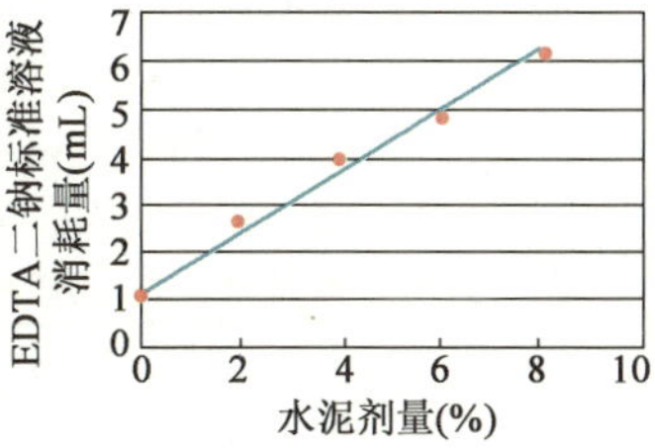

3. 待测试样试验步骤

稳定中、粗粒材料取试样约3000g，对稳定细粒材料取试样约1000g，后续与上述步骤基本一致。利用所绘制的标准曲线，根据EDTA二钠标准溶液消耗量，确定混合料中的水泥或石灰剂量

结果整理	本试验应进行两次平行测定，取算术平均值，精确至0.1mL。允许重复性误差不得大于均值的5%，否则，重新进行试验
注意事项	1. 水泥稳定材料超过终凝时间所测定的水泥剂量，需做龄期修正。 2. EDTA滴定过程中，溶液的颜色有明显的变化过程，从玫瑰红色变为紫色，并最终变为蓝色。变为紫色时应放慢滴定速度，切不可直接将溶液滴定到纯蓝色，没有经过临界点的，可能已经过量很多

考点三：无机结合稳定材料最大干密度与最佳含水率的确定

<table>
<tr><th colspan="11">击实试验</th></tr>
<tr><td>适用范围</td><td colspan="10">本方法适用于在规定的试筒内，对水泥稳定材料（在水泥水化前）、石灰稳定材料及石灰（或水泥）粉煤灰稳定材料进行击实试验，以绘制稳定材料的含水率-干密度关系曲线，从而确定其最佳含水率和最大干密度。试验集料的公称最大粒径宜控制在37.5mm以内（方孔筛）</td></tr>
<tr><td rowspan="5">方法选取</td><td rowspan="2">类别</td><td rowspan="2">锤的质量（cm）</td><td rowspan="2">锤击面直径（cm）</td><td rowspan="2">落高（cm）</td><td colspan="3">试筒尺寸</td><td rowspan="2">锤击层数</td><td rowspan="2">每层锤击次数</td><td rowspan="2">容许最大公称粒径（cm）</td></tr>
<tr><td>内径（cm）</td><td>高（cm）</td><td>容积（cm^3）</td></tr>
<tr><td>甲</td><td>4.5</td><td>5.0</td><td>45</td><td>10.0</td><td>12.7</td><td>997</td><td>5</td><td>27</td><td>19.0</td></tr>
<tr><td>乙</td><td>4.5</td><td>5.0</td><td>45</td><td>15.2</td><td>12.0</td><td>2177</td><td>5</td><td>59</td><td>19.0</td></tr>
<tr><td>丙</td><td>4.5</td><td>5.0</td><td>45</td><td>15.2</td><td>12.0</td><td>2177</td><td>3</td><td>98</td><td>37.5</td></tr>
<tr><td>试验准备</td><td colspan="10">1. 取代表性的风干试料，必要时可在50℃烘箱烘干。
2. 土团均应破碎到能过4.75mm筛。
3. 若试样中含有大于4.75mm颗粒，先过19mm筛；若存留量不大于10%，则过26.5mm筛，备用，用甲法或乙法。若试样过19mm筛的存留量大于10%，则过37.5mm筛；若37.5mm筛的存留量不超过10%，则过53mm筛备用</td></tr>
</table>

续上表

<table>
<tr><td>关键步骤</td><td colspan="2">1. 水泥稳定材料预定 5 ~6 个不同含水率,依次相差 0.5% ~1.5%,且其中至少有两个大于和两个小于最佳含水率。
2. 浸润时间要求:黏质土 12 ~24h,粉质土 6 ~8h,砂砾类土 4h,含土很少的砂砾类可缩短到 2h;一般不超过 24h。
3. 加有水泥的试样拌和后,应在 1h 内完成下述击实试,否则作废。
4. 分层击实,每层拉毛。最后一层击实后,超过筒顶高度不得大于 6mm,否则作废。
5. 烘箱温度,事先调到(水泥稳定类 110℃;石灰类 105℃)两次烘干温度之差不超过 0.1% 则认为是烘干结束</td></tr>
<tr><td rowspan="4">超尺寸粒径校正</td><td>超尺寸颗粒含量</td><td>最大干密度、最佳含水率校正方式</td></tr>
<tr><td><5%</td><td>不校正</td></tr>
<tr><td>5% ~30%</td><td>按公式校正</td></tr>
<tr><td>>30%</td><td>此方法不适用</td></tr>
<tr><td>结果</td><td colspan="2">应做两次平行试验,取两次试验的平均值作为最大干密度和最佳含水率</td></tr>
<tr><td colspan="3">振动压实试验方法(关键步骤)</td></tr>
<tr><td colspan="3">1. 加有水泥的试料拌和后,应在 1h 内完成振实试验。拌和后超过 1h 的试样,应予作废。
2. 经过振实的混合料不能低于钢模的边缘,同时振实后的混合料也不能高出钢模边缘 10mm,否则作废。
3. 本方法适用于粗集料含量较大的稳定材料。一般来说,振动压实试验确定的最佳含水率小于击实试验确定的最佳含水率,最大干密度大于击实试验确定的最大干密度</td></tr>
</table>

考点四:无机结合料稳定材料试件制作方法

<table>
<tr><td>适用范围</td><td colspan="2">本方法适用于无机结合料稳定材料径高比为 1:1 的圆柱形试件的静压成型,以及径高比为 1:1.5 或 1:2 试件的静压成型</td></tr>
<tr><td rowspan="4">试模尺寸</td><td>类型</td><td>试模尺寸</td></tr>
<tr><td>稳定细粒材料</td><td>直径 × 高 = ϕ50mm × 50mm</td></tr>
<tr><td>稳定中粒材料</td><td>直径 × 高 = ϕ100mm × 100mm</td></tr>
<tr><td>稳定粗粒材料</td><td>直径 × 高 = ϕ150mm × 150mm</td></tr>
<tr><td>试验准备</td><td colspan="2">1. 试件径高比一般为 1:1,也可成型为 1:1.5 或 1:2。试件的成型根据需要的压实度水平,按照体积标准采用静力压实法制备。单个试件标准质量为:
$$m_0 = \rho_{max} \times V \times (1 + w_{最佳}) \times 压实度$$
2. 在预定做试验的前一天,取有代表性的试料测定其风干含水率。细粒材料应不少于 100g;中粒材料应不少于 1000g;粗粒材料应不少于 2000g。
3. 按照击实法或振动成型法确定最佳含水率和最大干密度</td></tr>
</table>

续上表

试验步骤	1. 闷料时加水量：对于细粒材料（黏质土），浸润时的含水率比最佳含水率小3%；对于中粒材料和粗粒材料可按最佳含水率加水；对于水泥稳定类材料，加水量应比最佳含水率小1%～2%。 2. 制件时间：拌和均匀的加有水泥的混合料应在1h内按下述方法制成试件，超过1h的混合料应作废。 3. 静压过程：将整个试模（连同上、下垫块）放到反力框架内的千斤顶上（千斤顶下应放一扁球座）或压力机上，以1mm/min的加载速率加压，直到上下压柱都压入试模为止。维持压力2min。 4. 用游标卡尺测量试件高度 h，精确至0.1mm。检查试件的高度和质量，不满足成型标准的试件作为废件
结果整理	1. 高度误差：小中大试件误差范围分别在0～1.0mm、0～1.5mm、0～2.0mm。 2. 质量损失：稳定细粒材料应不超过标准质量5g，稳定中粒材料试件应不超过25g，稳定粗粒材料试件应不超过50g

考点五：无机结合料稳定材料标准养生试验方法

适用范围	本方法适用于无机结合料稳定材料的养生
仪器设备	1. 标准养生室或可控温控湿的养护设备：温度20℃±2℃，相对湿度≥95%。 2. 高温养护室：温度60℃±1℃，相对湿度≥95%，容积满足试验要求
标准养生方法试验步骤	1. 试件从试模内脱出并量高称重后，中试件和大试件应装入塑料薄膜袋内。试件装入塑料袋后，将袋内的空气排除干净，扎紧袋口，将包好的试件放入养护室。 2. 标准养生的温度为20℃±2℃，标准养生的湿度为≥95%。试件宜放在架子上，间距至少10～20mm，试件表面应保持一层水膜，但避免用水直接冲淋。 3. 根据试验目的和要求确定标准养生龄期。 4. 在养生期的最后1d，将试件取出，观察试件的边角有无磨损和缺块，并量高称质量，然后将试件浸泡于20℃±2℃水中，应使水面在试件顶面上约25mm
结果整理	1. 如养生期间有明显的边角缺损，试件应作废。 2. 对养生7d的试件，在养生期间试件质量损失超过下列规定应予作废：稳定细粒材料试件超过1g；稳定中粒超过4g；稳定粗粒超过10g。 3. 对养生90d和180d的试件，在养生期间，试件质量损失超过下列规定应予作废：稳定细粒材料试件超过1g；稳定中粒超过10g；稳定粗粒超过20g
快速养生	1. 高温养护室温度60℃±1℃，湿度95%以上，并能自动控温控湿。 2. 将制备的试件量高称质量后，装入塑料袋内。试件装入塑料袋后，将袋内的空气排除干净，并将袋口扎紧，将包好的试件放入高温养护箱中。 3. 短龄期的确定：需事先确定高温龄期和强度之间的关系曲线，再根据标准养生长龄期的强度，在曲线上确定出短龄期

考点六：无机结合料稳定材料无侧限抗压强度试验方法

<table>
<tr><td>适用范围</td><td colspan="2">本方法适用于测定室内成型或现场钻芯取得的无机结合料稳定材料试件的无侧限抗压强度</td></tr>
<tr><td>仪器设备</td><td colspan="2">标准养护室或可控温控湿的养护设备。压力机或万能试验机，其测量精度为 ±1%，压力机加载速率可以有效控制在 1mm/min</td></tr>
<tr><td rowspan="5">试件制备和养护</td><td>类型</td><td>试件尺寸</td></tr>
<tr><td>细粒材料①</td><td>直径 × 高 = ϕ50mm × 50mm 或 ϕ100mm × 100mm</td></tr>
<tr><td>中粒材料②</td><td>直径 × 高 = ϕ100mm × 100mm 或 ϕ150mm × 150mm</td></tr>
<tr><td>粗粒材料</td><td>直径 × 高 = ϕ150mm × 150mm</td></tr>
<tr><td colspan="2">注①②：施工质量控制的强度试验中，细粒材料的试件直径应为 100mm，中、粗粒材料试件直径应为 150mm。(取大尺寸)
1. 采用静压法成型径高比为 1:1 的圆柱形试件。
2. 按照标准养生方法进行 7d 的标准养生。
3. 将试件两顶面用刮刀刮平，必要时可用快凝水泥砂浆抹平试件顶面。
4. 小试件不少于 6 个/组；中试件不少于 9 个/组；大试件不少于 13 个/组。
5. 如为现场钻取芯样，应切割成标准试件</td></tr>
<tr><td>试验步骤</td><td colspan="2">1. 测力计和压力机，试件破坏荷载应大于测力量程的 20% 且小于测力量程的 80%。球形支座和上下顶板涂上机油，使球形支座能够灵活转动。
2. 试件浸水 24h 取出，软布吸去表面水分，称质量为 m_4。
3. 用游标卡尺测量试件高度 h，精确至 0.1mm。
4. 将试件放在路面材料强度试验仪或压力机上，进行抗压试验。加载速率为 1mm/min，并记录试件破坏时的最大压力 P(N)。
5. 从试件内部取有代表性的样品(经过打破)，测定其含水率</td></tr>
<tr><td>结果整理</td><td colspan="2">1. 抗压强度保留至小数点后 2 位小数。
2. 同一组试件试验中，采用 3 倍标准差剔除异常值，细、中粒材料异常值不超过 1 个，粗粒材料异常值不超过 2 个。异常值超过上述规定的试验重做。
3. 同一组试验变异系数 C_v(%)符合下列规定方为有效：小试件 $C_v \leq 6\%$；中试件 $C_v \leq 10\%$；大试件 $C_v \leq 20\%$。如不能保证试验结果的变异系数小于规定的值，则应按允许误差 10% 和 90% 概率重新计算所需的试件数 M，增加试件数量并另做新试验。将前后两次结果一并重新统计评定，直到变异系数满足要求</td></tr>
</table>

考点七：无机结合料稳定材料劈裂强度试验方法

适用范围	适用于测定室内成型或现场钻芯取得的无机结合料稳定材料试件的劈裂强度
仪器设备	1. 压力机(精度 ±1%，加载速率可控制在 1mm/min，破坏荷载为量程的 20% ~ 80%)；2. 劈裂夹具；3. 压条；4. 标准养生室或可控温控湿的养护设备；5. 水槽等

续上表

<table>
<tr><td rowspan="3">试件制备</td><td>方法</td><td>本试验应采用静力压实法制备等干密度的试件</td></tr>
<tr><td>尺寸</td><td>小试件:直径×高=ϕ50mm×50mm,适用于细粒材料;
中试件:直径×高=ϕ100mm×100mm,适用于中粒材料;
大试件:直径×高=ϕ150mm×150mm,适用于粗粒材料</td></tr>
<tr><td>数量</td><td>小试件≥6 个;中试件≥9 个;大试件≥13 个</td></tr>
<tr><td>试验步骤</td><td colspan="2">1. 试件浸水 24h 取出,软布吸去表面自由水后称重。
2. 用游标卡尺测量试件的高度 h,精确至 0.1mm。
3. 在压力机的升降台上置一压条,将试件横置在压条上,在试件的顶面也放一压条(上下压条与试件的接触线必须位于试件直径的两端,并与升降台垂直)。
4. 在上压条上面放置球形支座,球形支座应位于试件的中部。
5. 应使试验的变形等速增加,保持加载速率 1mm/min,记录破坏压力 P(N)。
6. 从试件内部取有代表性的样品(经过打碎),测其含水率 w</td></tr>
<tr><td>计算公式</td><td colspan="2">略</td></tr>
<tr><td>结果整理</td><td colspan="2">1. 劈裂强度应保留至小数点后 2 位。
2. 用 3S 法剔除异常值;异常值个数,小/中/大试件分别不超 1 个/2 个/3 个。
3. 同一组试验变异系数 C_v(%):小试件 C_v≤6%;中试件 C_v≤10%;大试件 C_v≤15%。如不能保证试验结果的变异系数小于规定的值,则应按允许误差 10% 和 90% 概率重新计算所需的试件数量,应增加试件数量并另做新试验</td></tr>
</table>

第五章 水泥、水泥混凝土及砂浆

第一节 水泥的技术性质和技术要求

考点一:水泥技术性质

<table>
<tr><td rowspan="4">物理性质</td><td>细度</td><td>概念:反映了水泥颗粒粗细程度或水泥的分散程度。
结论:水泥的细度愈大,水化反应和凝结速度就愈快,早期强度就愈高;水泥过细不利于储存,能耗过高;因此细度应适中</td></tr>
<tr><td>标准稠度</td><td>概念:是指标准试杆在沉入水泥净浆时,经受水泥浆阻力达到规定贯入深度所具有的水和水泥用量百分率。
意义:进行水泥凝结时间、安定性试验测定时,所用的水和水泥拌合物必须在标准稠度水泥净浆的条件下进行</td></tr>
<tr><td>凝结时间</td><td>初凝时间:是指从水泥全部加入水中的时刻计时,到水泥浆开始失去塑性状态所需的时间周期。
终凝时间:是指从水泥全部加入水中开始计时,到完全失去塑性所需的时间周期</td></tr>
<tr><td>安定性</td><td>表示水泥浆体硬化后是否发生不均匀性体积变化的指标</td></tr>
<tr><td rowspan="3">力学性质</td><td>强度</td><td>水泥强度:包括抗折和抗压两个方面。
水泥强度检验是将水泥和标准砂以 1∶3 的比例混合,水和水泥混合比例在 0.5 的条件下,拌和后制成 40mm×40mm×160mm 标准试件,在标准条件下养护到规定的龄期,采用规定的方法测出抗折和抗压强度</td></tr>
<tr><td>强度等级</td><td>依据抗压强度和抗折强度两个指标来分级。
同一等级水泥还可依据早期(3d)强度高低,分为早强型(R 型)和普通型水泥强度等级</td></tr>
<tr><td>化学性质</td><td>1. 有害成分:包括游离氧化镁、三氧化硫和碱含量。
2. 不溶物:是指熟料中不能被浓酸溶解的物质。不溶物含量越高,水泥中的有效成分含量就越低。(非有害成分)
3. 烧失量:是指水泥在 950℃ 高温下产生的质量损失。</td></tr>
</table>

续上表

力学性质	化学性质	4. 氯离子：主要来自原材料或为保证生产工艺要求加入的外加剂。氯离子的存在，会对混凝土中的钢筋造成严重的锈蚀。 5. 碱含量：水泥属于偏碱性材料，碱性成分是保证硅酸盐水泥水化、凝结和硬化的重要条件。碱性含量偏高，发生碱集料反应，会对混凝土造成结构性破坏

考点二：通用硅酸盐水泥技术要求

物理指标	凝结时间	硅酸盐水泥初凝时间不小于45min，终凝时间不大于390min。其他类型水泥初凝时间不小于45min，终凝时间不大于600min
	安定性	沸煮法试验合格（不满足为不合格品）
	细度	硅酸盐水泥细度以比表面积表示，应不低于300m^2/kg且不高于400m^2/kg。 普通硅酸盐水泥、矿渣硅酸盐水泥、粉煤灰硅酸盐水泥、火山灰质硅酸盐水泥、复合硅酸盐水泥的细度以45μm方孔筛筛余表示，应不低于5%。当买方有特殊要求时，由买卖双方协商确定
化学指标	不溶物、烧失量、三氧化硫、氧化镁、氯离子。 当碱含量以Na_2O和$0.658K_2O$计时，不得超过0.6%	
合格判定	根据《通用硅酸盐水泥》（GB 175—2023）的规定，当不满足化学指标以及凝结时间、安定性、细度和强度等指标中任一项时，该水泥判定为不合格品	

第二节　水泥试验检测

考点一：负压筛法、水筛法测细度

负压筛法（标准方法）	试验仪器	1. 负压筛析仪：能够产生4000～6000Pa的负压。 2. 试验用负压标准筛：孔径为0.045mm(45μm)的方孔筛，并配有透明筛盖。 3. 天平：量程应不小于100g，感量不大于0.01g
	方法步骤	1. 先接通电源打开仪器，检查负压筛析仪负压压力。如低于4000Pa，应先清理吸尘器中的水泥积存物，以保证达到负压要求。 2. 称取10g水泥试样，记作m_0，倒在负压筛上，扣上筛盖并放到筛座上。开动负压筛析仪，持续过筛2min，如筛析过程中看到有水泥附着在筛盖上，可通过敲击使试样落下。 3. 筛析结束后，用天平称取筛中的筛余物，记作m_1。用筛余物的多少表示水泥的细度

续上表

负压筛法 (标准方法)	结果计算	筛析法测定水泥细度计算公式为: $F = (m_1/m_0) \times 100$ 式中:F——水泥样品的筛余百分率(%); m_1——标准筛上的筛余量(g); m_0——试验用水泥试样质量(g)

水筛法 (代用法)	仪器设备	1. 专用水筛:孔径为 0.045mm 的方孔筛;2. 水筛架;3. 喷头;4. 天平:感量小于 0.05g;5. 烘箱:能控温在 105℃ ±5℃
	试验步骤	1. 称取水泥试样 50g,记作 m_0,倒入标准筛中。先手持水泥筛用水冲洗,将大部分水泥颗粒冲洗过筛,然后再将筛子安放在水筛架上,用喷头连续冲洗 3min。 2. 冲洗结束后,取下标准筛,用少量水把筛上的筛余物集中到蒸发器皿中,在水泥颗粒全部沉淀后,倾倒出上部的清水,放入烘箱烘干,称出筛上的筛余物,记作 m_1

考点二:比表面积法(勃氏法)测水泥细度

适用范围	适用于测定水泥的比表面积及适合采用本方法的、比表面积在 2000cm²/g 到 6000cm²/g 范围的其他各种粉状物料。 不适用于测定多孔材料及超细粉状物料;试验室相对湿度不大于 50%
仪器设备	1. 透气仪:由透气圆筒、U 形玻璃管压力计、抽气装置组成。 2. 透气圆筒:内径为 12.70mm ±0.05mm,由不锈钢制成。试验操作时,在底部放置穿孔板,用于装填水泥样品。 3. 捣器:用来捣实装入的水泥样品 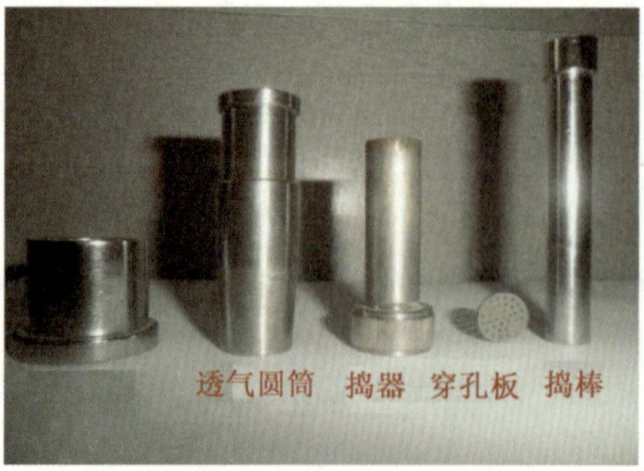 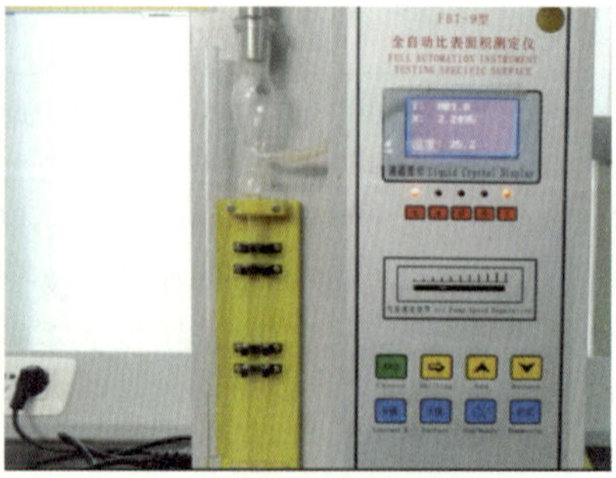

续上表

试验方法与步骤：

1. 透气仪漏气检查：将锥形磨口用橡皮塞塞紧，接到压力计上。抽出少许气体，让U形管中两侧的液面产生一定高差。随后关闭支管上的阀门，当观察液面差保持不变时，说明透气装置的密封状态符合要求。否则，若出现U形管中的液面差不断缩小，说明未达到密封效果，需用活塞油脂在各接口处进行密封处置。

2. 试样前处理：将标样水泥在110℃ ±5℃下烘干并在干燥器中冷却至室温，倒入100mL试样瓶中，用力摇动数分钟，使标样水泥充分分散。静置，稍许搅拌后，待用。将待测水泥样品过0.9mm方孔筛，在110℃ ±5℃下烘干，放入干燥器中冷却至室温，待用。

3. 确定试样量：根据下式计算出所需水泥样品的试验量。

$$W = \rho V(1-\varepsilon)$$

式中：W——标样水泥或待测水泥样品质量(kg)，精确至0.001g；

ρ——水泥试样密度(kg/m^3)；

V——采用规定试验方法测得的在透气圆筒中可填入的水泥试样体积(m^3)；

ε——试样中的空隙率，通常水泥样品取0.500。

4. 试验操作：

(1)先将穿孔板置于透气圆筒的突缘上，并将一片专用滤纸紧贴在穿孔板上。

(2)随后将确定的水泥样品倒入圆筒中。轻敲整平后，在样品上面再放一片专用滤纸。用捣器均匀捣实试样，并使捣器的支持环紧贴透气圆筒的上沿。

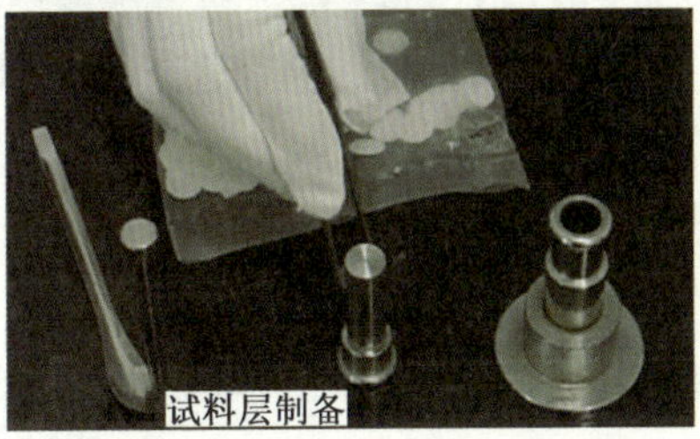

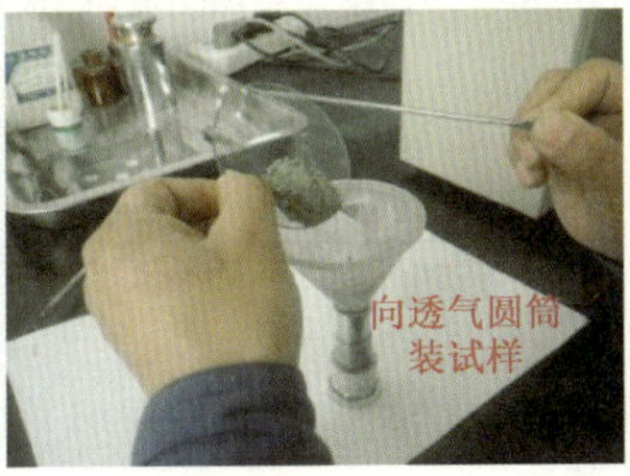

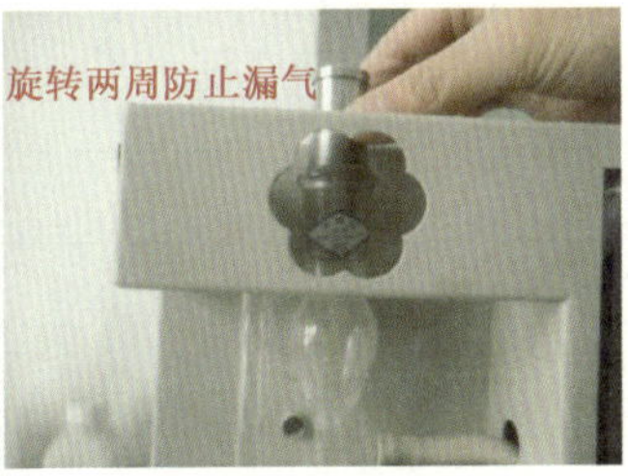

(3)样品准备就绪，将透气圆筒安放在U形管右侧的磨口上，打开抽气装置，缓慢打开支管阀门，使U形管与抽气管连通，并从中抽出适量气体。当U形管右侧液面上升超过高位刻度时，关闭支管阀门。(开闭阀门的逻辑要搞清，注意排序题目)

(4)关闭阀门后，U形管液面开始下降。当液面下降到高位刻度线时开始计时，而当液面下降到低位刻度线时停止计时，记录该时间段所花费时间(s)，同时记录试验过程中温度(℃)。说明：测量的时间段是高刻线回落到低刻线的时间间隔

结果计算

如待测试样与标样两种样品的密度、空隙率相同，且各自试验时的温度差不大于±3℃，此时的计算公式由下式表示。若超过3℃，需进行空气黏度修正。

$$S_e = \frac{S_S \cdot \sqrt{T}}{\sqrt{T_S}}$$

式中：S_e——待测水泥样品的比表面积(m^2/kg)；

S_S——标准样品的比表面积(m^2/kg)，在标样标签上可查得；

T——待测水泥样品试验时测得的时间(s)；

T_S——标准水泥样品试验时测得的时间(s)

续上表

结果处理	1.水泥比表面积应由两次平行试验结果的算术平均值确定,结果计算精确至$10cm^2/g$。两次试验结果相差超过平均值的2%时,应重新试验。 2.当同一水泥用手动勃氏透气仪测定的结果与用自动勃氏透气仪测定的结果有争议时,以手动勃氏透气仪测定结果为准

考点三:水泥标准稠度用水量的测定

试验目的	确定水泥净浆达到标准稠度所需的水量,以此作为水泥凝结时间和安定性两项物理指标测定时所需的水泥浆材料	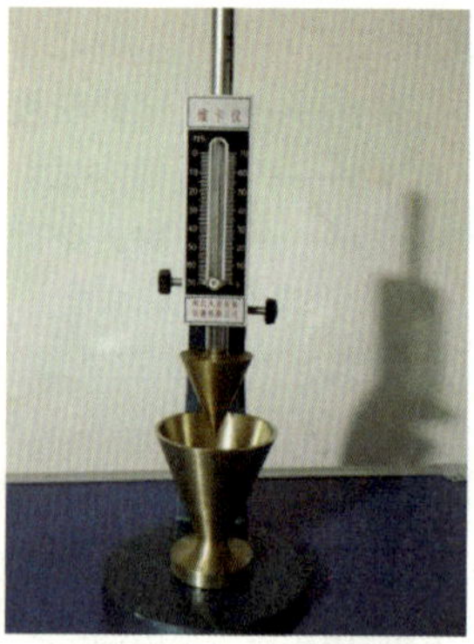
仪器设备	1.维卡仪。 2.标准试杆:$\phi10mm\times50mm$。 3.标准试锥。 4.盛装水泥净浆的圆台形试模:试模深度$40mm\pm0.2mm$,顶内径$\phi65mm\pm0.2mm$,底内径$\phi75mm\pm0.5mm$,每个试模配一个边长或直径约为100mm、厚度为4~5mm的平板玻璃底板或金属底板	

标准维卡仪(试杆)法

1.试验前准备

(1)维卡仪的金属棒能够自由滑动。试模和玻璃底板用湿布擦拭(但不允许有明水),将试模放在底板上。

(2)调整至试杆接触玻璃板时指针对准零点。

(3)水泥净浆搅拌机运行正常。

2.水泥净浆的拌制

搅拌锅和搅拌叶片先用湿布擦过,将拌和水倒入搅拌锅中,然后5~10s内小心地将称好的500g水泥加入水中,防止水和水泥溅出;拌和时,先将锅放在搅拌机的锅座上,升至搅拌位置,启动搅拌机,低速搅拌120s,停15s,同时将叶片和锅壁上的水泥浆刮入锅中间,接着高速搅拌120s停机。(先湿润叶片和锅,再加水,后加500g水泥)

3.标准稠度用水量的测定步骤

(1)拌和结束后,立即取适量水泥净浆一次性将其装入已置于玻璃底板上的试模中,浆体超过试模上端,用宽约25mm的直边刀轻轻拍打超出试模部分的浆体5次以排除浆体中的孔隙,然后在试模上表面约1/3处,略倾斜于试模分别向外轻轻锯掉多余净浆,再从试模边沿轻抹顶部一次,使净浆表面光滑。注意不要压实净浆。

(2)抹平后迅速将试模和底板移到维卡仪上,并将其中心定在试杆下,降低试杆直到与水泥净浆表面接触,拧紧螺钉1~2s后,突然放松,使试杆垂直自由地沉入水泥净浆中。在试杆停止沉入或释放试杆30s时记录试杆距底板之间的距离,升起试杆后,立即擦净。

续上表

(3)整个操作应在搅拌后90s内完成。以试杆沉入净浆并距底板6mm ± 1mm的水泥净浆为标准稠度净浆。其拌和水量为该水泥的标准稠度用水量(P),按水泥质量的百分比计,结果精确至1%。

(4)当试杆距玻璃板距离小于5mm时,应减水,若距离大于7mm,则应加水

代用维卡仪(试锥)法

1. 分为调整用水量法和固定用水量法两种,发生争议时以调整用水量法为准。采用调整用水量法测定时,拌和水量应按经验找水;采用固定用水量法时,拌和水量为142.5mL,精确到0.5mL。

2. 试验前检查:金属棒能自由滑动;试锥降至模顶面时指针指零;搅拌机运转正常。

3. 水泥净浆的拌制:搅拌锅和搅拌叶片先用湿棉布擦净,将称好的500g水泥倒入搅拌锅内。拌和时,先将锅放到搅拌机锅座上,升至搅拌位置,启动机器同时徐徐加入水拌和,慢速搅拌120s,停拌15s,接着快速搅拌120s后停机。(先湿润叶片和锅,再加水、水泥)

4. 标准稠度用水量的测定:

(1)拌和结束后,立即将拌好的净浆装入锥模内,用宽约25mm的直边刀轻轻插捣5次,再轻轻振动5次,刮去多余净浆;抹平后迅速放到试锥下面固定位置上。将试锥降至净浆表面拧紧螺钉处,拧紧螺钉1~2s后,突然放松,让试锥自由沉入净浆中,到试锥停止下沉时记录试锥下沉深度。整个操作应在搅拌后90s内完成。

(2)用调整用水量法测定时,以试锥下沉深度30mm ± 1mm时的净浆为标准稠度净浆。其拌和水量为该水泥的标准稠度用水量(P),按水泥质量的百分比计。如下沉深度超出范围,须另称试样,调整用水量,重新试验,直至达到30mm ± 1mm时为止。

(3)用固定用水量法测定时,标准稠度用水量计算公式:

$$P = 33.4 - 0.185S$$

式中:P——水泥净浆标注稠度用水量(%);

S——试验时试锥下沉贯入深度(mm)。

固定用水量法不适宜试锥下沉深度小于13mm时的水泥

考点四:水泥凝结时间测定

<table>
<tr>
<td>试验目的</td>
<td>通过测定水泥从加水时刻起,到水泥开始失去塑性和完全失去塑性产生凝固所需要的时间,来指导水泥拌制混凝土施工时的适宜施工周期。
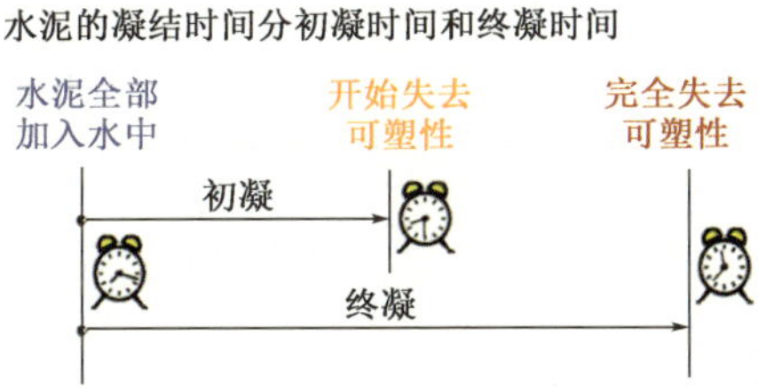

水泥稠度与凝结时间测定仪</td>
</tr>
</table>

续上表

仪器设备	(1)湿气养护箱:可控温在 20℃ ±1℃,相对湿度大于 90%。 (2)试针:初凝用试针长度 50mm ±1mm,直径 ϕ1.33mm ±0.05mm;终凝用试针长度,30mm ±1mm,直径相同,但终凝试针下端带有一个环形附件。 (3)其他仪器设备同水泥净浆标准稠度试验。 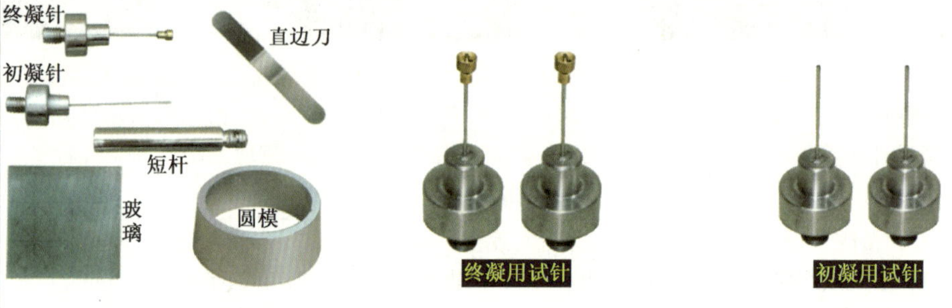
方法与步骤	1. 采用标准稠度水泥净浆作为测定凝结时间的材料。记录净浆搅拌时水泥全部加到水中的时刻,作为测定凝结时间的起始时间。 2. 首先进行初凝时间的测定: (1)待测试样在养护箱中养护 30min 时,进行第一次测定。 (2)将试样从养护箱中取出,放在已更换了初凝用试针的标准维卡仪下,调整试针与水泥净浆的表面刚好接触。 (3)拧紧螺钉稍停片刻,突然打开,使试针垂直自由沉入水泥净浆中。临近初凝,每 5min(或更短时间)测一次,观察试针停止下沉或释放试针 30s 时试针的读数,当试针下沉至距底板 4mm ±1mm 时,表征水泥达到初凝。 (4)达到初凝,需复测一次,结论相同时才能确定达到初凝状态。 3. 终凝时间的测定: (1)由水泥全部加入水中至终凝状态的时间为水泥终凝时间。 (2)完成初凝测定后,立即将试模连同浆体以平移的方式从玻璃板上取下,翻转 180°,直径大端向上,小端向下放在玻璃板上,放入湿气养护箱养护。 (3)临近终凝,每隔 15min(或更短时间)测定一次,当试针沉入试件 0.5mm,即环形附件开始不能在试件上留下痕迹时,为水泥达到终凝状态。 (4)达到终凝时复测两次,结论相同时才能确定达到终凝状态
注意问题	每次测定要避免试针落在同一针孔位置,并避开试模内壁至少 10mm

考点五:水泥安定性试验

试验目的	引起安定性不良的原因可能包括:游离氧化钙、游离氧化镁、三氧化硫。 只能检测出游离氧化钙引起的水泥体积变化,以判断安定性是否合格
仪器设备	1. 沸煮箱;2. 雷氏夹;3. 雷氏夹膨胀仪:用于测定雷氏夹指针尖端距离;4. 玻璃板、小抹刀(宽 10mm)、直尺、黄油等

续上表

<table>
<tr><td>仪器设备</td><td>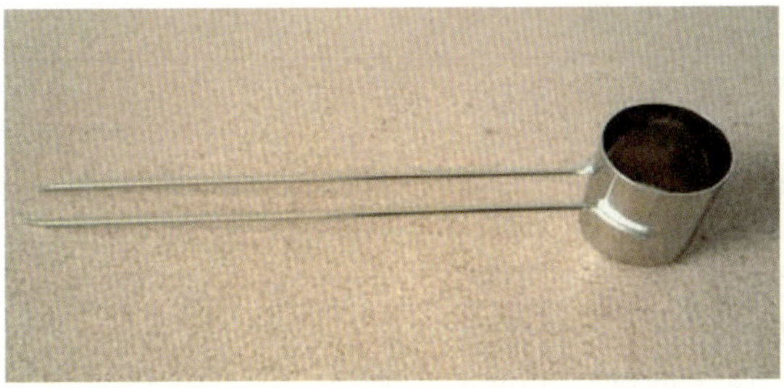 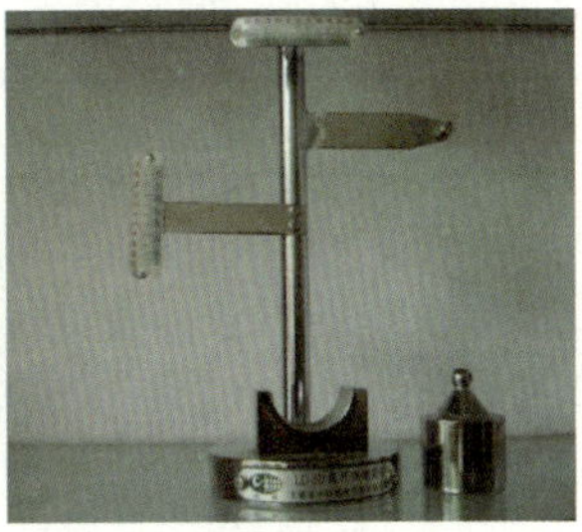</td></tr>
<tr><td colspan="2">雷氏夹法(标准法)</td></tr>
<tr><td colspan="2">1. 测定前的准备工作
每个试样需要两个试件,每个雷氏夹需配备两个边长或直径约 80mm、厚度为 4 ~ 5mm 的玻璃板。凡与水泥净浆接触的玻璃板和雷氏夹表面都要稍稍涂上一层油。
2. 雷氏夹试件的制备方法
将已制好的标准稠度净浆装满试模,一只手轻扶试模,另一只手用宽约 25mm 直边小刀在浆体表面轻轻插捣 3 次,抹平,盖上稍涂油的玻璃板,立刻移至湿气养护箱养护 24h ± 2h。
3. 沸煮
(1)调整好沸煮箱内的水位,使之在整个沸煮过程中都能没过试件,无须中途添补试验用水,同时又能保证在 30min ± 5min 内升至沸腾。
(2)用雷氏法测定时,先测量雷氏夹指针间的距离(A),精确到 0.5mm,接着将试件放入沸煮箱中的试件架上,指针朝上,试件之间互不交叉,然后在 30min ± 5min 内加热至沸腾并恒沸 180min ± 5min。
4. 结果判别
沸煮结束后,立即放掉沸煮箱中的热水,打开箱盖,待箱体冷却至室温,取出试件进行判别。测量试件指针尖端间的距离(C),精确至 0.5mm。
1. 当两个试件煮后增加距离(C − A)的平均值不大于 5.0mm 时,即认为安定性合格。
2. 当两个试件煮后增加距离(C − A)的平均值大于 5.0mm 时,应用同一样品重做一次试验,以复检结果为准</td></tr>
<tr><td colspan="2">试饼法(代用法)</td></tr>
<tr><td>1. 将制备好的水泥标准稠度净浆取出一部分,分成相同的两份,先团成球形,放在事先涂有一层黄油的玻璃板上,在桌面上轻轻振动,并通过小刀由外向里的抹动,使水泥浆形成一个直径 70 ~ 80mm、中心厚约 10mm 而边缘渐薄且表面光滑的圆形试饼,按上述同样的方式养护 24h ± 2h。
2. 从玻璃板上取下试饼,先观察试饼外观有无缺陷,当无开裂、翘曲等缺陷时,放在沸煮箱的试样架上,按与上述雷氏夹试验同样的方法进行沸煮。
3. 沸煮结束后恒沸 180min ± 5min,打开箱盖,待冷却至室温,取出试饼进行观察判断。当目测试饼未发现缝,且用钢尺测量没有弯曲透光时,则认为相应水泥安定性合格</td><td></td></tr>
<tr><td>注意问题</td><td>当雷氏夹法和试饼法试验结果相矛盾时,以雷氏夹法的结果为准</td></tr>
</table>

考点六:水泥胶砂强度试验

试验目的	测定水泥的实际强度,并以此确定水泥强度等级
仪器设备(关键)	1. 胶砂搅拌机。 2. 胶砂振实台。 3. 试模:可同时成型三根尺寸40mm×40mm×160mm 的棱柱体试件。 4. (加砂)下料漏斗。 5. 压力试验机:包括抗折试验机和抗压试验机。 6. 抗压试验夹具:受压面积 40mm×40mm
试验环境	1. 试件成型试验室温度应保持在 20℃ ±2℃,相对湿度大于 50%。 2. 养护箱或雾室温度为20℃ ±1℃,相对湿度大于 90%;养护水的温度为20℃ ±1℃。 3. 试件成型试验室空气温度和相对湿度应在工作期间早晚至少各记录一次。养护箱或雾室温度和相对湿度至少每 4h 记录一次。 注意:考试时,审题考查的是成型温度还是养护温度

试验方法与步骤:

1. 胶砂组成:水泥与 ISO 标准砂的质量比为 1 : 3,水灰比为 0.5。

2. 胶砂制备:润湿→加水→加水泥→低速 30s→再低速 30s(同时加砂)→停 90s(前 15s 内清理)→高速 60s。(各个阶段时间误差应在 ±1s 内)

3. 胶砂试件成型:准备好振动台,用勺子从搅拌锅中将胶砂分为两层装入试模。装第一层时,每个槽里约放 300g 砂浆,用大播料器播平,振实 60 次。再装入第二层胶砂,用小播料器播平,再振实 60 次。移走模套,并用刮尺以 90°的角度架在试模顶的一端,沿试模长度方向以横向锯割动作慢慢向另一端移动,一次将超出试模的胶砂刮去,并用同一直尺将试件表面抹平。

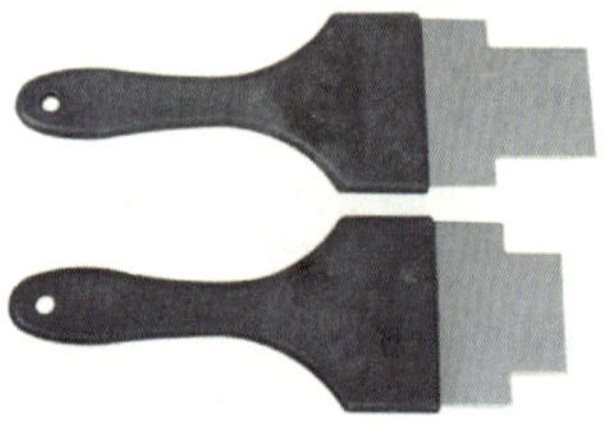

4. 试样养护:

(1)养护时,水平放置刮平面应朝上。对于 24h 龄期的,应在破型试验前 20min 内脱模。对于 24h 以上龄期的,应在成型后 20 ~ 24h 内脱模。脱模时要非常小心,应防止试件损伤。硬化较慢的水泥允许延期脱模,但须记录脱模时间。

(2)试件脱模后即放入水槽中养护,试件之间间隙或试件上表面的水深不得小于 5mm。每个养护池中只能养护同类水泥试件,并应保持恒定水位,在养护期间,可以更换不超过 50% 的水。

(3)除 24h 龄期或延迟 48h 脱模的试件外,任何到龄期的试件应在试验(破型)前 15min 从水中取出。抹去试件表面沉淀物,并用湿布覆盖。

5. 抗折强度试验:

(1)以中心加荷法测定抗折强度。

续上表

<table>
<tr><td colspan="2">
（2）抗折试验加荷速度为50N/s ±10N/s，直至折断，并保持两个半截棱柱处于潮湿状态直至抗压试验。
（3）抗折强度公式：
$$R_f = \frac{1.5\ F_f L}{b^3}$$
式中：R_f——抗折强度（MPa）；
F_f——破坏荷载（N）；
L——支撑圆柱中心距100mm；
b——试件断面正方形的边长，为40mm。
（4）当三个强度值中有一个超出平均值±10%时，应剔除后再取平均值作为抗折强度试验结果。当三个强度值中有两个超出平均值±10%时，则以剩余一个作为抗折强度结果。
6. 抗压强度试验
（1）抗折试验后的两个断块应立即进行抗压试验。受压面为试件成型时的两个侧面，面积为40mm×40mm。
（2）压力机加荷速度：2400N/s ±200N/s 速率范围内，接近破坏时严格掌握。
（3）抗压强度，按下式计算：
$$R_c = \frac{F_c}{A}$$
式中：R_c——抗压强度（MPa）；
F_c——破坏荷载（N）；
A——受压面积，为40mm×40mm。
数据处理：如六个测定值中有一个超出平均值的±10%，则剔除这个测值，以剩下五个测值的平均值作为结果。如果五个测定值中再有超过它们平均值±10%的，则此组结果作废。
当六个测定值中同时有两个或两个以上超过平均值的±10%时，则此组结果作废
</td></tr>
<tr><td>注意问题</td><td>各龄期（试件龄期从水泥加水搅拌开始算起）的试件必须在下列时间内进行强度试验，详见右表所示。
记忆技巧：有倍数关系</td><td>
<table>
<tr><th>龄期时间</th><th>试验时间</th></tr>
<tr><td>24h</td><td>24h ±15min</td></tr>
<tr><td>48h</td><td>48h ±30min</td></tr>
<tr><td>72h</td><td>72h ±45min</td></tr>
<tr><td>7d</td><td>7d ±2h</td></tr>
<tr><td>28d</td><td>28d ±8h</td></tr>
</table>
</td></tr>
</table>

第三节　水泥混凝土技术性质

考点一：新拌水泥混凝土的工作性

概念定义	新拌混凝土的工作性又称和易性，是综合评价混凝土流动性、可塑性、稳定性和易密性状况的一项综合性质和指标
检测方法	坍落度试验适用于塑性混凝土，维勃稠度试验适用于干硬性混凝土

续上表

影响因素	1. 内因:包括原材料特性、单位用水量、水灰比和砂率等方面。 2. 外因:主要指施工环境条件,包括气温、湿度、风力以及时间等	
	1. 最佳砂率:即当在水泥浆数量一定的情况下,能使混凝土拌合物获得最大流动性而且保持良好黏聚性和保水性的砂率,这样的砂率可称为混凝土的最佳砂率。(仅说获得最大流动性的砂率是最佳砂率,则错误) 2. 砂率和坍落度的曲线关系:先上升后下降	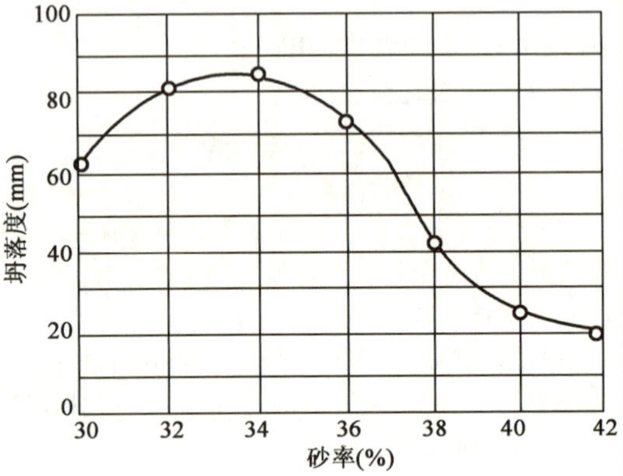

考点二:硬化后混凝土的力学性质

强度概念	工程实践中主要关注的有抗压强度和抗折强度。 1. 立方体抗压强度(f_{cu}):用于评价混凝土抗压强度的方式,除采用立方体试件之外,还可采用圆柱体试件。 2. 抗弯拉强度(抗折强度)(f_{cp}):在进行面层和机场跑道混凝土结构设计或质量控制时,要采用抗弯拉强度作为设计控制指标,抗压强度作为参考强度指标
强度等级	1. 立方体抗压强度标准值($f_{cu,k}$) 按标准方法制作和养护的边长为 150mm 的立方体试件,到 28d 龄期时,采用标准试验方式测得的抗压强度总体分布中的一个值,要求混凝土抗压强度低于标准值的百分率不超过 5%(即具有 95% 保证率的抗压强度),以 MPa(N/mm^2)计。 2. 混凝土强度等级 根据立方体抗压强度标准值来确定强度等级。表示方法是用符号"C"和"立方体抗压强度标准值"两项内容表示
影响因素	1. 水泥强度和水灰(胶)比 水泥强度的高低是影响混凝土强度的最直接因素。当水泥的强度确定时,混凝土的强度主要取决于水灰(胶)比的大小,在一定范围内强度随水灰(胶)比的减少而有规律的提高。 2. 集料特性 (1)采用碎石拌制的混凝土,其形成的强度要比采用卵石拌制的混凝土强度高,但在相同用水量的情况下,流动性相对较小。 (2)针片状颗粒:引起混凝土空隙率提高,所以混凝土中用的粗集料要限制针片状颗粒数量。 (3)粗集料最大粒径的增加,对混凝土强度带来双重影响。

续上表

影响因素	3. 浆集比 混凝土中水泥浆的体积和集料体积之比称为浆集比，该比值对混凝土的强度也有一定的影响。在水灰(胶)比相同的条件下，达到最佳浆集比后，混凝土的强度随着混凝土浆集比的增加而降低。 4. 养护条件 养护过程中温度、湿度和龄期是影响混凝土强度形成的主要因素。 5. 试验条件 结论：尺寸偏小，结果偏大。加载速率越高，结果越大

第四节　水泥混凝土试验检测

考点一：坍落度试验

试验目的	综合评价新拌混凝土的工作性。坍落度试验适用于坍落度值大于10mm，集料最大粒径不大于31.5mm的混凝土
试验仪器	1. 坍落筒：金属铁皮制成，规格尺寸列于下表。 <table><tr><td rowspan="2">集料最大粒径(mm)</td><td rowspan="2">坍落筒类型</td><td colspan="3">筒的内部尺寸(mm)</td></tr><tr><td>底面直径</td><td>顶面直径</td><td>高度</td></tr><tr><td>≤31.5</td><td>标准坍落筒</td><td>200±2</td><td>100±2</td><td>300±2</td></tr><tr><td>50~80</td><td>加大坍落筒</td><td>300±2</td><td>150±2</td><td>450±2</td></tr></table>2. 捣棒：直径16mm，长约65.0mm，用于插捣的一端为半圆形
试验步骤	1. 拌和(先加集料+水泥，再加水)。 (1)机械拌和：用砂浆在拌和机内涮膛；粗+细+水泥+水。 (2)人工拌和，加料顺序：水泥+砂+粗，然后加一半水，再加剩余水。 (3)无论是机械拌和还是人工拌和，所需时间不宜超过5min。 2. 将代表样分3层装入筒内，每层装入高度稍大于筒高的1/3，用捣棒在每一层的横截面上均匀插捣25次。插捣在全部面积上进行，沿螺旋线由边缘至中心，插捣底层时插至底部，插捣其他两层时，应插透本层并插入下层约20~30mm，插捣须垂直压下(边缘部分除外)，不得冲击。【3层+25次】 3. 在插捣顶层时，装入的混凝土高出坍落筒，随插捣过程随时添加拌合物，当顶层插捣完毕后，将捣棒用“锯”和“滚”的动作，清除多余的混凝土，用抹刀抹平筒口，刮净筒底周围的拌合物，而后立即垂直地提起坍落筒(3~7s内)，并使混凝土不受横向及扭力作用。 4. 从开始装料到提出坍落筒整个过程应在150s内完成

续上表

试验步骤	  
评价方法	1. 评价流动性:量取坍落度,精确至 1mm。 2. 目测评价其他性质。 (1)棍度:按插捣混凝土时难易程度评定为"上""中""下"三级。 "上":表示插捣容易; "中":表示插捣时稍有石子阻滞的感觉; "下":表示很难插捣。 (2)黏聚性:用捣棒在已坍落的混凝土锥体侧面轻打,如锥体在轻打后逐渐下沉,表示黏聚性良好;如锥体突然倒坍、部分崩裂或发生石子离析现象,则表示黏聚性不好。 (3)保水性:水分从拌合物析出情况,分"多量""少量""无"三级。 "多量":表示提起坍落筒后,有较多水分从底部析出; "少量":表示提起坍落筒后,有少量水分从底部析出; "无":表示提起坍落筒后,没有水分从底部析出
结果处理	1. 当混凝土试件的一侧发生崩坍或一边剪切破坏,则应重新取样另测。如果第二次仍发生上述情况,则表示该混凝土和易性不好,应记录。 2. 当混凝土拌合物的坍落度大于 160mm 时,用钢尺测量混凝土扩展后最终的最大直径和最小直径,在这两个直径之差小于 50mm 的条件下,用其算术平均值作为坍落扩展度值;否则,此次试验无效。 3. 混凝土拌合物坍落度和坍落扩展值以毫米(mm)为单位,测量值精确至 1mm,结果修约至 5mm

考点二:凝结时间测定

试验目的	本方法规定了贯入阻力法测定水泥混凝土拌合物凝结时间的试验方法
仪器设备	主要:贯入阻力仪:最大测量值不应小于 1000N,刻度盘分度值为 10N。 其他:测针、试样筒、4.75mm 试验筛、振动台、捣棒
试样制备	1. 应用试验筛从混凝土拌合物中筛出砂浆,经人工翻拌,装入试样筒。每批混凝土拌合物取一个试样,共取 3 个试样,分装 3 个试样筒。 2. 坍落度不大于 90mm 的混凝土宜用振动台振实砂浆,振动到表面出浆为止,且应避免过振;坍落度大于 90mm 的混凝土宜用捣棒人工捣实,沿螺旋方向由外向中心均匀插捣 25 次,然后用橡皮锤轻击试样筒侧壁,以排除空洞。整平砂浆的表面,使其低于试样筒上沿约 10mm,立即加盖。

续上表

试样制备	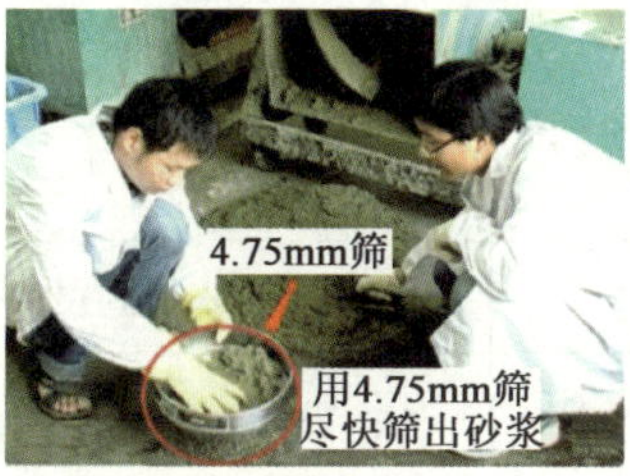 3. 砂浆试样制备完毕,静置于温度为 20℃ ±2℃的环境中待测,并在整个测试过程中,环境温度始终保持 20℃ ±2℃。在整个测试过程中,除吸取泌水或进行贯入试验外,试样筒应始终加盖。 4. 砂浆试样制备完毕后 1h,将试件一侧稍微垫高约 20mm,使其倾斜静置约 2min,用吸管吸去泌水。以后每到测试前约 2min,同上步骤用吸管吸去泌水。若在贯入测试前还有泌水,也应吸干。 5. 凝结时间测定从搅拌加水开始计时。根据拌合物性能,确定测针试验时间,以后每隔 0.5h 测试一次,在临近初凝和终凝时,应缩短测试间隔时间 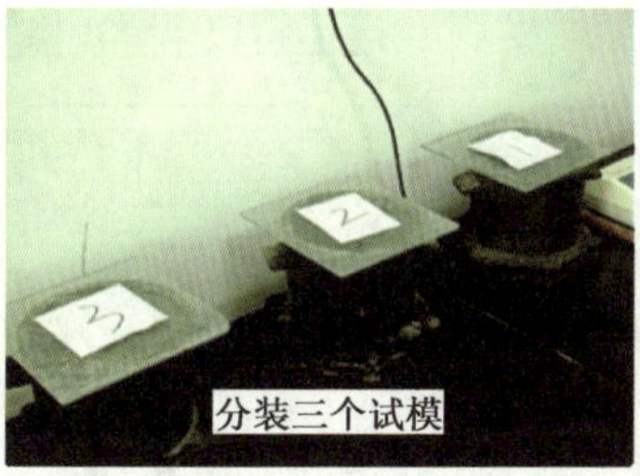
试验步骤	1. 测试时,将砂浆试样筒置于贯入阻力仪上,测针端面刚刚接触砂浆表面,然后转动手轮,使测针在10s ±2s 内垂直且均匀地插入试样内,深度为 25mm ±2mm,记录最大贯入阻力值,精确至 10N;记下从开始加水拌和起所经过的时间(精确至 1min)及环境温度(精确至 0.5℃)。 2. 测定时,每个试样筒每次测 1 ~2 个点,各测点的间距不小于 15mm,测点与试样筒壁的距离不小于 25mm。 3. 每个试样贯入测试不少于 6 次,直至单位面积贯入阻力大于 28MPa 为止。 4. 根据砂浆凝结状况,在测试过程中应以测针承压面积从大到小顺序更换测针,一般当砂浆表面测孔边出现微裂缝时,应更换较小截面积的测针
结果计算	1. 单位面积贯入阻力,按下式计算: $$f_{PR} = P/A$$ 式中:f_{PR}——单位面积贯入阻力(MPa); P——测针贯入 25mm 时的贯入压力(N); A——贯入用测针截面面积(mm^2)。 2. 凝结时间也可用绘图拟合方法确定。应以单位面积贯入阻力为纵坐标,测试时间为横坐标,绘制单位面积贯入阻力与测试时间关系曲线。经 3.5MPa 及28MPa 画两条平行于横坐标的直线,则直线与曲线相交点的横坐标即为初凝及终凝时间(见右图) 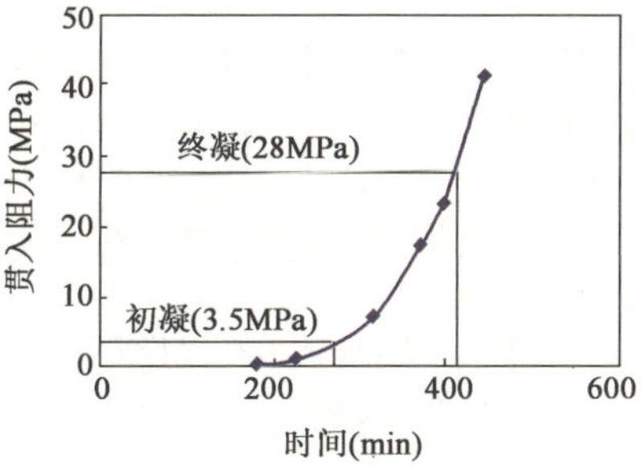

考点三:水泥混凝土试件制作

拌合物装填及成型控制

坍落度	装填方式	成型方式	抹平高度控制
小于 25mm	一次性填入	ϕ25mm 插入式振捣棒成型 20s	抹面与试模边缘高低差不得超过 0.5mm(注意单位是"mm")
大于 25mm 且小于 90mm	一次性填入	标准振动台成型不超过 90s	抹面与试模边缘高低差不得超过 0.5mm(注意单位是"mm")
大于 90mm	分两次	人工成型	抹面与试模边缘高低差不得超过 0.5mm(注意单位是"mm")
自密实混凝土	一次性	不得使用振动台或插捣方式、可以用橡皮锤	表面略低于试模边缘 1 ~ 2mm

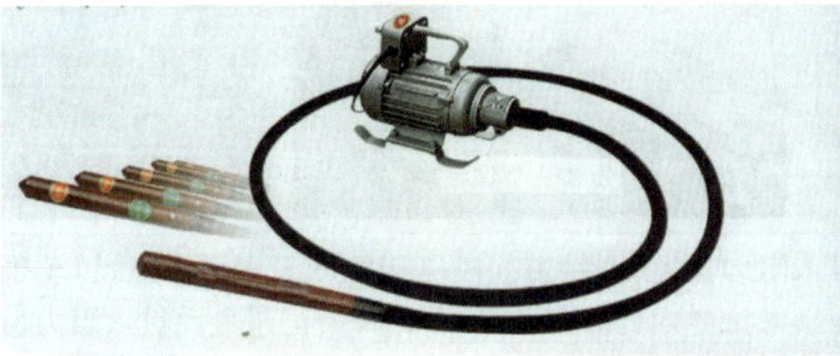

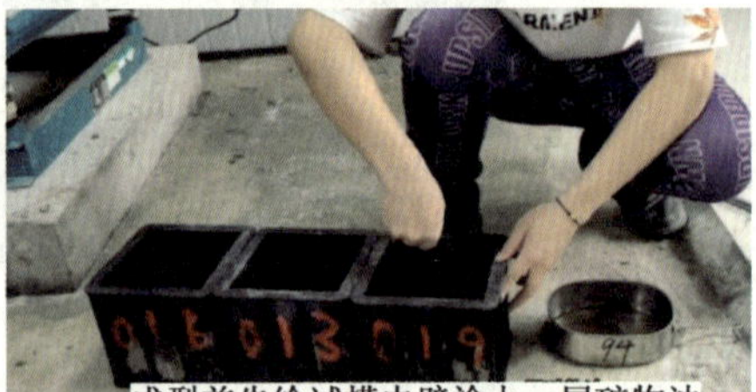

成型前先给试模内壁涂上一层矿物油

养护方法:

1. 试件成型后,用湿布覆盖表面(或其他保持湿度办法),在室温 20℃ ±5℃、相对湿度大于 50% 的情况下,静放 1 ~ 2 个昼夜,然后拆模并作第一次外观检查、编号。对有缺陷的试件应除去,或加工补平。

2. 将完好试件放入标准养护室进行养护,标准养护室温度为20℃ ±2℃,相对湿度在 95% 以上,试件宜放在铁架或木架上,间距至少 10 ~ 20mm。试件表面应保持一层水膜,并避免用水直接冲淋。

当无标准养护室时,将试件放入温度20℃ ±2℃的饱和氢氧化钙溶液中养护。

3. 标准养护龄期为 28d(以搅拌加水开始),非标准的龄期为 1d、3d、7d、60d、90d、180d

考点四：水泥混凝土抗压强度试验方法

适用范围	适用于各类水泥混凝土立方体试件的抗压强度试验，也适用于高径比 1∶1 的钻芯试件
仪具材料	1. 压力机或万能试验机：其测量精度为 ±1%，试件破坏荷载应大于压力机全程的 20% 且小于压力机全程的 80%。 2. 混凝土强度等级大于或等于 C50 时，试件周围应设置防崩裂网罩。 3. 混凝土立方体抗压强度试件应同龄期者为 1 组，每组为 3 个同条件制作和养护的混凝土试块

试验步骤：

1. 至试验龄期时，自养护室取出试件，应尽快试验，避免其湿度变化。

2. 取出试件，检查其尺寸及形状，相对两面应平行。量出棱边长度，精确至 1mm。试件受力截面积按其与压力机上下接触面的平均值计算。在破型前，保持试件原有湿度，在试验时擦干试件。

3. 以成型时侧面为上下受压面，试件中心应与压力机几何对中。圆柱体应对端面进行处理，确保端面的平行度。

4. 混凝土强度等级小于 C30 时取 0.3 ~ 0.5MPa/s 的加荷速度；混凝土强度等级大于或等于 C30 小于 C60 时，取 0.5 ~ 0.8MPa/s 的加荷速度；混凝土强度等级大于或等于 C60 时，混凝土取 0.8 ~ 1.0MPa/s 的加荷速度。当试件接近破坏而开始迅速变形时，应停止调整试验机油门，直至试件破坏，记下破坏极限荷载 F

直至试件破坏，记下破坏的极限荷载

结果计算

水泥混凝土抗压强度计算公式：

$$f_{cu} = F/A$$

式中：f_{cu}——水泥混凝土抗压强度（MPa）；

F——极限荷载（N）；

A——试件受压面积，为 150mm × 150mm（mm^2）。

注：当混凝土强度等级小于 C60 时，用非标准试件的抗压强度应乘相应尺寸换算系数，并应在报告中注明。

试件尺寸	尺寸换算系数
100mm × 100mm × 100mm	0.95
150mm × 150mm × 150mm（标准）	1.00
200mm × 200mm × 200mm	1.05

续上表

数据处理	以三个试件测量值的算术平均值为测定值,结果精确至 0.1MPa。三个试件测量值的最大值或最小值中如有一个与中间值之差超过中间值的 15%,则取中间值为测定值;如最大值和最小值与中间值的差值均超过中间值的 15%,则该组试验结果无效
注意事项	当混凝土强度等级大于或等于 C60 时,宜采用 150mm × 150mm × 150mm 标准试件;使用非标准试件时,换算系数由试验确定

考点五:水泥混凝土抗弯拉强度试验

适用范围	适用于各类水泥混凝土棱柱体试件
仪具材料	压力机或万能试验机;弯拉试验装置(即三分点处双点加荷和三点自由支承式混凝土弯拉强度与弯拉弹性模量试验装置) 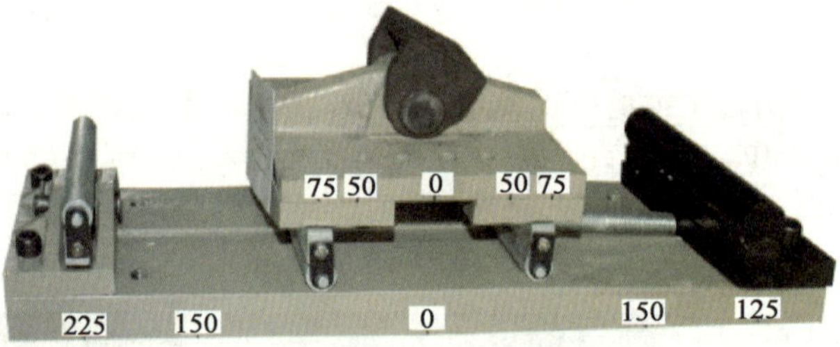 水泥混凝土抗弯拉试验装置
试件制备	标准尺寸:150mm × 150mm × 550mm。 试件长向中部 1/3 区段内表面不得有直径超过 5mm、深度超过 2mm 的孔洞

试验步骤:

1. 试件取出后,用湿毛巾覆盖并及时进行试验,保持试件干湿状态不变。在试件中部量出其宽度和高度,精确至 1mm。

2. 调整两个可移动支座,将试件安放在支座上,试件成型时的侧面朝上,几何对中后,应使支座及承压面与活动船形垫块的接触面平稳、均匀,否则应垫平。

3. 加荷时,应保持均匀、连续。当混凝土的强度等级小于 C30 时,加荷速度为 0.02 ~ 0.05MPa/s;当混凝土的强度等级大于或等于 C30 且小于 C60 时,加荷速度为 0.05 ~ 0.08MPa/s;当混凝土的强度等级大于或等于 C60 时,加荷速度为 0.08 ~ 0.10MPa/s。当试件接近破坏而开始迅速变形时,不得调整试验机油门,直至试件破坏,记下破坏极限荷载。

4. 记录下最大荷载和试件下边断裂的位置

续上表

<table>
<tr><td>结果计算</td><td>1. 当断面发生在两个加荷点之间时试件的弯拉强度,按下式计算:
$$f_f = \frac{FL}{bh^2}$$
式中:f_f——试件的弯拉强度(MPa);
F——极限荷载(N);
L——支座间距离;标准试件为450mm;
b、h——试件宽度、高度(mm);标准试件高宽均为150mm。
结果计算精确至0.01MPa。
2. 采用100mm×100mm×400mm非标准试件时,在三分点加荷的试验方法同前,但所取得的弯拉强度值应乘以尺寸换算系数0.85</td></tr>
<tr><td>数据处理【特别重要】</td><td>以三个试件测量值的算术平均值为测定值。三个试件测量值的最大值或最小值中如有一个与中间值之差超过中间值的15%,则把最大值和最小值舍去,以中间值作为试件的弯拉强度。如有两个测量值与中间值的差值均超过15%时,则该组试验结果无效</td></tr>
<tr><td>注意事项</td><td>1. 当混凝土强度等级大于或等于C60时,应采用150mm×150mm×550mm标准试件。
2. 三个试件中如有一个断裂面位于加荷点外侧,则混凝土弯拉强度按另外两个试件的试验结果计算。如这两个测量值的差值不大于这两个测量值中最小值的15%,则以两个测量值的平均值为测试结果,否则结果无效。如有两试件均出现断裂面位于加荷点外侧,则该组结果无效</td></tr>
<tr><td>归纳比较</td><td><table><tr><th>试件类型</th><th>水泥胶砂试件</th><th>水泥混凝土试件</th></tr><tr><td>方法</td><td>抗折强度与抗压强度方法不同</td><td>抗折强度与抗压强度方法相同</td></tr><tr><td>超差基准</td><td>平均值</td><td>中值</td></tr><tr><td>超差范围</td><td>±10%</td><td>±15%</td></tr><tr><td>舍弃数据后处理方法</td><td>剩余数据的均值</td><td>取中值</td></tr></table></td></tr>
</table>

第五节　普通水泥混凝土组成设计

考点一:混凝土组成材料的技术要求

水泥	硅酸盐水泥、普通硅酸盐水泥:高强、快硬、高水化热(大体积不适用) 火山灰质硅酸盐水泥、粉煤灰硅酸盐水泥、矿渣硅酸盐水泥、复合水泥:低强、凝结慢、低水化热(大体积适用)

续上表

<table>
<tr><td>粗集料</td><td>技术要点:最大粒径要求不大于结构截面最小尺寸的1/4,并且不超过钢筋最小净距的3/4;对于实心混凝土板,集料的最大粒径不宜超过板厚的1/3,且不得超过31.5mm。技术分级如下表:
<table><tr><td>混凝土强度等级</td><td>≥C60</td><td>C30～C60</td><td><C30</td></tr><tr><td>碎石、卵石技术等级</td><td>Ⅰ类</td><td>Ⅱ类</td><td>Ⅲ类</td></tr></table></td></tr>
<tr><td>细集料</td><td>1. 技术等级适用范围同粗集料(见上表)。
2. 优先选用Ⅱ区砂;Ⅰ区砂偏粗应提高砂率,Ⅲ区砂偏细降低砂率</td></tr>
<tr><td>拌和用水</td><td>海水可用于拌制素混凝土,但不得拌制钢筋混凝土或预应力混凝土</td></tr>
</table>

考点二:混凝土配合比设计

表示方法	1. 单位用量表示法——如1m³混凝土中水泥:水:细集料(简称砂):粗集料(简称石)=340kg:170kg:765kg:1292kg。 2. 相对用量表示法——以水泥的质量为1,其他材料针对水泥的相对用量,并按“水泥、砂、石和水灰(胶)比”的顺序排列表示,如以上面单位用量表示法中所列内容为依据,采用相对用量来表示则可转化为1:2.25:3.80;$W/C=0.50$
设计要求	强度、工作性、耐久性、经济性。说明:普通混凝土的设计指标是抗压强度,公路面层混凝土设计指标是弯拉强度(教材是以普通混凝土为例)
设计步骤	计算初步配合比→提出基准配合比→确定试验室配合比→换算工地配合比

1. 设计指标:主要包括拌合物的工作性、硬化后的结构强度,以及使用时的耐久性等。

(1)工作性:工作性的选择取决于混凝土施工方法以及构件自身的特点,包括构件截面尺寸的大小、钢筋疏密程度及施工方式等。

(2)配制强度($f_{cu,o}$):

设计强度小于C60时:$f_{cu,o} \geq f_{cu,k}+1.645\sigma$;

设计强度不小于C60时:$f_{cu,o} \geq 1.15f_{cu,k}$。

(3)混凝土的耐久性:为了保证混凝土的耐久性,要对混凝土中的最大水灰(胶)比和最小水泥用量做出限制规定。

2. 混凝土初步配合比设计步骤。

(1)混凝土的配制强度($f_{cu,o}$):当混凝土设计强度小于C60时,$f_{cu,o} \geq f_{cu,k}+1.645\sigma$;不小于C60时,$f_{cu,o} \geq 1.15_{fcu,k}$。

(2)确定水胶比(W/B):公式及相关查询表格略。

(3)单位用水量(m_{wo})的确定:依据坍落度和集料类型、最大粒径查表(表格略)。

(4)胶凝材料(m_{bo})、矿物掺合料及水泥(m_{co})用量:

每立方米混凝土的胶凝材料用量(m_{bo}):$m_{bo}=\dfrac{m_{wo}}{W/B}$。

续上表

每立方米混凝土矿物掺合料用量(m_{fo})：$m_{fo}=m_{bo}\cdot\beta_f$($\beta_f$为矿物掺量,%)。

每立方米混凝土水泥用量：$m_{co}=m_{bo}-m_{fo}$。

(5)砂率的确定：

坍落度在10～90mm时,依据粗集料品种、最大粒径以及水灰比查表求取。

(6)粗集料m_{go}和细集料m_{so}的确定：

粗细集料的用量可以通过质量法或体积法两种方法计算获得。

①质量法：四种材料质量加起来之和,数值上等于混凝土的密度值,即1m³混凝土的质量。

$m_{co}+m_{wo}+m_{so}+m_{go}=\rho_{cp}$与$\beta_s=\dfrac{m_{so}}{m_{so}+m_{go}}\times100$联立方程组求得砂石质量。

②体积法：该方法认为混凝土拌合物的总体积等于水泥、细集料、粗集料和水四种材料的绝对体积之和。

$\dfrac{m_{co}}{\rho_c}+\dfrac{m_{wo}}{\rho_w}+\dfrac{m_{so}}{\rho_s}+\dfrac{m_{go}}{\rho_g}+0.01a=1$与$\beta_s=\dfrac{m_{so}}{m_{so}+m_{go}}\times100$联立方程组求得砂石质量。

3.试拌调整提出混凝土基准配合比。

试拌→工作性(流动性、黏聚性、保水性)调整。

①全部满足。

②坍落度不满足,其他满足：保持水灰比不变,调整水和水泥用量,砂石不变。

③坍落度满足,黏聚性、保水性不满足：砂石总量不变,调整砂率,水和水泥不变。

④全都不满足：组成材料全调整。

4.检验强度、确定试验室配合比。

(1)制备立方体抗压强度试件。

至少要采用三种不同的水灰(胶)比(水灰比$_{基准}$－0.05、水灰比$_{基准}$、水灰比$_{基准}$＋0.05),维持单位用水量不变,增加或减少水泥用量,配制试件。

(2)强度测定和试验室配合比的确定。

通过绘制强度对灰(胶)水比关系图,选定能够达到混凝土配制强度的灰(胶)水比,再转换成所需的水灰比。

(3)混凝土配合比的密度调整。

表观密度计算公式：　$\rho_c=m_{cb}+m_{wb}+m_{sb}+m_{gb}$

密度修正系数(实测密度/计算密度)：　$\delta=\dfrac{\rho_t}{\rho_c}$

当$0.98\leq\delta\leq1.02$时,无须修正。否则,需要修正。

修正方法：用试验室配合比各材料用量$\times\delta$,得到最终设计配合比。

5.换算施工配合比。

水泥：　$m_e=m'_{cb}$

细集料：　$m_s=m'_{sb}\times(1+w_s)$

粗集料：　$m_g=m'_{gb}\times(1+w_g)$

水用量：　$m_w=m'w_b-(m'_{sb}\times w_s+m'_{gb}\times w_g)$

式中：w_s、w_g——工地细、粗集料含水率(%)。

最终得到混凝土施工现场配合比水泥∶水∶细集料∶粗集料$=m_e:m_w:m_s:m_g$

第六节　水泥砂浆试验检测

考点一:水泥砂浆拌和及稠度试验方法

适用范围	本方法适用于水泥砂浆及指定采用本方法的其他材料,稠度试验适用于稠度小于 120mm 的砂浆	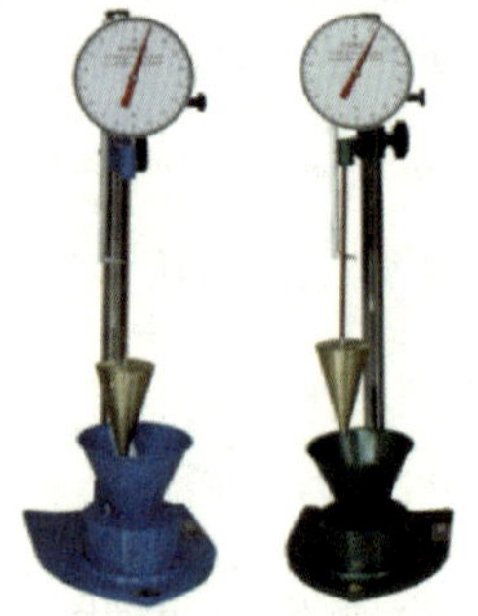
仪具材料	1. 砂浆搅拌机。 2. 砂浆稠度仪:由试锥、圆锥筒和支座三部分组成。 3. 钢制捣棒:直径为 10mm、长为 350mm,端部为半球形。 4. 秒表等辅助工具	
试验准备	1. 试验室内温度应控制在 20℃ ±5℃,相对湿度不小于 50%。砂浆拌和用原材料应放置试验室内至少 24h。 2. 砂应过 9.5mm 的方孔筛,4.75mm 筛上分计筛余不超过 10%,且砂料应翻拌均匀;水泥及掺合料不允许有结块,使用前应用 0.9mm 过筛。 3. 砂料应为干燥状态,含水率不超过 0.2%。 4. 材料用量以质量计。称量精度:水泥及掺合料、水和外加剂为 ±0.5%;砂为 ±1%	
砂浆拌和	1. 将砂浆搅拌锅清洗干净,并保持锅内润湿;按照配合比,先拌制不少于 30% 容量同配比砂浆,使搅拌机内壁挂浆,将剩余料卸出。 2. 将称好的砂料、水、水泥及外掺料等依次倒入机内,立即开动搅拌机,搅拌时间不应少于 120s。掺有掺合料和外加剂的砂浆,其搅拌时间不应少于 180s。一次拌和量不宜少于搅拌机容量的 30%,不宜大于搅拌机容量的 70%	
试验步骤	1. 应按上述制备砂浆。 2. 将圆锥筒和试锥表面用湿布擦干净,并用少量润滑油轻擦滑杆,然后将滑杆上多余的油用吸油纸擦净,使滑杆能自由滑动。 3. 将砂浆拌合物一次装入圆锥筒,使砂浆表面低于圆锥筒口约 10mm 左右,用捣棒自圆锥筒中心向边缘插捣 25 次,然后用木锤在圆锥筒周围距离大致相等的 4 个不同部位轻轻敲击 5 ~ 6 次,使砂浆表面平整,随后将圆锥筒置于砂浆稠度仪的底座上。 4. 调节试锥滑杆的固定螺栓,缓慢向下移动滑杆,当试锥尖端与砂浆表面刚接触时,拧紧固定螺钉,使齿条测杆下端刚接触滑杆上端,读出刻度盘上的读数 H_0(精确至 1mm)。 5. 拧开固定螺钉,同时计时,10s 后立即拧紧固定螺钉,将齿条测杆下端接触滑杆上端,从刻度盘上读数 H_1,H_0 和 H_1 的差值,即为砂浆的稠度值,精确至 1mm。 6. 圆锥筒内的砂浆只允许测定一次稠度,重复测定时,应重新取样	
结果处理	以两次平行试验测值的算术平均值作为试验结果,精确至 1mm;如两次测值之差大于 10mm,则重新试验	

考点二：水泥砂浆分层度试验方法

适用范围	本方法适用于测定水泥砂浆及指定采用本方法测定的其他材料
仪具与材料	1. 砂浆分层度筒：内径 150mm ± 1mm，上节净高 200mm，下节带底净高 100mm，金属板制成。 2. 其他：砂浆稠度仪、木锤等工具振动台
试验步骤： 1. 制备砂浆和稠度测定，砂浆稠度记为 S_1，精确至 1mm。 2. 将砂浆拌合物一次装入分层度筒内，待装满后，用木锤在容器周围距离大致相等的 4 个不同部位轻轻敲击 1 ~ 2 下，如砂浆沉落到低于筒口，则应随时添加，然后刮去多余的砂浆并用抹刀抹平，同时开始计时。 3. 静置 30min 后，用上节 200mm 砂浆放入砂浆搅拌机内搅拌 1min 刮浆后废掉，随即将剩余的 100mm 砂浆倒出放在拌和锅内拌和 2min，搅拌砂浆并测试稠度，记为 S_2，精确至 1mm	
结果计算	砂浆的分层度值：$S_0 = S_1 - S_2$；以两次平行试验测值的算术平均值作为试验结果，若两次试验值之差大于 10mm，则重新试验

第七节　拌和用水、外加剂与掺合料

略。

第六章　沥青与沥青混合料

第一节　沥青的技术性质和技术要求

考点一：沥青概述

沥青分类	按照材料特性可分为道路石油沥青、改性沥青、乳化沥青、改性乳化沥青、稀释沥青和天然沥青等
化学组分	道路石油沥青4个化学组分：1. 沥青质；2. 胶质；3. 芳香分；4. 饱和分
改性沥青	按改性剂不同分类：SBS类（Ⅰ类）、SBR类（Ⅱ类）和EVA/PE类（Ⅲ类）； SBR类（Ⅱ类）用于西藏等寒冷地区；绝大部分地区采用SBS类（Ⅰ类）
乳化沥青、改性乳化沥青	1. 按离子类型分类：阳离子乳化沥青（适用于各种集料）；阴离子乳化沥青（适用于碱性集料）和非离子乳化沥青三类。 2. 按施工工艺差异分为：喷洒型和拌和型。 3. 按破乳速度分为：快裂、中裂和慢裂
稀释沥青	1. 稀释沥青为道路石油沥青与汽油、煤油或柴油等溶剂加工而成的沥青结合料。 2. 按照凝结速度分为快凝、中凝、慢凝

考点二：沥青技术性能评价体系

针入度体系	以原样沥青的25℃针入度作为沥青标号的划分依据，以此为基础确定的沥青评价体系，我国目前主要采用该体系，如70号、90号、110号等；标号数值为25℃针入度中值	主要指标如下： 1. 低温性能：延度、脆点； 2. 中温性能：针入度； 3. 高温性能：软化点或60℃动力黏度； 4. 感温性能：针入度指数； 5. 黏附性：与粗集料黏附等级； 6. 储存稳定性：离析； 7. 施工特性：表观黏度、闪点； 8. 弹性恢复：弹性恢复率； 9. 密度：15℃密度； 10. 成分：蜡含量、溶解度； 11. 耐久性：评价短期老化性能
黏度体系	以原样沥青60℃动力黏度标准作为沥青标号划分标准，如AC-10、AC-20，其标号数值即为60℃动力黏度中值，单位为10Pa·s。另一标准是以旋转薄膜老化后60℃动力黏度标准作为沥青标号划分标准，如AR-40、AR-80，其标号数值即为旋转薄膜老化后60℃动力黏度中值，单位为10Pa·s	

续上表

性能体系	美国的 PG 性能体系，其以沥青路面最高温度和最低温度作为规格划分标准，如 PG64-22，指该沥青适合路面最高温度不能超过 64℃、最低温度不能低于 -22℃

第二节　沥青试验检测

考点一：沥青试样准备方法

试验目的	适用于黏稠道路石油沥青、煤沥青等需要加热后才能进行试验的沥青样品，按此法准备的沥青供试验室进行的各项试验使用
主要仪器	烘箱、加热炉具、石棉垫、孔径 0.6mm 的滤筛、烧杯、温度计、天平等
试验方法与步骤： 1. 烘箱加热，使沥青熔化。当石油沥青试样中含有水分时，将烘箱温度调在 80℃左右，加热至沥青全部熔化后供脱水用。当石油沥青中无水分时，烘箱温度宜为软化点温度以上 90℃，通常为 135℃左右。对取来的沥青试样不得直接采用电炉或煤气炉明火加热。 2. 脱水处理。将盛样器皿放在可控温的砂浴、油浴、电热套上加热脱水，不得已采用电炉、煤气炉直接加热、脱水时必须加放石棉垫，时间不超过 30min，并用玻璃棒轻轻搅拌，防止局部过热。在沥青温度不超过 100℃的条件下，仔细脱水至无泡沫为止，最后的加热温度对石油沥青不得超过软化点以上 100℃，对煤沥青不得超过软化点以上 50℃。 3. 将盛样器中的沥青通过 0.6mm 的滤筛过筛，不等冷却立即灌模。 4. 灌模过程中如温度下降可放入烘箱中适当加热，试样冷却后反复加热的次数不得超过 2 次，以防沥青老化影响试验结果。灌模时不得反复搅动沥青，应避免混进气体。 5. 灌模剩余的沥青应立即清洗干净，不得重复使用	

考点二：沥青密度与相对密度试验

试验目的	利用密度瓶测定各种沥青材料的密度与相对密度，为沥青原材料质量与体积之间的换算、沥青混合料配合比设计提供必要参数。测定沥青密度的标准温度为 15℃；沥青的相对密度是指 25℃时与相同温度下水的密度之比
仪器设备	略

续上表

试验方法与步骤: 1. 液体沥青:过0.6mm筛,装满容量瓶不要混入气泡,置于恒温水槽烧杯中,水面在瓶口下约40mm,保温30min后称重m_3。 2. 黏稠沥青:融化后注入密度瓶2/3,称重m_4,装满水称重m_5。 3. 固体沥青:取50~100g试样打碎,过0.6~2.36mm筛,取不少于5g放入称重m_6;加表面活性剂抽真空15min排除气泡,装满水称重m_7	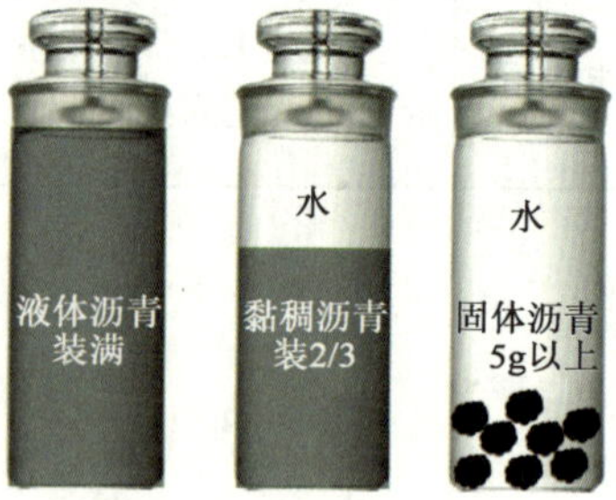
操作的核心就是确定试样的质量和标定试样的体积。 要点:测体积时温度要一定且恒定,一定要排除气泡。 发散:如果气泡没排除干净,导致试样密度计算结果偏大还是偏小? 分析:①本试验是通过水的质量来标定试样体积,气泡未排除干净,占据了水的体积,使得水质量偏小,得出来的试样体积偏大,使密度偏小。 ②气泡冒充了试样。质量不变,体积偏大,导致密度偏小	
计算	略

考点三:真空减压毛细管法测黏度

试验目的	动力黏度是表征沥青黏滞性的核心指标,60℃下的动力黏度与夏季路面高温条件下沥青混合料的强度、抗车辙能力有良好相关性。通过测定黏稠石油沥青的动力黏度,更好地掌握沥青路用性能	
仪器材料	1. 真空减压毛细管黏度计:右图。 2. 温度计:量程50~100℃,分度值0.1℃。 3. 恒温水槽:其内部控温液面高度超过黏度计最高刻度至少20mm,恒温精度±0.1℃。 4. 真空减压系统:真空度可达40kPa±66.5Pa(300mmHg±0.5mmHg)。 5. 其他:秒表、烘箱、三氯乙烯、洗液等	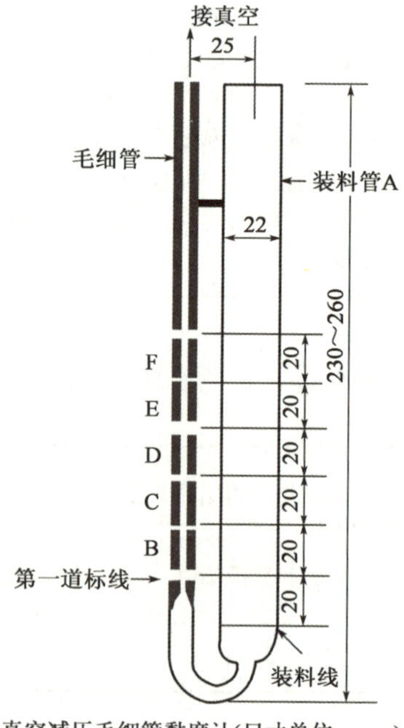 真空减压毛细管黏度计(尺寸单位:mm)

续上表

<table>
<tr><td colspan="2">
试验方法与步骤：
1. 依据沥青样品流经规定体积时间是否超过 60s，选择适宜真空毛细管黏度计。
2. 将待测沥青和洗净干燥的真空毛细管黏度计放置在 135℃ ±5℃烘箱中加热 30min，恒温水槽控温在 60℃待用。
3. 将备好的沥青小心从装料管 A 注入毛细管黏度计中，并使沥青试样液面在装料 E 标线处 ±2mm 之内。重新将黏度计放回烘箱保温，促使毛细管中气泡逸出。
4. 从烘箱中取出 3 支备好沥青样品的毛细管黏度计，室温冷却 2min 后，安装在 60℃恒温水槽中，调整黏度计高低位置，使 F 标线在水槽液面以下 20mm。安装时间在 5min 之内。
5. 在未打开阀门状态下将黏度计连接到真空系统。打开真空泵，使真空度达 40kPa ±66.5Pa（300mmHg ±0.5mmHg），并等到黏度计在恒温水槽的 60℃水中恒温 30min 后，打开阀门，让黏度计接通真空泵。
6. 当沥青试样被吸到毛细管的最低的第一标线时（图中的 B 刻度），同时打开两个秒表，用于沥青在毛细管中经过不同标线间隔的计时。准确记录下第一个超过 60s 的标线位置以及间隔时间，准确至 0.1s。按相同过程对另外两个黏度计进行试验操作
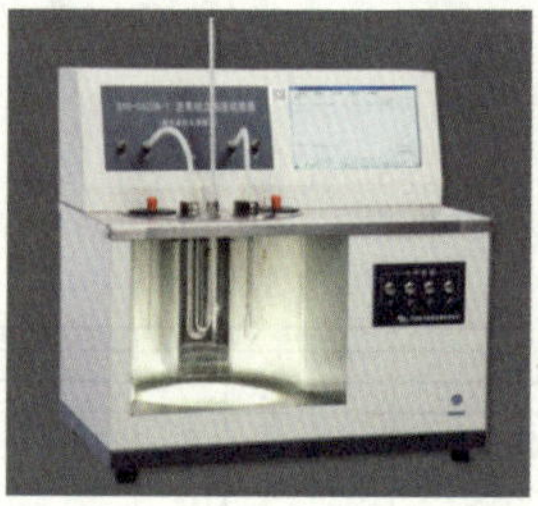
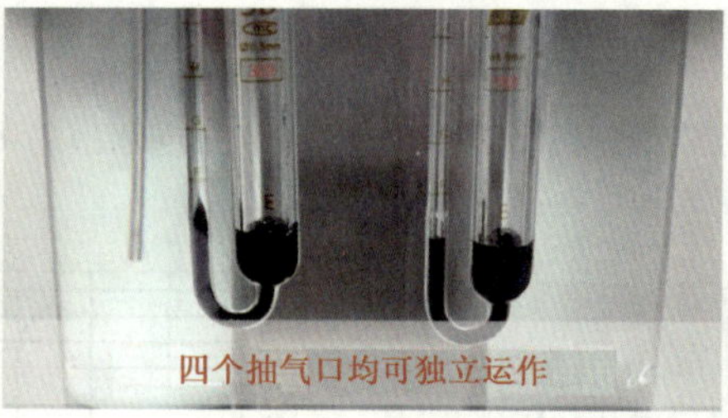

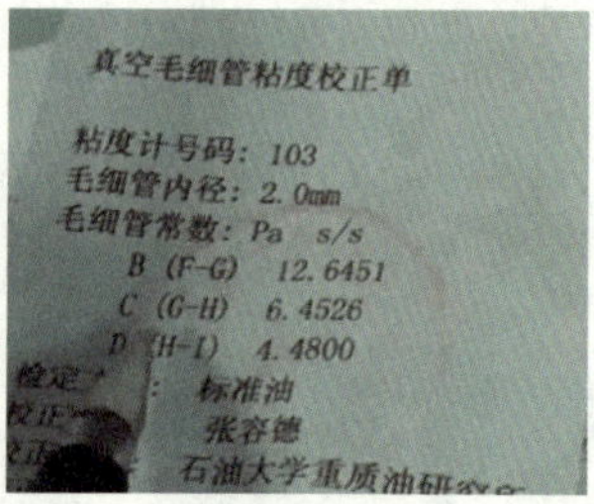
真空毛细管粘度校正单
粘度计号码：103
毛细管内径：2.0mm
毛细管常数：Pa　s/s
B (F-G)　12.6451
C (G-H)　6.4526
D (H-I)　4.4800
标准油
张容德
</td></tr>
<tr><td>结果计算</td><td>
沥青试样的动力黏度按下式计算：
$$\eta = K \times t$$
式中：η——沥青试样在测定温度下的动力黏度（Pa·s）；
K——选择第一对超过 60s 标线间隔的黏度计常数（Pa·s/s），由毛细管计说明书中查得；
t——通过第一对超过 60s 标线的时间间隔
</td></tr>
<tr><td>注意问题</td><td>
1. 每个毛细管玻璃器皿不同部位的系数即 K 值都要仔细标定。
2. 一次试验的 3 支黏度计平行试验的误差应不大于平均值的 7%，否则需重新试验。精度符合要求时取 3 支试验结果的平均值作为动力黏度测定值。
3. 不同试验测得的不同黏度之间不具有互换性，不能把用其他方式测得的沥青黏度当作 60℃动力黏度
</td></tr>
</table>

考点四：布氏黏度计法

试验目的	采用布氏黏度计测定沥青 45℃以上温度范围的表观黏度（以 Pa·s 计），并根据不同温度下的黏温曲线，确定沥青混合料的拌和温度和压实温度
仪器与材料	1. 布洛克菲尔德黏度计：数显黏度计、温度控制器、恒温容器、试样筒。 2. 转子：具有不同型号，根据沥青黏度大小选用。 3. 烘箱。 4. 温度计

续上表

试验方法与步骤：

1. 将制备好的待测沥青，装入盛样的试样容器中，放入高于软化点温度之上100℃左右的烘箱中，恒温备用。

2. 安装并调平布氏黏度计，开启黏度计温度控制器电源，在试验所需温度下控温待用。

3. 将备好的沥青倒入试样筒中，注意沥青数量即液面高度应符合不同型号转子的规定要求，且试样体积与仪器系统在标定时的标准体积保持一致。将转子和盛样筒一起置于已控温至试验温度的烘箱中保温，时间不少于1.5h。

4. 从烘箱中取出转子与盛样筒，安装在黏度计上。降低黏度计，使转子插进盛样筒，注意转子插入的位置符合沥青液面规定的高度。继续在试验温度下让沥青试样在恒温容器中恒温，时间不少于15min。

5. 根据待测沥青样品估计的黏度，选择合适的转子型号和转速，按下黏度计开启键开始试验。观察黏度计数显变化，当读数稳定后，在每个试验温度下，每隔60s读数一次，连续三次，以三次读数的平均值作为测定值。

6. 待测样品在要求的试验温度下重复以上过程进行试验，并在不同温度下完成操作。注意不同温度下的操作要从低到高进行，每个温度下的操作待测样品都要提前在烘箱中恒温时间不小于1.5h，并在仪器的恒温控制器中控温不小于15min。

7. 黏度测定时，如果在该试验温度下数显读数不在该条件下测定范围的10%～98%（最佳范围20%～80%）时，则应更换转子或降低转子转速后重新试验

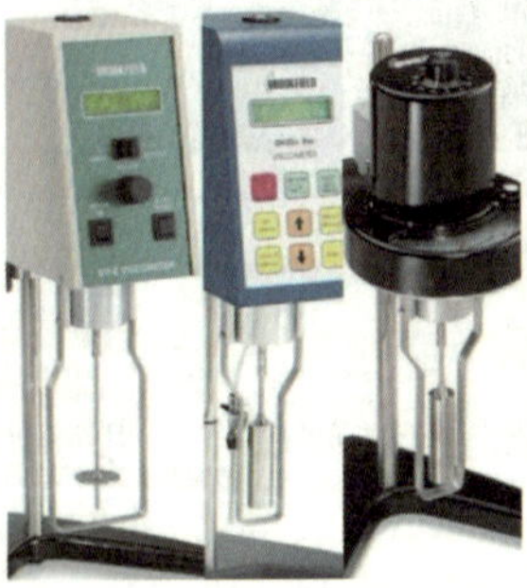

布氏黏度计

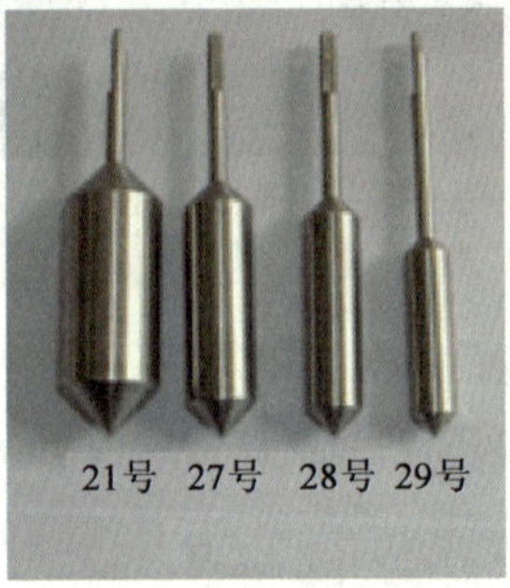

转子型号

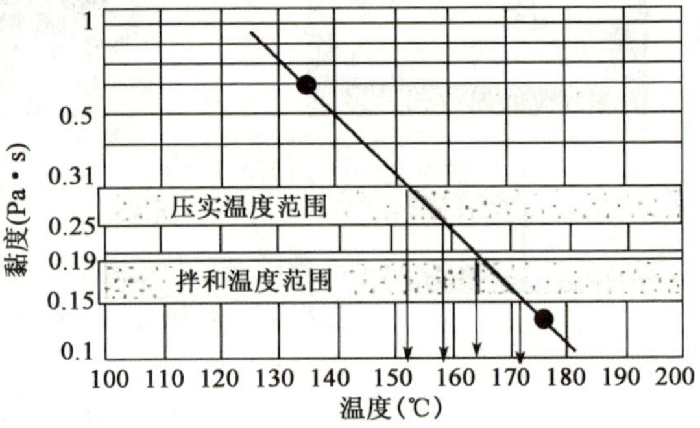

沥青黏温曲线

注意问题	1. 试验要严格控制试验温度。 2. 要正确选择转子型号和转速，使读数在仪器对应范围10%～98%。 3. 工程实践证明，当沥青的黏度在0.17Pa·S±0.02Pa·s时，对应的温度适宜进行沥青混合料的拌和；而沥青的黏度在0.28Pa·s±0.03Pa·s时，对应的温度适宜进行沥青混合料的碾压成型

考点五：沥青针入度试验

试验目的	通过针入度的测定不仅能够掌握不同沥青的黏稠性以及进行沥青标号的划分，而且可以用来建立描述沥青的温度敏感性的指标——针入度指数、当量软化点和当量脆点等。当量软化点 T_{800} 越高，表明沥青的高温稳定性越好。沥青的当量脆点 $T_{1.2}$ 越低，说明沥青的低温抗裂性能越好

续上表

试验方法与步骤：

试验标准状态为：温度 25℃、测试时间 5s、针的质量 100g。

1. 将试样注入盛样皿中，试样高度应超过预计针入度值 10mm。盖上盛样皿盖，以防落入灰尘。盛有试样的盛样皿在 15～30℃室温中冷却不少于 1.5h（小盛样皿）、2h（大盛样皿）或 3h（特殊盛样皿）后，移入规定试验温度 ±0.1℃的恒温水槽中，并保温不少于 1.5h（小盛样皿）、2h（大试样皿）或 2.5h（特殊盛样皿）。

调整针入度仪使之水平。检查针连杆和导轨，以确认无水和其他外来物，无明显摩擦。用三氯乙烯或其他溶剂清洗标准针，并擦干。将标准针插入已配重的针连杆上，用螺钉固紧。

2. 将盛有试样的平底玻璃皿置于针入度仪的平台上，慢慢放下针连杆，借助反光镜或灯光反射观察，使针尖恰好与试样表面接触，调节刻度盘或深度指示器的指针指示为零。

3. 开始试验，按下释放键，此时仪器自动开自动计时，至5s 时自动停止。读取位移计（或手动针入度仪的刻度盘）的度数，精确至 0.1mm。

4. 同一试样平行试验至少 3 次，各测试点之间及与盛样皿边缘的距离不应少于 10mm。每次试验后应将盛有盛样皿的平底玻璃皿放入恒温水槽，使平底玻璃皿中的水温保持试验温度。每次试验应换一根干净标准针或将标准针取下用沾有三氯乙烯溶剂的棉花或布揩净，再用干棉花或布擦干。

5. 测定针入度大于 200 的沥青，至少用 3 支标准针，每次试验后将针留在试样中，直至 3 次平行试验完成后，才能将标准针取出。

6. 为获得针入度指数 PI、当量软化点和当量脆点等感温性指标，按同样的方法在 3 个温度条件下（如 15℃、25℃、30℃或 5℃），分别测定沥青的针入度

数据处理

同一试样 3 次平行试验结果的最大值和最小值之差在下表所列允许偏差范围内时，计算 3 次试验结果的平均值，取整数作为试验结果，单位 0.1mm。

针入度(0.1mm)	允许差值(0.1mm)
0～49	2
50～149	4（重点记忆）
150～249	12
250～500	20

注意问题

1. 针入度试验的三项关键性条件标准状态为：温度 25℃、测试时间 5s、针的质量 100g。

2. 当试验结果小于 50(0.1mm)时，重复性试验的允许差为 2(0.1mm)，复现性试验的允许差为 4(0.1mm)；当试验结果大于或等于 50(0.1mm)时，重复性试验的允许差为平均值的 4%，复现性试验的允许差为平均值的 8%

考点六:沥青软化点试验(环球法)

试验目的	软化点是指沥青达到规定条件黏度时所对应的温度
仪器与材料	软化点试验仪:由若干附件组成,钢球、试样环、定位环和金属支架。 1. 钢球——直径9.53mm,质量3.5g±0.05g。 2. 试样环——黄铜或不锈钢等制成,内径 ϕ19.8mm±0.1mm。 3. 钢球定位环——黄铜或不锈钢制成。 4. 金属支架——由两个主杆和三层平行的金属板组成

试验方法与步骤:

1. 试样环置于涂有甘油滑石粉隔离剂的试样底板上。将准备好的沥青试样徐徐注入试样环内至略高出环面为宜。试样在室温冷却30min后,用环夹夹着试样环,用热刮刀刮除环面上超出的部分,务使沥青试样与环面齐平。

2. 实际试验操作时,根据沥青实际软化点的高低采用两种不同方式进行。

(1)试验方法一:软化点在80℃以下的沥青。

①将制备好试样的试样环连同试样底板,一起置于5℃±0.5℃的恒温水槽中至少15min;同时将金属支架、钢球、钢球定位环也置于相同水槽中。

②烧杯内注入新煮沸并冷却至5℃的蒸馏水,水面略低于立杆上的深度标记。

③从恒温水槽中取出盛有试样的试样环放置在支架中层板的圆孔中,套上定位环;然后将整个环架放入烧杯中,调整水面至深度标记,并保持水温为5℃±0.5℃。环架上任何部分不得附有气泡。将0~100℃的温度计由上层板中心孔垂直插入端部,测温头与试样环下面齐平。

④先将钢球放在沥青试样上的定位环中,随后将盛有水和环架的烧杯移至放有石棉网的加热炉具上,立即开动振荡搅拌器,使水微微振荡,并开始加热,使杯中水温在3min内调节至维持每分钟上升5℃±0.5℃的试验条件。在加热过程中,应记录每分钟上升的温度值。如温度上升速度超出此范围时,则试验应重做。

⑤试样受热软化逐渐开始下坠,至与下层底板表面接触时,立即读取温度,准确至0.5℃。

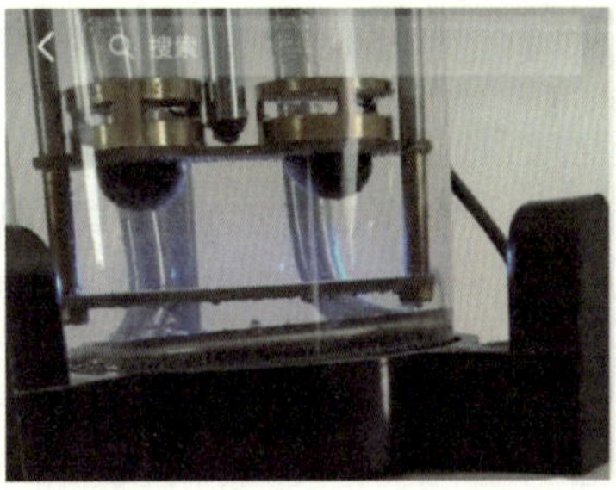

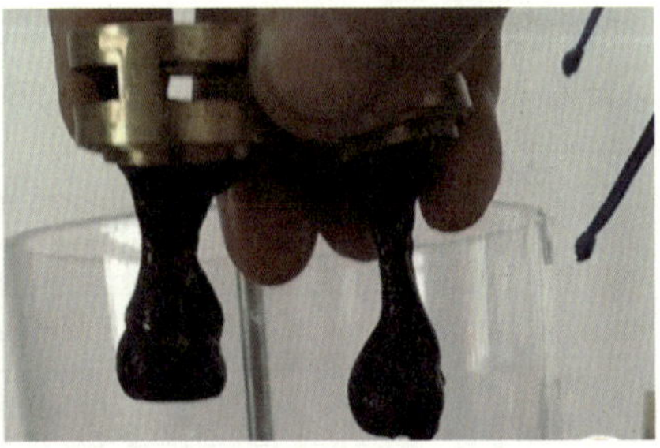

(2)试验方法二:软化点在80℃以上的沥青。

①将装有试样的试样环连同试样底板置于装有32℃±1℃甘油的恒温容器中至少15min,同时将金属支架、钢球、钢球定位环等亦置于处于该温度下的甘油中。

②在烧杯内注入预先加热至32℃的甘油,液面略低于立杆上的深度标记,将烧杯移至放有石棉网的加热炉具上,然后将钢球放在定位环中间的试样中央开始试验。

③按上述相同升温方法加热测定,测出试样坠落接触底板时的温度,准确至1℃

试验结果	同一试样平行试验两次,当两次测定值的差值符合重复性试验精密度要求时,取其平均值作为软化点试验结果,准确至0.5℃

续上表

注意问题	1. 当试样软化点小于 80℃时,重复性试验的允许差为 1℃,复现性试验的允许差为 4℃。当试样软化点大于或等于 80℃时,重复性试验的允许差为 2℃,复现性试验的允许差为 8℃。 2. 如估计试样软化点高于 120℃,则试样环和试样底板(不得用玻璃板)均应预热至 80 ~ 100℃

考点七:沥青延度试验

试验目的	通过延度试验测定沥青能够承受的塑性变形总能力,并用于评价沥青在低温状态下的抗裂性
仪器与材料	1. 延度仪;2. 试模;3. 试模底板;4. 恒温水槽:容量不少于 10L、控制温度的准确度为 0.1℃,水槽中应设有带孔搁架,搁架距水槽底不得少于 50mm,试件浸入水中深度不小于 100mm;5. 温度计等

试验方法与步骤:

1. 试模底板和两个侧模的内侧表面涂刷隔离剂,并将试模在试模底板上装妥。

2. 将准备好的沥青试样仔细地自试模一端向另一端往返数次缓缓注入模中,最后略高出试模,灌模时应注意勿使气泡混入。试件在室温中冷却不少于 1.5h,用热刮刀刮除高出试模的沥青,使沥青面与试模面齐平,沥青的刮法应自试模的中间刮向两端,且表面应刮平滑。将试模连同底板再浸入规定试验温度的水槽中保温 1.5h。

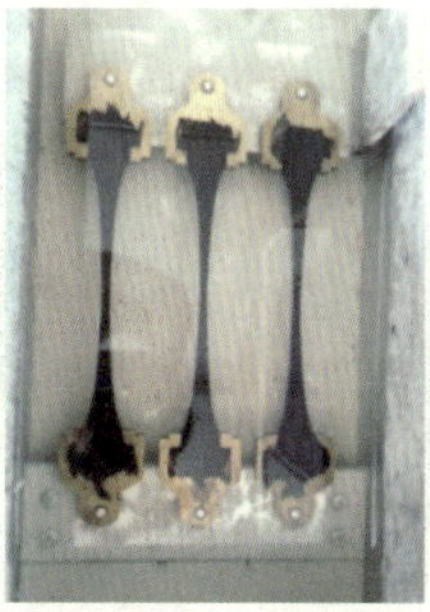

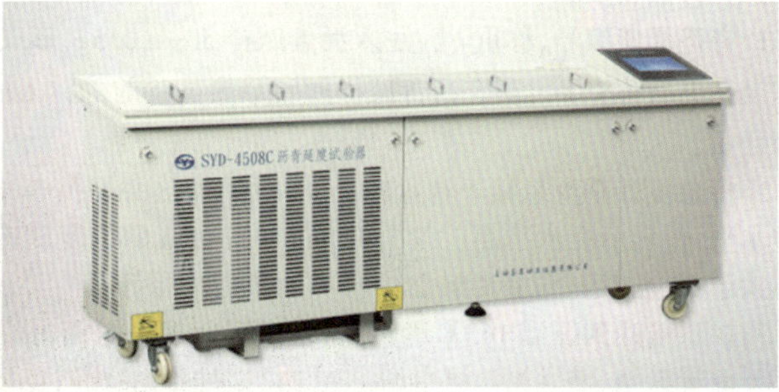

3. 将盛有试样的试模自玻璃板或不锈钢板上取下,将试模两端的孔分别套在滑板及槽端固定板的金属柱上,并取下侧模。水面距试件表面应不小于 25mm。

4. 开动延度仪,观察试样延伸情况。在试验过程中,水温应始终保持在试验温度规定范围内,且仪器不得有振动,水面不得有晃动,当水槽采用循环水时,应暂时中断循环,停止水流。在试验中,如发现沥青细丝浮于水面或沉入槽底时,则应在水中加入酒精或食盐,调整水的密度与沥青试样的密度相近后,重新试验。说明:漂浮加酒精,沉底加食盐。

5. 试件拉断时,读取指针所指标尺上的读数,以 cm 表示,在正常情况下,试件延伸时应成锥尖状,拉断时实际断面接近于零。如不能得到这种结果,则应在报告中注明

续上表

试验结果	1. 同一试样,每次平行试验不少于 3 个试件,如 3 个测定结果均大于 100cm,试验结果记作"＞100cm",特殊需要也可分别记录实测值。 2. 如 3 个测定结果中,有一个以上的测定值小于 100cm 时,若最大值或最小值与平均值之差满足重复性试验精密度要求,则取 3 个测定结果的平均值的整数作为延度试验结果。 3. 若平均值大于 100cm,记作"＞100cm";若最大值或最小值与平均值之差不符合重复性试验精密度要求时,试验应重新进行。 当试验结果小于 100cm 时,重复性试验的允许差为平均值的 20%
注意问题	1. 当试验结果小于 100cm 时,重复性试验的允许差为平均值的 20%;复现性试验的允许差为平均值的 30%。 2. 根据《公路沥青路面施工技术规范》(JTG F40—2004),道路石油沥青延度试验时的温度为 15℃或 10℃,拉伸速度通常为 5cm/min ± 0.25cm/min。当采用其他试验条件时,应在报告中注明(可采用其他温度)

考点八:沥青加热老化试验(薄膜加热试验)

试验目的	通过加热状态下测定道路石油沥青薄膜加热后的质量损失以及其他指标的变化,以评价沥青的耐老化性能
试验仪器	1. 薄膜加热烘箱;2. 盛样皿:不少于 4 个;3. 温度计;4. 天平

试验方法与步骤:

1. 将盛样皿编号,称重 m_0,注入沥青试样 50g ± 0.5g,形成薄膜,放入干燥器中冷却至室温后称重 m_1;测定沥青试样薄膜加热试验前的针入度、延度、软化点及黏度等性质。

2. 将温度计垂直悬挂于转盘轴上,将烘箱加热并保持至 163℃ ± 1℃。把烘箱调整水平,使转盘在水平面上以 5.5r/min ± 1r/min 的速度旋转,转盘与水平面倾斜角不大于 3°,温度计位置距转盘中心和边缘距离相等。

3. 在烘箱达到恒温 163℃后,将盛样皿迅速放入烘箱内的转盘上,并关闭烘箱门和开动转盘架,使烘箱内温度回升到 162℃时开始计时,连续 5h 并保持温度 163℃ ± 1℃。但从放置盛样皿开始至试验结束的总时间,不得超过 5.25h。

4. 加热结束后取出盛样皿,放入干燥器中冷却至室温后,随机取其中两个盛样皿分别称其质量 m_2,准确至 0.001g。

5. 将盛样皿置于石棉网上,放回 163℃ ± 1℃烘箱中转动 15min。取出后立即将沥青残留物样品刮入一容器内,加热并搅拌融化。灌模后进行各项残留物的试验。如在当日不能进行试验的,试样应在容器内冷却后放置过夜,但全部试验必须在加热后 72h 内完成

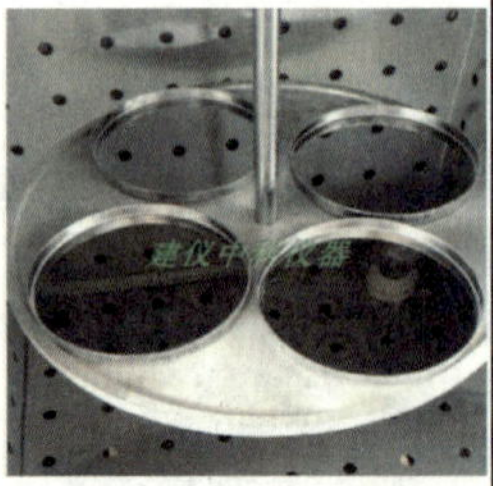

续上表

结果计算	相关计算不作要求
注意问题	蒸发“损失”试验的计算结果可正可负。正值表明加热时沥青试样有一定增加,原因在于加热过程中沥青与空气中某些成分发生了反应

考点九:旋转薄膜加热试验

<table>
<tr><td>试验目的</td><td colspan="2">与前述薄膜加热试验相同,用于对沥青的抗老化能力进行评价</td></tr>
<tr><td>试验设备</td><td colspan="2">1. 旋转薄膜供箱:可控温在 163℃ ±0.5℃;2. (耐热玻璃)盛样瓶;3. 温度计;4. 天平;5. 其他:汽油、三氯乙烯、干燥器、计时器等</td></tr>
<tr><td colspan="2">试验方法与步骤:
1. 将盛样瓶(数量不少于 8 个)用汽油或三氯乙烯洗净并烘干,编号,分别称其质量 m_0。
2. 旋转烘箱升温至 163℃ ±0.5℃并恒温不少于 16h,调节空气流量为 4000mL/min ±200mL/min。
3. 分别在各盛样瓶中注入准备好的沥青样品,质量为 35g ±0.5g,放入干燥器中冷却后,称出各自质量 m_1,准确至 0.001g。
4. 将每个装有沥青样品的盛样瓶放入提前预热的烘箱中的环形架上,闭门后在 163℃ ±0.5℃温度下加热,旋转速度和热空气吹入满足指定要求。加热时间为 75min,总时间为 85min,若 10min 内达不到 163℃试验温度,则试验应重做。
5. 加热完成后,随后操作和评价与薄膜加热试验相同</td><td></td></tr>
<tr><td>数据处理</td><td colspan="2">与薄膜加热试验相同</td></tr>
</table>

考点十:乳化沥青破乳速度试验

<table>
<tr><td>适用范围</td><td>适用于各种类型乳化沥青的拌和稳定度试验,以鉴别乳液属于快裂(RS)、中裂(MS)或慢裂(SS)</td><td rowspan="2"></td></tr>
<tr><td>仪具材料</td><td>1. 拌和锅,容量约 1000mL。
2. 金属勺。
3. 天平:感量不大于 0.1g。
4. 标准筛:方孔筛,孔径为 4.75mm、2.36mm、0.6mm、0.3mm、0.075mm。
5. 道路工程用粒径小于 4.75mn 的石屑。
6. 蒸馏水。
7. 其他:烧杯、量筒、秒表等</td></tr>
</table>

续上表

<table>
<tr><td>准备工作</td><td colspan="4">1. 将工程实际使用的集料(石屑)过筛分级,并按比例称料混合成两种标准级配矿料各 200g。
2. 将拌和锅洗净、干燥</td></tr>
<tr><td rowspan="5">试验步骤</td><td colspan="4">1. 将 A 组矿料 200g 在拌和锅中拌和均匀。当为阳离子乳化沥青时,先注入 5mL 蒸馏水拌匀,再注入乳液 20g;当为阴离子乳化沥青时,直接注入乳液 20g。用金属匙以 60r/min 的速度拌和 30s,观察矿料与乳液拌和后的均匀情况。
2. 将拌和锅中的 B 组矿料 200g 拌和均匀后注入 30mL 蒸馏水,拌匀后,注入 50g 乳液试样,再继续用金属匙以 60r/min 的速度拌和 1min,观察拌和后混合料的均匀情况。
3. 根据两组矿料与乳液试样拌和均匀情况按下表确定试样的破乳速度</td></tr>
<tr><td>A 组矿料拌和结果</td><td>B 组矿料拌和结果</td><td>破乳速度</td><td>代号</td></tr>
<tr><td>混合料呈松散状态,一部分矿料颗粒未裹覆沥青,沥青分布不够均匀,有些凝聚成固块</td><td>乳液中的沥青拌和后立即凝聚成团块,不能拌和</td><td>快裂</td><td>RS</td></tr>
<tr><td>混合料混合均匀</td><td>混合料呈松散状态,沥青分布不均,并可见凝聚的团块</td><td>中裂</td><td>MS</td></tr>
<tr><td>—</td><td>混合料呈糊状,沥青乳液分布均匀</td><td>慢裂</td><td>SS</td></tr>
<tr><td>报告</td><td colspan="4">试验结果报告拌和情况及破乳速度分级、代号</td></tr>
</table>

第三节　沥青混合料技术性质和技术要求

考点一:沥青混合料的分类

矿料级配组成及空隙率	1. 密级配沥青混合料:粗 + 中 + 细(空隙率不大于 6%)。 2. 半开级配沥青混合料:粗 + 适量细(空隙率为 6% ~12%)。 3. 开级配沥青混合料:粗 + 少量细(空隙率不小于 12%)
按矿料级配曲线	连续级配、间断级配混合料
公称最大粒径	粗粒式(26.5mm 或 31.5mm)、中粒式(16mm 或 19mm)、细粒式(9.5mm 或 13.2mm)、砂粒式(小于 9.5mm)
按生产时的拌和温度	热拌、温拌和冷拌混合料
按施工温度和方式	可分为热铺、冷铺、热补和冷补混合料

续上表

典型沥青混合料类型:(代号需熟悉)	1. 连续级配沥青混合料:典型代表是粒径偏细一些的密级配沥青混凝土(AC)和粒径偏粗的沥青稳定碎石(ATB)等。 2. 间断级配混合料:矿料级配中缺少若干粒级所形成的沥青混合料,典型代表是沥青玛𤥂脂碎石混合料(SMA)。 3. 开级配沥青混合料:级配主要由粗集料组成,细集料及填料很少。典型代表是排水式沥青磨耗层混合料(OGFC)、排水式沥青碎石基层,以 ATPB 表示

考点二:沥青混合料结构类型

悬浮密实结构	采用连续密级配矿料、颗粒由大到小连续分布,粒径较大的颗粒被较小一级颗粒挤开,易变形,如产生车辙。 颗粒组成:粗+中+细。 典型代表:AC 型密级配沥青混凝土	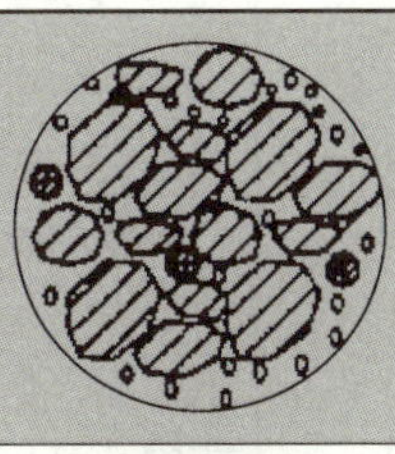
骨架空隙结构	连续开级配矿料与沥青组成沥青混合料,形成骨架空隙结构,有支撑但耐久性差。 颗粒组成:粗+中。 典型代表:透水沥青混合料(OGFC)	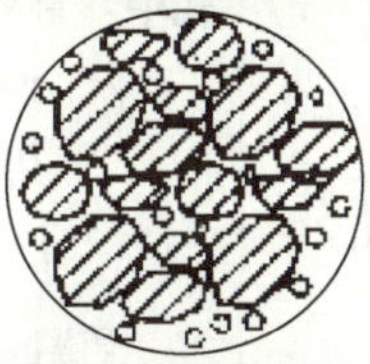
骨架密实结构	当采用间断级配矿料与沥青组成的沥青混合料时,形成骨架密实结构。有支撑不易变形,耐久性好。 颗粒组成:粗+细。 典型代表:沥青玛𤥂脂碎石混合料(SMA)	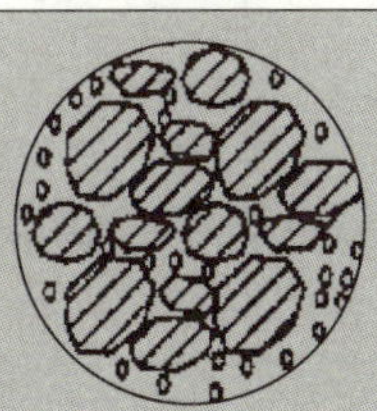

考点三:沥青混合料路用性能

高温稳定性	高温稳定性:是指沥青混合料在高温下抵抗变形的能力。 评价方法:车辙试验→动稳定度(值越大,说明高温稳定性越好)。 材料粗糙+骨架密实+高黏度+少沥青+低感温性→高温稳定性
低温抗裂性	开裂的机理:温度(收缩)应力>材料自身抗拉强度。 良好的低温抗裂性→提高自身强度+增强低温变形能力。 针入度大+温度敏感性低+增加沥青用量→低温稳定性
混合料的耐久性	耐久性是指沥青混合料在长时间使用过程中,抵抗环境不利因素以及承受行车荷载反复作用的能力,包括抗老化性、水稳性、抗疲劳性等。 我国现行规范通过空隙率、饱和度和残留稳定度等指标的控制,来保证沥青混合料的耐久性

考点四:沥青混合料的体积参数

沥青混合料密度	1. 理论最大密度:完全密实,无任何空隙的理想状态(真空法) 2. 毛体积(相对)密度:单位毛体积(实体体积 + 开口孔 + 闭口孔)干质量。 3. 表观(相对)密度:单位表观体积(实体体积 + 闭口孔)干质量
混合料空隙率	混合料空隙率是指压实状态下沥青混合料内矿料与沥青体积之外的空隙(不包括矿料本身或表面已被沥青封闭的孔隙)的体积占试件总体积的百分率。 $VV = \left(1 - \frac{\gamma_b}{\gamma_t}\right) \times 100$ 式中:VV——沥青混合料试件空隙率(%); γ_b——沥青混合料试件的毛体积相对密度,无量纲; γ_t——沥青混合料试件理论最大相对密度,无量纲
矿料间隙率	矿料间隙率是指压实沥青混合料试件中矿料实体以外的空间体积占试件总体积的百分率。 $VMA = \left(1 - \frac{\gamma_b}{\gamma_{sb}} \times P_s\right) \times 100$ 式中:VMA——沥青混合料试件的矿料间隙率(%); γ_b——沥青混合料试件的毛体积相对密度,无量纲; P_s——各种矿料占沥青混合料总质量的百分率之和,即 100 - 沥青含量(%); γ_{sb}——矿料混合料的合成毛体积相对密度,无量纲。 矿料合成相对密度公式:　$\gamma_{se} = \frac{100}{\frac{P_1}{\gamma_1} + \frac{P_2}{\gamma_2} + \cdots + \frac{P_n}{\gamma_n}}$ 式中:$P_1, P_2, \cdots, P_n$——不同规格集料所占比例; $\gamma_1, \gamma_2, \cdots, \gamma_n$——对应各规格集料的相对密度。 注:矿料合成相对密度建议用密度的加权计算法更为便捷
沥青饱和度	沥青饱和度是指压实沥青混合料试件中沥青实体体积占矿料骨架实体以外的空间体积的百分率,又称为沥青填隙率。 $VFA = \frac{VMA - VV}{VMA} \times 100$ 式中:VFA——沥青混合料试件的沥青饱和度(%); VMA、VV——意义同上。 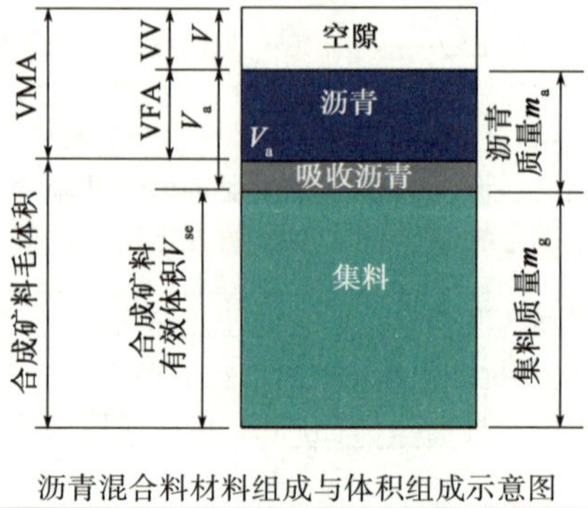 沥青混合料材料组成与体积组成示意图

第四节　沥青混合料试验检测

考点一：沥青混合料试件制作（击实法）

适用范围	采用标准击实法或大型击实法制作沥青混合料试件，用于进行室内马歇尔稳定度、水稳性和劈裂强度试验
仪器材料	1. 标准击实仪：直径98.5mm±0.5mm的平圆形压实头。 2. 大型击实仪：直径149.4mm±0.1mm的平圆形压实头

试验方法与步骤：

（1）基本要求

①试验室制作沥青混合料试件时的矿料规格及试件数量应符合如下规定：

试件尺寸应符合试件直径不小于集料公称最大粒径的4倍，厚度不小于集料公称最大粒径的1~1.5倍的规定。集料公称最大粒径小于或等于26.5mm时，采用直径ϕ101.6mm试模成型试件，一组试件数量不少于4个。

当集料粒径大于26.5mm时，宜采用大型马歇尔试模成型试件，该方法一组试件不少于6个。标准马歇尔试件：ϕ101.6×63.5mm；大型马歇尔试件：ϕ152.4×95.3mm。

②确定制作沥青混合料试件的拌和与压实温度。绘制黏温曲线根据以下黏度值确定等黏温度。

适宜于拌和的沥青结合料黏度：0.17Pa·s±0.02Pa·s；

适宜于压实的沥青结合料黏度：0.28Pa·s±0.03Pa·s。

对大部分聚合物改性沥青，需要在基质沥青的基础上提高10~20℃。

（2）成型准备工作

主要流程：清洗集料→烘干→测ρ→做级配→预热试样及配件。

（3）拌制混合料

①将沥青混合料拌和机预热至拌和温度以上10℃左右备用。严禁用人工炒拌法热拌沥青混合料。

②加料顺序：加集料→加沥青（拌1.5min）→矿粉（拌1.5min）【总拌和时间为3min】。

（4）击实成型

①混合料质量，标准试件约1200g/大型试件约4050g，根据密度体积计算并乘以1.03。

标准马歇尔尺寸：直径101.6mm，高度63.5mm。

$$m=\rho_{毛}\times V\times 1.03=\rho_{毛}\times h\pi r^2\times 1.03$$
$$=\rho_{毛}\times 6.35\times 3.14\times(10.16\div 2)\times 2\times 1.03$$
$$=\rho_{毛}\times 514.554\text{cm}^3\times 1.03$$【建议将体积数值记住】

②将试模装在底座上，从4个方向装料，用插刀或大螺丝刀沿周边插捣15次，中间10次。插捣后将沥青混合料表面整平成凸圆弧面。对大型马歇尔试件，混合料分两次加入，每次插捣次数同上。

③插入温度计，至混合料中心附近，检查混合料温度。待混合料温度符合要求的击实温度后，将试模连同底座一起放在击实台上固定，在装好的混合料上面再垫一张圆形纸片，将装有击实锤及导向棒的压实头插入试模中，然后开启电动机或人工将击实锤从457mm的高度自由落下击实规定的次数（75或50次）。对大型马歇尔试件，击实次数为75次（相应于标准击实50次的情况）或112次（相应于标准击实75次的情况）。

续上表

④完成一面的击实操作后,取下套筒,将试模颠倒,装上套筒,然后以同样的方法和次数击实另一面。

⑤试件击实结束后,立即用镊子取掉上下面的纸片,用卡尺量取试件离试模上口的高度,并由此计算试件高度,如高度不符合要求,试件应作废,并按下式调整试件的混合料质量,以保证高度符合63.5mm±1.3mm(标准试件)或95.3mm±2.5mm(大型试件)的要求。

$$m_2=(h_s\times m_1)/h_1$$　【高度比=质量比】

式中:m_2——击实得到所需高度时试件的质量(g);

m_1——第一次击实时所称得的沥青混合料质量(g);

h_1——第一次击实完成后所得到的试件高度(mm);

h_s——马歇尔试件标准高度或所需高度(mm)。

⑥卸去套和底座,将装有试件的试模侧向放置冷却至室温后(不少于12h),置脱模机上脱出试件,逐一编号,将试件仔细置于干燥洁净的平面上,供试验用。

在施工质量检验过程中如急需试验,允许采用电风扇吹冷1h或浸水冷却3min以上的方法脱模,但浸水脱模法不能用于测量密度、空隙率等各项物理指标

考点二:沥青混合料试件制作(轮碾法)

适用范围	采用轮碾方式成型沥青混合料试件,常见尺寸为300mm×300mm×50mm试件,用于室内沥青混合料车辙试验、力学以及其他试验

试验方法与步骤:

1. 备料、拌和。混合料总数量、各档矿料数量由试件的体积、级配等,按马歇尔标准密度乘以1.03的系数求得。对各原料进行加热,随后按成型马歇尔试件同样的方法进行拌和。

2. 成型。轮碾方法:先在一个方向碾压2个往返(碾压4次);卸荷,抬起碾压轮,将试模调转方向,然后继续碾压12个往返(24次),使试件达到马歇尔标准密度100%±1%。

3. 试件脱模。连同试模将成型好的试件放置12h,然后脱模。针对不同试验,成型好的板可直接用于车辙试验、透水试验等,或用切割机将板型试件切割成所需尺寸,用于不同试验

续上表

考点三:压实沥青混合料密度试验

方法类型	适用范围(试验步骤较少考查,此处略)
表干法	采用马歇尔试件,测定吸水率不大于2%的沥青混合料试件的毛体积相对密度及毛体积密度,并用于计算沥青混合料试件的空隙率、饱和度和矿料间隙率等各项体积指标
水中重法	测定几乎不吸水的密级配沥青混合料试件的表观相对密度及表观密度
蜡封法	测定吸水率大于2%的沥青混合料试件的毛体积相对密度及毛体积密度
体积法	用于测定空隙率很高(往往在18%以上),不适宜采用上述方法的沥青混合料的毛体积相对密度及毛体积密度,用于沥青混合料体积参数的计算

考点四:沥青混合料理论最大相对密度测定(真空法)

适用范围	采用真空法测定沥青混合料理论最大相对密度,用于配合比设计过程中沥青混合料空隙率的计算、路矿况调查中的压实度计算等目的。适用于集料的吸水率不大于3%的非改性沥青混合料
仪器材料	1. 负压容器:适用于试验的真空容器类型共有三种,根据条件可任选一种进行试验;2. 真空负压装置:可形成约4kPa(30mmHg)的负压;3. 天平;4. 恒温水槽:水温控制25℃ ±0.5℃;5. 其他略

试验方法与步骤

1. 准备工作:根据教材第六章第四节试验一的方法选取有代表性的沥青混合料试样,试验数量满足如下表的要求。

沥青混合料试样数量

公称最大粒径(nun)	试样最小质量(g)	公称最大粒径(mm)	试样最小质量(g)
4.75	500	26.5	2500
9.5	1000	31.5	3000
13.2或16	1500	37.5	3500
19	2000	—	—

续上表

将沥青混合料试样仔细分散,做到粗集料不破碎,细集料分散到小于 6.4mm,不得用锤击的方式分散,可采用在不超过 60℃的烘箱中加热的方式进行分散。 2. 负压容器的标定:步骤略,水温 25℃ ±0.5℃。 3. 操作步骤: (1)将沥青混合料试验装入干燥的负压容器中,分别称量容器质量及容器和沥青混合料总质量,得到试样的净质量 m_a。在负容器中注入约 25℃的水,要将混合料全部浸没,将负压容器与真空设备连接起来,开动真空泵,使真空度达到 3.7kPa ±0.3kPa(27.5 ±2.5mmHg),并持续 15min ±2min。然后强烈振动负压容器,促使混合料中的空气尽快排出,直至不见气泡出现为止。 (2)当采用 A 类负压容器时,将该负压器完全浸入恒温至25℃ ±0.5℃的恒温水槽中,持续 10min 后称取负压容器与沥青混合料的水中质量 m_2。(水中质量) (3)当采用 B、C 类负压容器时,将装有混合料试样的容器浸入恒温至25℃ ±0.5℃的恒温水槽中约 10min,然后取出加上该盖子(容器中不得有气泡存在),擦干表面,称取容器、水和沥青混合料试样的总质量 m_c。(取出擦干称重)	
结果计算	略
注意问题	1. 真空法进行的密度测定操作,主要适用于非改性沥青混合料。由于采用改性沥青拌和的混合料黏度明显提高,难以做到充分分散,无法保证抽真空效果,导致试验结果存在明显误差。所以改性沥青混合料理论最大密度采用计算法获得。 2. 为有助于抽真空的效果,可在真空容器的水中添加少量无泡类表面活性剂

考点五:沥青混合料马歇尔稳定度试验

适用范围	用于马歇尔稳定度试验和浸水马歇尔稳定度试验,以进行沥青混合料的配合比设计或沥青路面施工质量检验。浸水马歇尔稳定度试验供检验沥青混合料抵御水损害时的能力,并以此检验配合比设计的可行性	
仪器材料	1. 沥青混合料马歇尔试验仪:对 ϕ63.5mm 的标准马歇尔试件,试验仪最大荷载不小于 25kN,读数准确度 100N,加载速率应能保持 50mm/min ±5mm/min。当采用拟 152.4mm 大型马歇尔试件时,试验仪器最大荷载不得小于 50kN,读数准确度为 100N;2. 恒温水箱;其他略	
准备工作	1. 一组马歇尔试件数量不得少于 4 个。 2. 量测试件的直径及高度:如试件高度不符合 63.5mm ±1.3mm 或 95.3mm ±2.5mm 要求或两侧高度差大于 2mm 时,此试件应作废。 3. 将恒温水槽调节至要求的试验温度,对黏稠石油沥青或烘箱养生过的乳化沥青混合料为 60℃ ±1℃。 4. 调节马歇尔试验仪	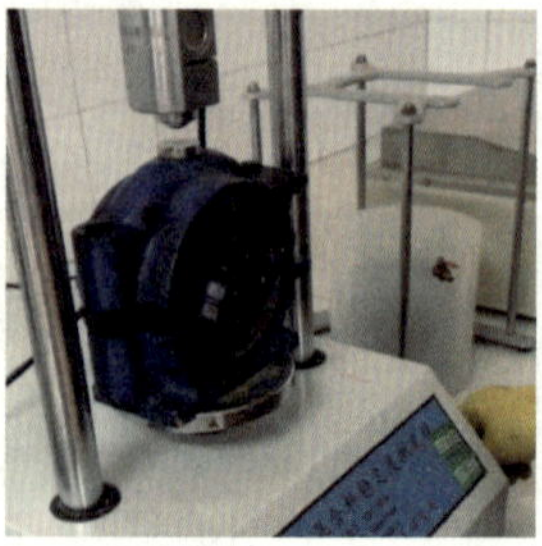

续上表

<table>
<tr><td colspan="2">
2. 试验步骤
(1)将试件置于已达规定温度的恒温水槽中保温,保温时间对标准马歇尔试件需 30 ~ 40min,对大型马歇尔试件需 45 ~ 60min。试件之间应有间隔,底下应垫起,离容器底部不小于 5cm。
(2)调节马歇尔试验仪。
(3)启动加载设备,加载速度为(50 ± 5)mm/min。计算机或 X-Y 记录仪自动记录传感器压力和试件变形曲线,并将数据自动存入计算机。
(4)当试验荷载达到最大值的瞬间时,取下流值计,同时读取压力环中百分表读数及流值计的流值读数。从恒温水箱取出试件至测出最大荷载,试验不得超过 30s。
3. 浸水马歇尔试验方法
试件需在已达规定温度恒温水槽中的保温时间为 48h,其余与标准马歇尔试验相同
</td></tr>
<tr><td>结果计算</td><td>
1. 试件的稳定度及流值:
(1)当采用自动马歇尔试验仪时,将 O_1 作为修正原点,从 O_1 起量取相应于荷载最大值时的变形作为流值(FL),准确至 0.1mm。最大荷载即为稳定度(MS),准确至 0.01kN。(若不修正,变形测值偏大)
(2)采用压力环和流值计时,根据仪表读数确定数据,准确至 0.1mm
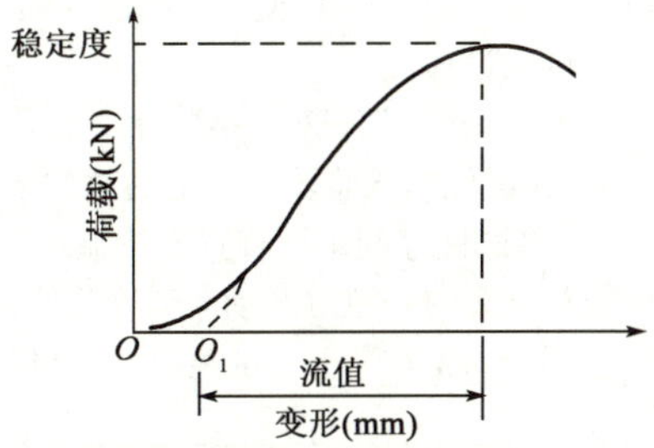

马歇尔试验荷载-变形曲线及结果修正方法
2. 试件的马歇尔模数 T 按下式计算:
$$T = \frac{MS}{FL} = \frac{试件稳定值}{试件流值}$$
3. 试件的浸水残留稳定度按下式计算:
$$MS_0 = \frac{MS_1}{MS} \times 100 = \frac{试件浸水\ 48h\ 后的稳定度}{试件干燥稳定度}$$
</td></tr>
</table>

考点六:沥青混合料车辙试验

适用范围	用于测定沥青混合料的高温抗车辙能力,供沥青混合料配合比设计的高温稳定性检验使用。试验温度通常为 60℃,板块试件(通常尺寸 300mm × 300mm × 50mm),以轮压 0.7MPa 的实心橡胶轮胎在其上往复碾压行走,测定试件在变形稳定期时,每增加 1mm 变形需要碾压行走的次数,作为试验结果,称为动稳定度,以次/mm 表示。 补充:除了供配合比设计时的材料检验,也可用于现场沥青混合料的高温稳定性检验,如热拌热铺混合料需送试验室做质量评定且当二次加热会影响试验结果时,必须在取样后趁高温立即装入保温桶内,送试验室立即成型试件,试件成型温度不得低于规定要求

续上表

<table>
<tr><td>仪器材料</td><td>1. 车辙试验机:①试件台;②试验轮:行走距离为230mm±10mm,往返碾压速度为42次/min±1次/min(21次往返/min);③加载装置:试验轮与试件的接触压强在60℃时为0.7MPa±0.05MPa,施加总荷重为78kg左右,根据需要可以调整;④试模;⑤变形测量装置;⑥温度检测装置:精密度为0.5℃。
2. 恒温室:保持温度60℃±1℃(试件内部温度为60℃±0.5℃)。
3. 台秤:称量15kg,感量不大于5g</td></tr>
<tr><td colspan="2">试验方法与步骤:
1. 准备工作
(1)在60℃下,试验轮得接地压强为0.7MPa±0.05MPa。
(2)试件成型后,连同试模一起在常温条件下放置的时间不得少于12h。对于聚合物改性沥青混合料试件,放置时间以48h为宜,使聚合物改性沥青充分固化后再进行车辙试验,但在室温中放置时间不得长于一周。
2. 试验过程
(1)将试件连同试模一起,置于已达到试验温度(60℃±1℃)的恒温室中,保温不少于5h,也不得多于12h。在试件的试验轮不行走的部位上,粘贴一个热电隅温度计,以检测试件温度。
(2)将试件连同试模移置于轮辙试验机的试验台上,试验轮在试件的中央部位,其行走方向须与试件碾压或行车方向一致。开动车辙变形自动记录仪,然后启动试验机,使试验轮往返行走,时间约1h,或最大变形达到25mm时为止。试验时,记录仪自动记录变形曲线及试件温度</td></tr>
<tr><td>结果计算</td><td>1. 从图上读取45min(t_1)及60min(t_2)时的车辙变形d_1及d_2,准确至0.01mm。如果变形过大,在未到60min变形已达25mm时,则以达到25mm(d_2)时的时间为t_2,将其前15min为t_1,此时的变形量为d_1
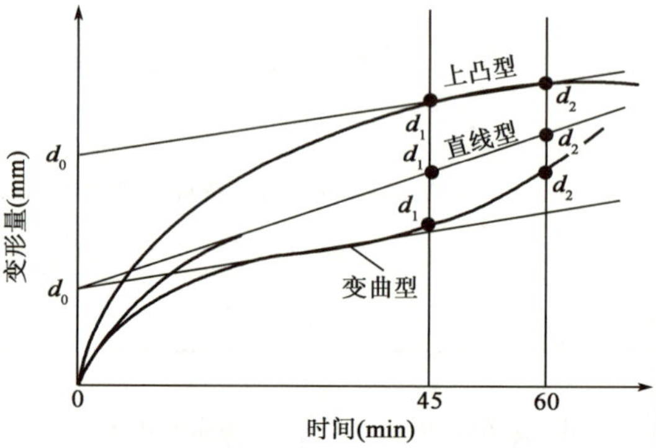

车辙试验自动记录的变形曲线
2. 沥青混合料试件的动稳定度按下式计算:
$$DS=\frac{(t_2-t_1)\times N}{d_2-d_1}\times C_1\times C_2$$
式中:DS——沥青混合料的动稳定度(次/mm);
d_1——对应于时间t_1的变形量(mm);
d_2——对应于时间t_2的变形量(mm);</td></tr>
</table>

续上表

结果计算	C_1——试验机类型修正系数,曲柄连杆驱动试件的变速行走方式为1.0,链驱动试验轮的等速方式为1.5; C_2——试件系数,试验室制备的宽300mm的试件为1.0,从路面切割的,宽150mm的试件为0.8; N——试验轮每分钟往返碾压速度,通常为42次/min
注意问题	同一沥青混合料或同一路段的路面,至少平行试验3个试件,求动稳定度变异系数。 ①当变异系数小于20%时,取其平均值作为试验结果。 ②当变异系数大于20%时,应分析原因,并追加试验。 ③当计算动稳定度值大于6000次/mm时,记作:>6000次/mm

考点七:沥青与矿料黏附性试验

适用范围	用于测定沥青与矿料黏附性,掌握集料的抗水剥离能力,以间接评价沥青混合料水稳定性。根据沥青混合料中矿料的最大粒径,对于大于13.2mm的集料选用水煮法;小于或等于13.2mm的集料用水浸法。 对同一种原料既有大于又有小于13.2mm不同粒径的集料时,取大于13.2mm的水煮法试验结果为准;对细粒式沥青混合料以水浸法试验结果为准
仪器材料	1. 天平:称量500g,感量不大于0.01g。 2. 恒温水槽:控温在80℃ ±1℃。 3. 拌和用小型容器:5L。 4. 烧杯:100mL。 5. 标准筛:9.5mm、13.2mm、19mm各一个。 6. 烘箱:能够自动调温控温。 7. 电炉。 8. 试验架:用于悬挂试样。 9. 其他略

试验方法与步骤:

1. 试验方法一:水煮法(适用于大于13.2mm粒径的粗集料)

(1)将集料过13.2mm、19mm的筛,取存留在13.2mm筛上的颗粒5个,要求试样表面规整、接近立方体。用水洗净,在105℃的烘箱中烘干。用细线将试样集料颗粒逐个系牢,继续放入105℃的烘箱中加热待用。

(2)石油沥青加热至130~150℃,将待用的集料试样浸入沥青45s,使沥青能够全部裹覆在集料表面,取出并悬挂在试验架上,在室温下冷却15min。

(3)将盛水的大烧杯放置在有石棉网的电炉上加热煮沸,在水微沸的状态下(避免有沸腾的气泡出现)将裹覆沥青的集料试样通过细绳悬挂于水中。保持微沸状态浸煮3min。

(4)浸煮结束后,将集料从水中取出,观察集料颗粒表面沥青膜的剥落程度,并按下表的提示的内容评定黏附等级。

续上表

黏附等级评定方法	试验后石料表面上沥青膜剥落情况	黏附等级
	沥青膜完全保存,剥离面积百分率接近于 0	5(最好)
	沥青膜少部分被水所移动,厚度不均匀,剥离面积百分率少于 10%	4
	沥青膜局部明显地被水所移动,基本保留在石料表面,剥离面积百分率少于 30%	3
	沥青膜大部分被水所移动,局部保留在石料表面剥离面积百分率大于 30%	2
	沥青膜完全被水所移动,石料基本裸露,沥青全部浮在水面	1(最差)

(5)同样试样平行试验 5 个颗粒,并由两名以上经验丰富的试验人员分别评定后,取平均等级作为试验结果。

2. 试验方法二:水浸法(适用于小于 13.2mm 粒径的集料)

(1)集料过 13.2mm、9.5mm 的筛,取粒径 9.5 ~ 13.2mm 形状规则的集料 200g,洗净并在 105℃的烘箱中烘干备用。

(2)以标准方法取沥青试样放入烧杯中,加热至要求的拌和温度。

(3)按四分法称取备用试样颗粒 100g 置于搪瓷盘上,连同搪瓷盘一起放入已升温至沥青拌和温度以上 5℃的烘箱中持续加热 1h。

(4)按每 100g 矿料加入沥青 5.5g ± 0.2g 的比例称取沥青,准确至 0.1g,放入小型拌和容器中,放入同一烘箱中加热 15min。

(5)从烘箱中取出拌和容器,将搪瓷盘中的集料倒入拌和容器的沥青中,立即用金属铲均匀拌和 1 ~ 1.5min,使集料完全被沥青膜裹覆。拌和完成后立即将裹有沥青的集料取 20 个,用小铲移至玻璃板上摊开,并在室温下冷却 1h。

(6)将放有集料试样的玻璃板浸入水温 80℃ ± 1℃的恒温水槽中,保持 30min,并将剥离及浮于水面的沥青,用纸片捞出。

(7)由水中小心取出玻璃板,浸入水槽的冷水中,仔细观察裹覆集料的沥青薄膜的剥落情况。由两名以上的经验丰富的试验人员分别目测,评定剥离面积的百分率,评定后取平均值表示,并以上表同样的方式评价沥青与集料的黏附等级

续上表

注意问题	1. 试验操作的难点在于黏附等级的正确判断。 2. 黏附等级的高低与沥青混合料水稳性有密切关系。通常,公路工程中要求沥青与集料的黏附等级在4级以上。 3. 不能仅以黏附等级作为判定沥青混合料水稳性好坏的唯一依据,不能以黏附等级代替沥青混合料水稳性试验操作

考点八:沥青混合料冻融劈裂试验

适用范围	通过冻融循环,测定沥青混合料在受到水损害前后劈裂破坏的强度比,以评价沥青混合料水稳定性。试验用试件为圆柱形马歇尔试件,击实次数为双面各50次,集料最大粒径不超过26.5mm
仪器材料	1. 马歇尔试验机:同马歇尔稳定度试验。 2. 恒温冰箱:控温 −18℃。 3. 恒温水箱:温度范围满足试验要求,控制温度准确至 ±0.5℃。 4. 劈裂试验夹具。 5. 其他:塑料袋、卡尺、天平等
试验方法与步骤: 1. 按马歇尔试件成型方法成型试件,尺寸为直径101.6mm、高63.5mm ±1.3mm。成型两组,每组不少于4个。 2. 第一组试件置于平台上,在室温下保存待用。 3. 第二组按如下程序进行操作:真空饱水→常温浸水→冰冻→融化→泡水→劈裂试验。 (1)将马歇尔试件浸入水中,进行真空饱水操作15min,要求真空度97.3~98.7kPa(730~740mmHg);随后恢复常压,并在水中浸泡0.5h。 (2)取出试件,放入塑料袋中,在袋中加入10mL的水,扎紧袋口,放入恒温冰箱,冷冻温度为 −18℃ ±2℃保持16h ±1h。 (3)从袋中取出试件,立即放入已保温为60℃ ±0.5℃的恒温水箱中,撤去塑料袋,时间不少于24h。 将两组试件全部浸入25℃ ±0.5℃的恒温水箱中浸泡2h,各试件之间留出10mm以上的间距。随后以50mm/min速率用劈裂试验夹具,分别对两组试件进行劈裂试验操作,得到各组试件最大劈裂荷载	
结果计算	略
注意事项	试验结果是一种更加苛刻地评价沥青混合料水稳性的指标,尽管操作过程引入低温冰冻环节,但试验结果并不能用于针对低温性能优劣的评价

考点九:沥青混合料沥青含量试验

1. 试验方法一:离心分离法 离心分离法测定沥青混合料的沥青含量时,应考虑泄漏入抽提液中矿粉的含量;如果忽略该矿粉质量,测得的结果较真实值偏大。 2. 试验方法二:燃烧炉法 试验关键点: ①将燃烧温度设定538℃ ±5℃。 ②燃烧至连续3min试样质量每分钟损失率小于0.01%时,燃烧炉会自动发出警示声音或者指示灯亮起警报,并停止燃烧

第五节　热拌沥青混合料配合比组成设计

考点一:沥青混合料组成材料技术要求

沥青	高温地区、重交通/渠化交通选择高稠度、低标号沥青(不易变形) 【高温高稠低标号】
粗集料	当使用花岗岩、石英岩等酸性岩石轧制的粗集料时,若达不到黏附性等级的要求,必须采取抗剥落措施。【黏附性与化学酸碱性有关】 工程中常用的抗剥落方法包括: 1. 使用高黏度沥青; 2. 在沥青中掺加抗剥落剂; 3. 用干燥的生石灰、消石灰粉或水泥作为填料的一部分; 4. 或将粗集料用石灰浆裹覆处理后使用等
细集料和填料的要求,极少考查,此处略	

考点二:热拌沥青混合料配合比设计

设计内容	1. 三个阶段:目标配合比设计阶段、生产配合比设计阶段和生产配合比验证——即试验路试铺阶段。 2. 无论哪一个设计阶段,其工作的中心是进行矿料的级配组成设计和最佳沥青用量确定两部分

续上表

<table>
<tr>
<td>最佳沥青用量的确定</td>
<td>

1. 沥青用量

可以采用沥青含量或油石比两种方式来表达。

2. 制备试样

(1)确定沥青大致预估用量。以预估沥青用量为中值,按0.5%间隔,取5个或5个以上不同油石比,分别成型马歇尔试件。

(2)计算某个沥青用量条件下一个马歇尔试件或一组试件中各种规格集料的用量,矿料总量在1200g左右。

(3)计算出一个或一组马歇尔试件的沥青用量(通常采用油石比),按要求拌和沥青混合料,以规定的击实次数和操作方法成型马歇尔试件。

3. 测定试件的物理力学指标

(1)通过测定沥青混合料马歇尔试件的毛体积相对密度,再通过试验或公式计算出沥青混合料的理论最大相对密度,并计算试件的空隙率、沥青饱和度、矿料间隙率等参数。

(2)测定沥青混合料试件的马歇尔稳定度和流值。

4. 最佳沥青用量的确定

以沥青用量(通常采用油石比表示)为横坐标,以沥青混合料试件的密度、空隙率、沥青饱和度、马歇尔稳定度和流值等指标为纵坐标,将试验结果绘制成关系曲线,如下图所示。

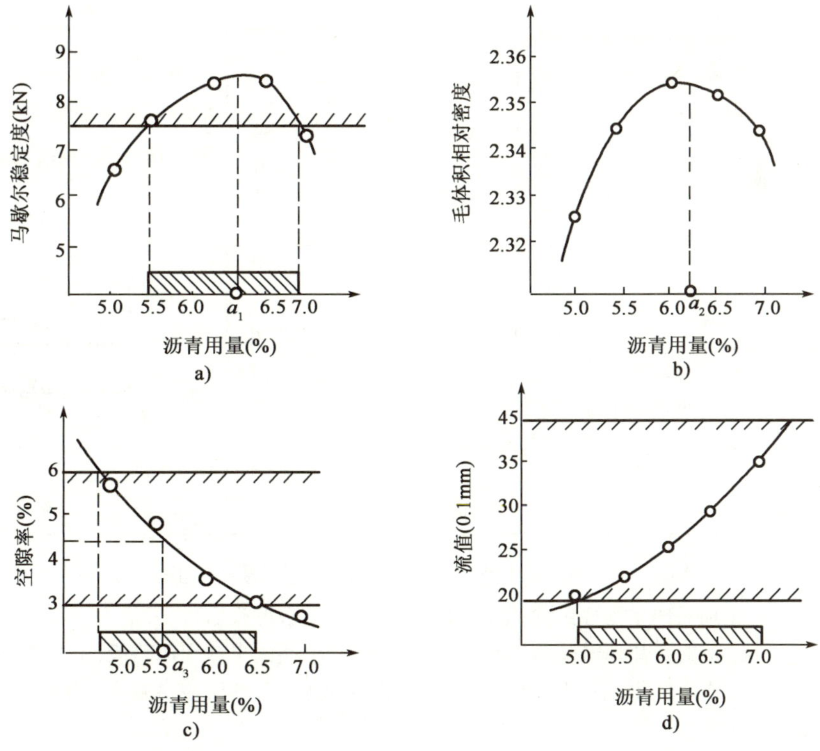

</td>
</tr>
</table>

续上表

<table>
<tr><td rowspan="6">最佳沥青用量的确定</td><td colspan="3">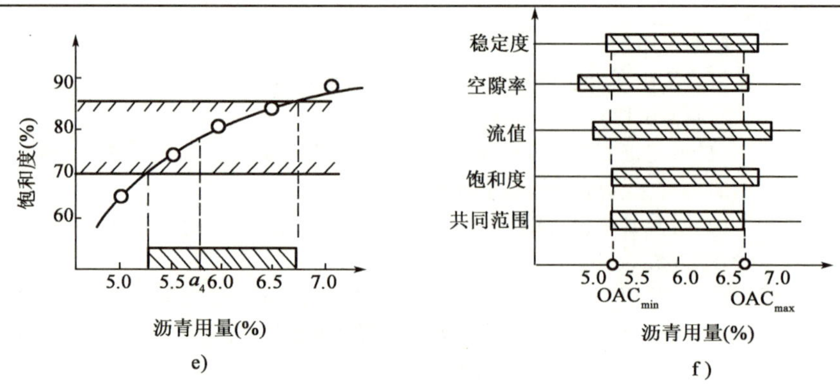

沥青用量与各马歇尔指标关系曲线图</td></tr>
<tr><td>最佳油石比计算</td><td>分项指标</td><td>说明</td></tr>
<tr><td rowspan="2">$OAC=\dfrac{OAC_1+OAC_2}{2}$
OAC_1 及 OAC_2 的结果差值不超过0.3%个单位，则按本公式取中值</td><td>$OAC_1=\dfrac{a_1+a_2+a_3+a_4}{4}$
或 $OAC_1=\dfrac{a_1+a_2+a_3}{3}$</td><td>取马歇尔稳定度和密度最大值相对应的沥青用量 a_1 和 a_2，空隙率范围中值或目标空隙率对应的沥青用量 a_3，以及饱和度范围的中值对应的沥青用量 a_4；饱和度不满足可以不考虑 a_4</td></tr>
<tr><td>$OAC_2=\dfrac{OAC_{min}+OAC_{max}}{2}$</td><td>以各项指标均符合技术标准(不包括VMA)的沥青用量范围 $OAC_{min}\sim OAC_{max}$ 的中值作为 OAC_2，即f)图中公共区间的中值</td></tr>
<tr><td colspan="2">关于饱和度是否满足的判断方法：只要所绘饱和度曲线能包络住设计范围(阴影区段)，即认为满足要求。上面e)图即满足要求。右侧图示中，橙色曲线跨越设计区间即满足要求</td><td>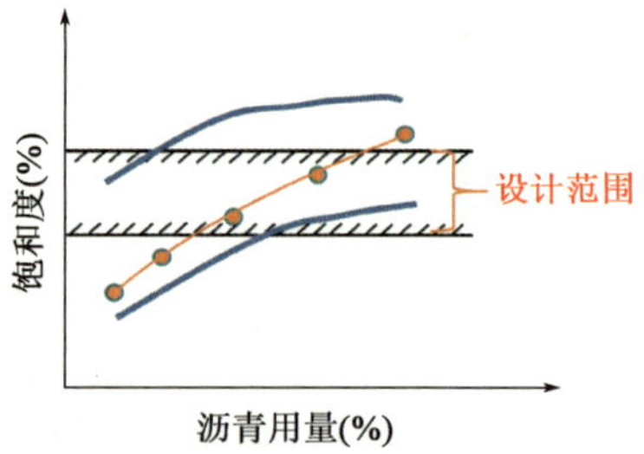
</td></tr>
<tr><td colspan="3">1. 当 OAC_1 和 OAC_2 结果有一定差距，则不宜采用平均的方法确定最终的OAC，而是分别通过随后的水稳性试验和高温稳定性试验，综合考查后决定。
2. 对炎热地区公路以及高速公路、一级公路的重载交通路段，山区公路的长大坡度路段，预计有可能出现较大车辙时，宜将计算得到的最佳沥青用量减少0.1%～0.5%，作为最佳沥青用量。
3. 对寒区公路、旅游公路、交通量极少的公路，最佳沥青用量可以在OAC的基础上增加0.1%～0.3%，并适当减少设计空隙率，但注意不得降低压实度要求</td></tr>
</table>

续上表

沥青混合料的性能检验	1. 高温稳定性：马歇尔试验（为主）、车辙试验。 2. 水稳性：劈裂冻融试验、浸水马歇尔试验、黏附性试验。 3. 低温性能：弯曲应变试验。 4. 渗水性能：渗水试验等	【顺口溜】 流值舍，均值算， 饱和不满靠边站。 无密区间找中点， 两数平均零点三。 寒冷加，高温减， 一三一五调整完

第六节　稀浆混合料

略。

第七章　路基路面现场测试

第一节　几何尺寸

考点一：路面钻芯取样方法

适用范围	水泥混凝土面层、沥青混合料面层或水泥、石灰、粉煤灰等无机结合料稳定基层。钻孔采取芯样的直径不宜小于最大集料粒径的3倍
准备工作	略
步骤要点	1. 钻透全厚。 2. 冷却：由于试验需要不能用水冷却时，应采用干钻孔，此时为保护钻头，可先用干冰约3kg放在取样位置上，冷却路面约1h，钻孔时通以低温CO_2等冷却气体以代替冷却水。 3. 补坑：对取样的钻孔的路面坑洞，应采用同类型材料填补压实，但取样时留下的水分应用棉纱等吸走，待干燥后再补坑

考点二：路基路面几何尺寸测试方法

尺寸类型	路基路面宽度、纵断面高程、中线偏位、横坡
准备工作	首先在路基或路面上准确恢复桩号，其他略
路基路面宽度	用钢尺沿中心线垂直方向水平量取路基路面各部分的宽度，准确至0.001m。测量时钢尺应保持水平，不得将尺紧贴路面量取，也不得使用皮尺
纵断面高程	将精密水准仪架设在路基路面平顺处调平，将塔尺竖立在中线的测定位置上，以路线附近的水准点高程作为基准。测记测定点的高程读数，准确至0.001m
中线偏位	有中线坐标/无中线坐标两类，仪器均为经纬仪（全站仪）；精确至1mm
路面横坡	1. 路基横坡为路槽中心线与路槽边缘两点高程差与水平距离的比值，以百分率表示。 2. 路面横坡对无中央分隔带的道路是指路拱表面直线部分的坡度，对有中央分隔带的道路是指路面与中央分隔带交界处及路面边缘与路肩交界处两点的高程差与水平距离的比值，以百分率表示。 3. 水准仪测定路面横坡，高程读数准确至0.001m，钢尺测量水平距离准确至0.005m。 4. 几何数据测试系统测定路面横坡，测试车速宜为30～80km/h

续上表

相邻板高差测量方法	将水平尺垂直跨越接缝并水平放置于高出的一侧,用塞尺量测接缝处水平尺下基准面与位置较低板块的高差,以高差最大值为该接缝处的相邻板高差 H,以 mm 计,准确至 0.5mm

考点三:挖坑及路面钻芯法测定路面厚度试验方法

适用范围	1. 基层或砂石路面的厚度可用挖坑法测定。 2. 沥青面层及水泥混凝土路面板的厚度应用钻孔法测定	
挖坑法	步骤要点:选一块约 40cm×40cm 的平坦表面,挖至层位底面,精度 1mm	
钻孔取芯样法	要点: 1. 用路面取芯钻机钻孔,钻头的标准直径为 ϕ100mm。 2. 钻孔深度必须达到层厚。 数据:用钢板尺或卡尺沿圆周对称的十字方向四处量取表面至上下层界面的高度,取其平均值,即为该层的厚度,准确至 1mm	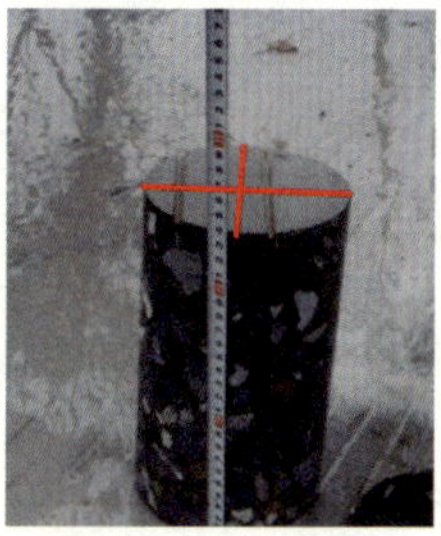

考点四:短脉冲雷达测定路面厚度试验方法【补充部分规程内容】

工作原理	雷达测试路面结构层厚度的基本工作原理是:利用雷达波(电磁波)在不同物质界面上的反射信号,识别分界面,通过电磁波的走时和在介质中的波速推算相应介质的厚度
适用范围	适用于采用短脉冲雷达测试沥青路面面层厚度。 不适用于潮湿路面或用富含铁矿渣集料等介电常数较高的材料路面
仪具与材料技术要求	短脉冲雷达测试系统由承载车、发射天线、接收天线和控制单元等组成。 1. 距离标定误差不大于 0.1%。 2. 最小分辨层厚不大于 40mm。 3. 系统测量精度要求如下: 测量深度 $H<100$mm:测量误差允许范围为 ±3mm; 测量深度 $H\geq100$mm:测量误差允许范围为 ±(3%·H)mm; 4. 天线:采用空气耦合方式,带宽能适应所选择的发射脉冲频率。 雷达天线频率要求(与厚度成反比): 路面厚度小于 10cm 时,频率宜大于 2GHz;【>2GHz】 路面厚度为 10~25cm 时,频率宜大于 1.5GHz;【1.5~2GHz】 路面厚度大于 25cm 时,频率宜大于 1GHz。【1.0~1.5GHz】
芯样标定	目的是获取介电常数。每个波速标定路段钻芯取样位置应均匀分布,取样间距不宜超过 5km,芯样数量应足以保证波速标定结果的代表性和准确性

第二节　压　实　度

考点一:压实度定义

路基土、基层底基层	公式	$压实度=\frac{压实后干密度}{标准最大干密度}$
	取值	压实后的干密度:挖坑灌砂法、环刀法或核子密度仪法现场检测。 标准最大干密度:室内重型击实试验或振动压实试验得到
沥青混合料面层	公式	$压实度=\frac{现场实际达到的密度}{标准密度}$
	取值	现场实际达到的密度:现场钻芯取样、无核密度仪无损测定。 标准密度:1. 沥青混合料的马歇尔击实法获得的试验室标准密度;2. 最大理论密度;3. 试验段密度

考点二:挖坑灌砂法测定压实度试验方法

基本原理	挖坑灌砂法测定压实度的基本原理是:在压实层挖坑取出材料,烘干,获得干质量;利用密度确定的砂灌到坑里,以置换坑的体积,从而得到压实材料的干密度,进而计算得到压实度
适用范围	本方法适用于在现场测定基层(或底基层)、砂石路面及路基土的各种材料压实层的密度和压实度检测。不适用于填石路堤等有大孔洞或大孔隙材料的压实度检测,否则测值偏小。 1. 当集料的最大粒径小于 13.2mm、测定层的厚度不超过 150mm 时,宜采用 ϕ100mm 的小型灌砂筒测试。 2. 当集料的最大粒径大于或等于 13.2mm,但不大于 31.5mm,测定层的厚度不超过 200mm 时,应用 ϕ150mm 的大型灌砂筒测试
步骤与计算	与第二章土工部分相同,此处略
注意要点	1. 量砂重复使用时,一定要晾干处理一致,否则影响量砂的松方密度。 2. 每换一次量砂,都必须测定松方密度,量砂筒下部圆锥体内砂的数量也应每次重新标定。 3. 在挖坑时试坑周壁应竖直,避免出现上大下小或上小下大的情形,这样就会使检测密度偏大或偏小

考点三：环刀法测定压实度试验方法

适用范围	本方法适用于测定细粒土及无机结合料稳定细粒土的密度。但对无机结合料稳定细粒土，其龄期不宜超过 2d，且宜用于施工过程中的压实度检验
步骤要点	1. 环刀中部处于压实层厚的 1/2 深度。 2. 自环刀中取具有代表性的试样(不少于 100g)测其含水率

考点四：钻芯法测定沥青面层压实度试验方法

试验原理	沥青混合料面层的压实度是按施工规范规定的方法测定的混合料试样的毛体积密度与标准密度之比值，以百分率表示
适用范围	本方法适用于检验从压实的沥青路面上钻取的沥青混合料芯样试件的密度，以评定沥青面层的施工压实度
钻取芯样	钻孔取样应在路面完全冷却后进行，对普通沥青路面通常在第二天取样，对改性沥青及 SMA 路面宜在第三天以后取样
测定密度	1. 将钻取的试件在水中用毛刷轻轻刷净黏附的粉尘。如试件边角有浮松颗粒，应仔细清除。 2. 将试件晾干或用电风扇吹干不少于 24h，直至恒重。 3. 测定试件密度 ρ_s。(通常用表干法测试件的毛体积相对密度)。 ①对吸水率大于 2% 的试件，宜采用蜡封法测定试件的毛体积相对密度。 ②对吸水率小于 0.5% 特别致密的沥青混合料，在施工质量检验时，允许采用水中重法测定表观相对密度。 4. 标准密度的确定
数据计算	略

考点五：土石路堤或填石路堤压实沉降差测试方法

适用范围	本方法适用于通过测量土石路堤或填石路堤碾压过程中的沉降变化量，结合施工工艺参数，测试土石路堤或填石路堤的压实程度
仪器设备	1. 振动压路机：自重 20t 以上。 2. 水准仪：DS3。 3. 钢卷尺：量程 50m，分度值不大于 1mm。 4. 其他仪具：铁锤、铁铲等
准备工作	1. 在路基碾压施工前，选取试验路段。 2. 沿道路纵向每隔 20m 作为一个观测断面，每个观测断面沿横断面方向每隔 5 ~ 10m 均匀布设沉降观测点，每个沉降观测点位上埋放一固定物(一般为钢球)，确保施工和测试过程中水平方向位置不变。 3. 按照既定的碾压机械组合和工艺参数进行施工，碾压遍数以往返一次计为一遍。至测试路段无明显碾压轮迹

续上表

测试步骤	1. 路基碾压施工完成后,将振动压路机停放在测试路段前 20m 处,启动振动压路机,并调至强振挡位。 2. 振动压路机以不大于 4km/h 的速度对测试路段进行碾压,往返一次为一遍。 3. 碾压结束后用水准仪逐点测量固定物顶面高程 h_{i1}、h_{i2}、…、h_{ij},精确到 0.1mm。 4. 重复步骤 2 ~ 3,测得固定物顶面高程 $h_{(i+1)1}$、$h_{(i+1)2}$、…、$h_{(i+1)j}$、…、$h_{(i+n)1}$、$h_{(i+n)2}$、…、$h_{(i+n)j}$,准确至 0.1mm。 5. 随机选取有代表性的区域,按照现行《公路土工试验规程》(JTG 3430)灌水法测试材料干密度,按照现行《公路工程集料试验规程》(JTG 3432)测试表干密度(视密度)。回收固定物,记录新的工艺参数,用与测试段相同材料回填并进行终压
数据整理	计算沉降差及沉降差的平均值、标准值和代表值

第三节　平　整　度

考点一:测平整度的方法与指标归纳表

方法	类型	方法名称	测试指标及单位
测平整度的方法	断面类	3m 直尺	最大间隙 h,mm
		连续平整度仪	标准差 σ,mm
		激光平整度仪	国际平整度指数 IRI,m/km
		手推式断面仪	国际平整度指数 IRI,m/km
	反应类	颠簸累计仪	单向累计值 VBI,cm/km

考点二:3m 直尺测定平整度试验方法

试验原理	3m 直尺测定平整度的原理为:用 3m 直尺基准面距离路表面的最大间隙(以 mm 计)反映路基路面表面的凹凸情况。最大间隙值越大,说明路表面越不平整
仪具材料	1. 3m 直尺:测量基准面长度为 3m 长,基准面应平直,用硬木或铝合金钢等材料制成。 2. 最大间隙测量器具: ①楔形塞尺:硬木或金属制的三角形塞尺,有手柄。刻度读数分辨率小于或等于 0.5mm。 ②深度尺:金属制,刻度读数分辨率小于或等于 0.5mm

续上表

准备工作	1. 确定测试方式。当测试沥青路面施工过程中的质量时,应以单尺方式测试,且测试位置应选在接缝处;其他情况一般以连续10尺方式测试。[《公路路基路面现场测试规程》(JTG 3450—2019)]。 2. 选择测试位置。除特殊需要者外,应以行车道一侧车轮轮迹(距车道线0.8~1.0m)作为连续测试的位置。对既有道路已形成车辙的路面,应取车辙中间位置为测试位置。 3. 清扫路面测试位置处的碎石、杂物等。 说明:2017版《公路工程质量检验评定标准》为每200m测2处,每处连续测5尺(考试时看清楚题干的参考标准是哪一本)
测试步骤	无考点,略
数据计算	单杆检测路面的平整度计算,以3m直尺与路面的最大间隙为测定结果,准确至0.5mm

考点三:连续式平整度仪测定平整度试验方法

试验原理	按一定采样间距量测路表面与八轮仪机架的基准点之间距离的单向偏差(凸起或凹下),以一定长度区间的标准差 σ(以mm计),反映路面的平整度。标准差 σ 越大,路表面越不平整	
适用范围	本方法适用于测定路表面的平整度,评定路面的施工质量和使用质量,但不适用于在已有较多坑槽、破损严重的路面上测定。用连续式平整度仪测定平整度时,通常由小面包车或其他小型汽车牵引连续式平整度仪工作	
仪器设备	连续式平整度仪: 1. 连续式平整度仪的标准长度为3m;中间为一个3m长的机架,前后各4个行走轮,前后两组轮的轴间距离为3m。 2. 测定间距为10cm,每一计算区间的长度为100m并输出一次结果。 3. 机架装有一牵引钩及手拉柄,可用人力或汽车牵引	 连续式平整度仪
准备工作	1. 选择测试路段。 2. 路面工程质量检查验收或进行路况评定时,通常以行车道一侧车轮轮迹带作为连续测定的标准位置。对已形成车辙的路面,取一侧车辙中间位置为测定位置。在测试路段路面上确定测试位置,当以内侧轮迹带(IWP)或外侧轮迹带(OWP)作为测定位置时,测定位置距车道标线80~100cm。 3. 清扫路面测定位置处的脏物。 4. 检查仪器	

续上表

测试步骤	1. 将连续式平整度仪置于测试路段路面起点上。 2. 牵引汽车的后部,将连续式平整度仪与牵引汽车连接好,按照仪器使用手册依次完成各项操作。 3. 启动牵引汽车,沿道路纵向行驶,横向位置保持稳定。 4. 确认连续式平整度仪工作正常。牵引连续式平整度仪的速度应保持匀速,速度宜为 5km/h,最大不得超过 12km/h。在测试路段较短时,亦可用人力拖拉平整度仪测定路面的平整度,但拖拉时应保持匀速前进
数据整理	连续式平整度仪测定后,可按每 10cm 间距采集的位移值自动计算的每 100m 计算区间的平整度标准差(mm),还可记录测试长度(m)

考点四:车载式颠簸累积仪测定平整度试验方法

试验原理	测试车以一定速度在路面上行驶,由于路面不平引起汽车激振,通过测量车后轴与车厢之间的单向位移累积值 VBI(cm/km)来表征路面的平整度。 累积值 VBI 越大,说明路面平整度越差,行车舒适性越不好
适用范围	本方法适用于各类颠簸累积仪在新建、改建路面工程质量验收和无严重坑槽、车辙等病害的正常行车条件下连续采集路段平整度数据。 本方法的数据采集、传输、记录和处理均由专用软件自动控制进行,可根据相关关系方程式自动换算并输出国际平整度指数 IRI
测试系统	测试系统由承载车辆、距离测量装置、颠簸累积值测量装置和主控制系统四部分组成。 技术要求:1. 承载车;2. 测试速度:30 ~ 80km/h;其他略
准备工作 【标定】	1. 当测试车辆在正常状态下行驶超过 2000km。 2. 标定时间间隔超过 1 年。 3. 减振器、轮胎等发生更换、维修时。 以上三种情况都应进行仪器测值与国际平整度指数 IRI 的相关性标定,相关系数 R 应不低于 0.99
测试步骤	预热 5 ~ 10km→起点前 300 ~ 500m 设置系统→进入测试路段 30 ~ 80km/h→驶出测试路段
报告整理	报告应包括颠簸累积值 VBI、国际平整度 IRI 平均值和现场测试速度

考点五:车载式激光平整度仪测定平整度试验方法

适用范围	适用于各类车载式激光平整度仪在新建、改建路面工程质量验收和无严重坑槽、车辙等病害及无积水、积雪、泥浆的正常通车条件下连续测试
测试系统	1. 承载车:应根据设备供应商的要求选择测试系统承载车辆。 2. 测试速度:30 ~ 100km/h。 3. 采样间隔:≤500mm。 4. 其他略

续上表

方法步骤	预热5～10km→测试起点前50～100m处启动系统→驶入测试路段(50～80km/h)→启动系统的采集和记录程序→驶出路段→关闭系统
计算	激光平整度仪采集的数据是路面相对高程值,应以100m为计算区间长度用IRI的标准计算程序计算IRI值,以m/km计

第四节　承载能力

考点一:土基现场CBR值测试方法

CBR概念	土基的现场CBR值是指在公路土基现场条件下按规定方法进行贯入试验,得到荷载压强-贯入量曲线,读取规定贯入量的荷载压强与标准压强的比值,以百分数表示。路基强度越高,贯入量达到规定值所施加的荷载越大,即CBR值越大
适用范围	适合各种土粒材料的现场CBR值,也适合基层、底基层砂类土、天然砂砾、级配碎石等材料CBR试验。 补充:本方法不适用于填料粒径超过31.5mm的土基现场CBR值测试
试验仪器	荷载装置、现场测试装置、贯入杆、承载板和贯入量测定装置。荷载装置通常是装载有铁块或集料等重物的载重汽车,在汽车大梁的后轴之后设有一加劲横梁作反力架用。现场测试装置由千斤顶、测力计及球座组成
试验步骤	1.先将千斤顶顶在加劲横梁上且调节至高度适中,贯入杆应与土基表面紧密接触,将百分表安装好,在贯入杆位置安放4块分开成半圆的承载板。 2.试验贯入前,先在贯入杆上施加45N荷载后,将测力计及贯入量百分表调零,记录初始读数。然后起动千斤顶,使贯入杆以1mm/min的速度压入土基,分别读取不同贯入量相应的测力计读数。一般在贯入量达到12.5mm时结束试验。 补充:条件符合时,也可以在贯入量达到7.5mm时停止
数据处理	用贯入试验得到的等级荷重数除以贯入断面积,得到各级压强(MPa),绘制荷载压强-贯入量曲线,从压强-贯入量曲线上读取贯入量为2.5mm及5.0mm时的荷载压强P_1,按下式计算现场CBR值。 $$现场CBR(\%)=\frac{p_1}{p_0}\times 100$$ 式中:p_1——荷载压强(MPa); p_0——标准压强,当贯入量为2.5mm时为7MPa,当贯入量为5.0mm时为10.5MPa。 CBR值一般以贯入量2.5mm时的测定值为准,当贯入量5.0mm时的CBR大于2.5mm时的CBR时,应重新试验;如重新试验仍然如此时,则以贯入量5.0mm时的CBR为准。 注意:现场CBR测试数据处理与土工规程中室内CBR不同

续上表

注意事项	应通过试验寻找两者之间的关系,将土基的现场CBR值换算为室内试验CBR值后,再用于路基施工强度的检验或评定

考点二:承载板测定土基回弹模量试验方法

试验原理	在现场土基表面,通过采用刚性承载板,对土基逐级加载、卸载的方式,测出每级荷载下相应的土基回弹变形,再根据弹性半空间体理论计算求得土基的回弹模量
试验仪具	反力装置(载重汽车后轴重不小于60kN)、荷载装置、刚性承载板一块(厚20mm,直径ϕ300mm)、贝克曼梁、百分表、液压千斤顶一台、秒表等
准备工作	略
测试步骤	1.用千斤顶开始加载,注视测力环或压力表,至预压0.05MPa,稳压1min,使承载板与土基紧密接触,同时检查百分表的工作情况是否正常,然后放松千斤顶油门卸载,稳压1min后,将百分表调零或其他合适的初始位置上,记录初始读数。 2.测试土基的压力-变形曲线。用千斤顶逐级加载卸载,荷载小于0.1MPa时,每级增加0.02MPa,以后每级增加0.04MPa左右。为了使加载和计算方便,加载数值可适当调整为整数。每次加载至预定荷载P后,稳定1min,立即读记两个百分表数值,然后轻轻放开千斤顶油门卸载至0,待卸载稳定1min后,再次读数,每次卸载后百分表不再调零。当两个百分表读数之差小于平均值的30%时,取平均值。如超过30%,则应重测。当回弹变形值超过1mm时,即可停止加载。 3.各级荷载的回弹变形和总变形,按以下方法计算: 回弹变形=(加载后读数平均值−卸载后读数平均值)×贝克曼梁杠杆比 总变形=(加载后读数平均值−加载初始前读数平均值)×贝克曼梁杠杆比 4.最后一次加载卸载循环结束后,取走千斤顶,重新读取百分表初读数,然后将汽车开出10m以外,读取终读数,按以下方法计算总影响量a: 总影响量a=(百分表初读数平均值−百分表终读数平均值)×贝克曼梁杠杆比 5.在试验点下取样,测试材料含水率。取样数量如下: 最大粒径不大于4.75mm,试样数量约120g; 最大粒径不大于19.0mm,试样数量约250g; 最大粒径不大于31.5mm,试样数量约500g。 6.在紧靠试验点旁边的适当位置,用灌砂法或环刀法测试土基的密度
数据处理	计算略。 回弹变形计算值为各级压力的回弹变形值加上该级的影响量。 将各级计算回弹变形值点绘于标准计算纸上,并绘出顺滑的P-L曲线,如曲线起始部分出现反弯,应进行原点修正 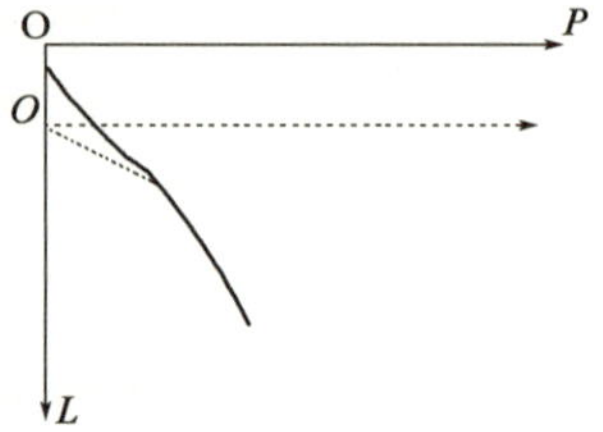 修正原点示意图

考点三：贝克曼梁测定路基路面回弹弯沉试验方法

<table>
<tr><td>适用范围</td><td>适用于测试路基及沥青路面的回弹弯沉，以便评价其承载能力。
不适用于路基冻结后的回弹弯沉检测</td></tr>
<tr><td>仪具材料</td><td>1. 加载车：单后轴、单侧双轮组的载重车，双轮轮隙应能满足自由插入贝克曼梁测头的要求，轴载、轮胎气压等技术参数应符合下表的要求。
<table>
<tr><td>后轴标准轴载 P(kN)</td><td>100 ±1</td></tr>
<tr><td>一侧双轮荷载(kN)</td><td>50 ±0.5</td></tr>
<tr><td>轮胎充气压力(MPa)</td><td>0.70 ±0.05</td></tr>
<tr><td>单轮传压面当量圆直径(cm)</td><td>21.3 ±0.5</td></tr>
</table>
2. 路面弯沉仪：由贝克曼梁、百分表及表架组成。贝克曼梁的前臂(接触路面)与后臂(装百分表)长度比为2∶1。弯沉仪长度有两种：3.6m 和 5.4m。长度为 5.4m 的贝克曼梁适用于各种类型的路面结构回弹弯沉的测试；长度为 3.6m 的贝克曼梁适用于柔性基层沥青路面回弹弯沉的测试。

3. 接触式路表温度计：端部为平头，分度不大于 1℃</td></tr>
<tr><td>准备工作</td><td>无考点，略</td></tr>
<tr><td>测试步骤</td><td>1. 将加载车停放在测试路段的测试位置，后轮一般应置于道路行车轮迹带上。将贝克曼梁插入加载车后轮轮隙处，与加载车行车方向一致，梁臂不得接触轮胎。贝克曼梁测头置于轮隙中心前方 30～50mm 处测点上。用路表温度计测量并记录测点附近的路表温度。可采用两台贝克曼梁对双侧轮迹同时进行回弹弯沉测试。
2. 将百分表安装在表架上，并将百分表的测头安放在贝克曼梁的测定杆顶面。轻轻叩击贝克曼梁，确保百分表正常归位。
3. 指挥加载车缓缓前进，速度一般为 5km/h 左右，百分表示值随路面变形持续增加。当示值最大时，迅速读取初读数 L_1。加载车仍继续前进，示值开始反向变化，待加载车驶出弯沉影响范围(约 3m 以上)，百分表示值稳定后，读取终读数 L_2。
4. 指挥加载车沿轮迹带前行，驶向下一测试位置，重复步骤 1～3 的，完成测试路段的回弹弯沉测试</td></tr>
</table>

续上表

是否修正	1. 当采用 5.4m 贝克曼梁时，一般可不进行支点变形修正。 2. 若有可能引起贝克曼梁支座处变形，在测试时应检验支点有无变形。如果有变形，应进行支点变形修正。 3. 当在同一结构层上测定时，可在不同位置测定 5 次，求取平均值，以后每次测定时以此作为修正值
数据处理	1. 路面测点的回弹弯沉值按下式计算： $l_t=(L_1-L_2)\times 2$ 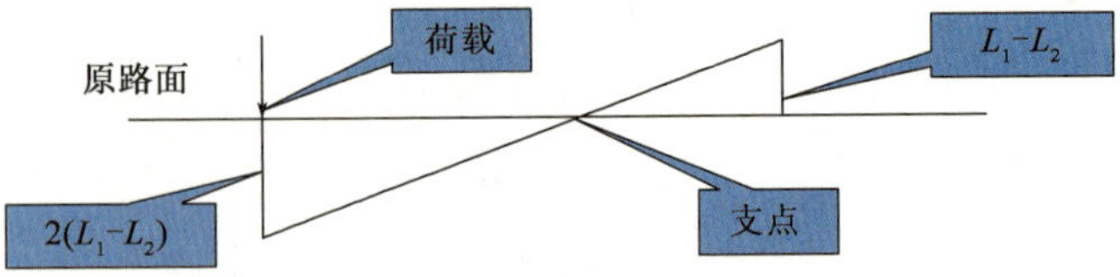 2. 支点变形修正，路面测点回弹弯沉值按下式计算： $l_t=(L_1-L_2)\times 2+(L_3-L_4)\times 6$ 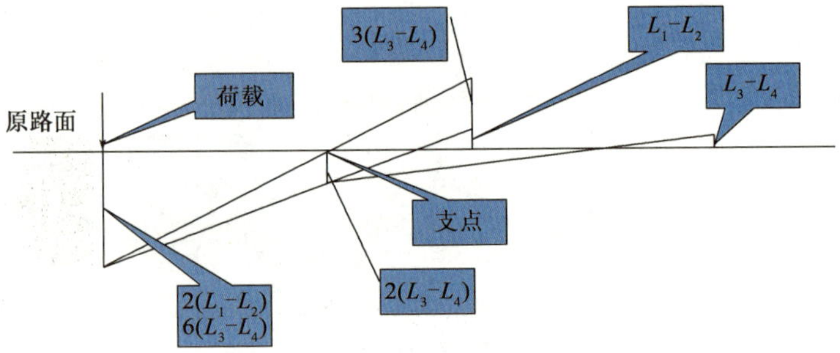
温度修正	1. 当沥青面层厚度大于 50mm 时，回弹弯沉值应根据沥青面层平均温度进行温度修正。 2. 当沥青面层平均温度在 20℃ ±2℃时，温度修正系数 $K=1$。 说明：系数为 1，即不修正； 同时满足厚度 >50mm、温度不在 20℃ ±2℃，才要修正。 当沥青面层平均温度为其他温度时，应根据沥青面层厚度求取不同基层的沥青路面弯沉值的温度修正系数 K。 3. 按下式计算修正后的沥青路面回弹弯沉值： $l_{20}=l_t\times K$

考点四：自动弯沉仪测定路面弯沉试验方法

测试原理	自动弯沉仪测定的是路面结构总弯沉，与贝克曼梁测定的回弹弯沉的性质有所不同，可通过对比试验，建立两者相关关系式，将自动弯沉仪测定的总弯沉换算为回弹弯沉后，用于我国路面承载能力评定或路面结构设计
适用范围	适用于 Lacroix 型自动弯沉仪测试沥青路面的总弯沉，评价承载能力。不适用于有严重坑槽、车辙等病害、不具备正常通车条件路面的弯沉测试

续上表

关键步骤	缓慢加速承载车到测试速度，一般应控制在 3.5km/h 以内。当实际采用的现场测试速度超出此范围时，应进行设备的相关性试验对测试结果进行修正
数据处理	1. 自动弯沉仪采集路面弯沉盆峰值为路面总弯沉。左臂测值、右臂测值按单独弯沉处理。 2. 温度修正：参照贝克曼梁法测路面回弹弯沉。 3. 横坡修正：当路面横坡不超过 4% 时，不进行横坡修正；当横坡超过 4% 时，需横坡修正。 4. 当测试速度大于 3.5km/h 时，应进行相关性试验，并对弯沉值予以换算
对比试验	1. 按弯沉值不同水平范围选择不少于 4 段路面结构相似的测试路段，长度一般为 300～500m，标记好起终点位置。 2. 测试路段的路面应清洁干燥，附近不应有重型交通和振动。 3. 试验宜选择晴天无风的天气条件，测试温度宜在 10～35℃范围内，且应选择温度变化不大的时段进行
数据处理	按照贝克曼梁弯沉测点对应的桩号，从自动弯沉仪记录数据中提取各测点的弯沉值，并与贝克曼梁测值一一对应，用数理统计的回归分析方法得到贝克曼梁测值和自动弯沉仪测值之间的相关性关系式，相关系数 R 应不小于 0.95

考点五：落锤式弯沉仪测定路面弯沉试验方法

适用范围	本方法适用于采用落锤式弯沉仪测试路表在冲击荷载作用下产生的瞬时变形，即动态弯沉，以便评价路基路面承载能力
仪器材料	1. 荷载发生装置：重锤的质量为 200kg ± 10kg，可产生 50kN ± 2.5kN 的冲击荷载。 2. 弯沉检测装置：承载板中心应设有一个位移传感器，其他位移传感器与中心处传感器呈线性布置，一般分布在距离承载板中心 2500mm 的范围内。 3. 控制系统。 4. 牵引车（牵引 FWD 行驶的速度不宜超过 50km/h）
试验步骤	1. 将 FWD 牵引至测试路段起始位置，输入位置信息，设定参数。 2. 将承载板中心位置对准测点，测点一般应布置在车道轮迹带处。落下承载板，放下弯沉检测装置的各传感器。 3. 启动荷载发生装置，落锤瞬即自由落下，冲击力作用于承载板上，又立即自动提升至原来位置固定。同时，记录荷载数据，各个位移传感器测量并记录路表变形数据，变形峰值即为弯沉值。每个测点重复测试应不少于 3 次。 4. 提起传感器及承载板，牵引车向前移动至下一个测点，重复步骤 2～3 完成测试路段的测试
数据处理	1. 舍去承载板中心位移传感器的首次测值，计算其后几次测值的平均值作为该点的弯沉值。 2. 按规范对弯沉值进行温度修正。 3. 计算一个测试路段的弯沉平均值、标准差及代表值

续上表

水泥混凝土路面板调查	1. 当调查水泥混凝土路面接缝的传力效果时,测点布置在接缝的一侧,位移传感器分开在接缝两边布置,进行弯沉测定。利用分开在接缝两边布置的位移传感器的测定值的差异及弯沉盆的形状,进行判断。 2. 当为探查路面板下的空洞时,测点布置位置随测试需要而定,应在不同位置测定。利用在不同位置测定的测定值的差异及弯沉盆的形状,进行判断

考点六:激光式高速路面弯沉测定仪测试路面弯沉方法

适用范围	本方法适用于应用多普勒测速原理的激光式高速路面弯沉测定仪测试路面弯沉,以评价路基路面承载能力
试验要点	1. 工作速度:30~90km/h。 2. 测试起点前200m开始测量,终点后至少200m终止测量

第五节　水泥混凝土强度

考点一:回弹仪测定水泥混凝土强度试验方法

适用范围	1. 本方法适用于快速测试水泥混凝土路面的抗压强度,不作为混凝土路面的强度评定、仲裁试验或工程验收使用。 2. 本方法不适用于表面与内部质量有明显差异或内部存在缺陷的水泥混凝土强度测试。 3. 本方法不适用于厚度小于100mm水泥混凝土强度测试
准备工作	1. 确保测试时环境温度为-4~40℃。 2. 回弹仪率定(使用前/测试后/有怀疑时)。 3. 率定要点:5~35℃的条件下进行,弹击3~5次,取其中最后连续3次且读数稳定的回弹值进行平均作为率定值
布置测区和测点	1. 每个混凝土板的测区数不宜少于10个,相邻两侧区的间距不宜大于2m;测区宜在混凝土板表面上均匀分布,并避开板边板角。 2. 测区表面应清洁、干燥、平整,不应有疏松层、饰面层、粉刷层、浮浆、油垢以及蜂窝、麻面等,必要时可用砂轮清除表面的杂物和不平整处,磨光的表面不应有残留粉尘或碎屑。 3. 一个测区的面积不宜大于200mm×200mm,每一测区测试16个测点,相邻两测点的间距不宜小于30mm,测点距路面边缘或接缝的距离不应小于200mm

续上表

布置测区和测点	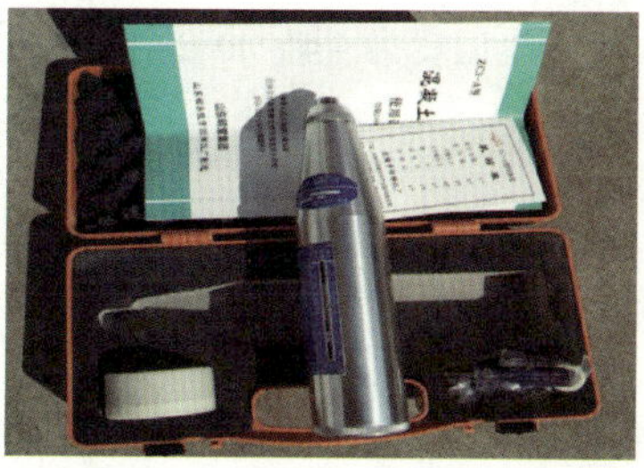 
测试步骤	1. 回弹值测试，同一测点只弹击一次。 2. 碳化深度测试： （1）测点数不应少于构件测区数的30%，取其平均值作为该构件每个测区的碳化深度值。当碳化深度值极差大于2.0mm时，在每一测区分别测量碳化深度值。 （2）在测区表面形成直径约为15mm的孔洞，1%～2%酚酞酒精溶液洒在孔洞内壁边缘，未碳化部分变为紫红色，测试已碳化与未碳化交界面至混凝土表面的垂直距离3次，取3次测试的平均值作为碳化深度测试结果，准确至0.5mm
数据处理	将一个测区的16个测点的回弹值，去掉3个最大值及3个最小值，其余10个回弹值计算测区平均回弹值
修正	根据回弹仪轴线与水平方向的角度将测得的数据进行修正，计算非水平方向测试的回弹修正值。当测试水泥混凝土路面为向下垂直方向时，测试角度为－90°

考点二：超声回弹法检验路面水泥混凝土抗弯强度试验方法

适用范围	1. 本方法适用于采用回弹仪、超声波检测仪在现场对水泥混凝土路面按综合法快速测试，并利用测强曲线方程推算混凝土的抗弯强度，不作为仲裁试验或工程验收使用。 2. 本方法不适用于下列情况的水泥混凝土： （1）隐蔽或外露局部缺陷区。 （2）裂缝或微裂区（包括路面伸缩缝和工作缝）。 （3）路面角隅钢筋和边缘钢筋处，特别是超声波与钢筋方向相同时。 （4）距路面边缘小于100mm的部位
仪器材料	超声波检测仪；换能器；耦合剂；回弹仪；手持砂轮等

续上表

准备工作	1.确认水泥混凝土的密度为1.9~2.5t/m³,板厚大于100mm,龄期大于14d,强度已达到设计强度80%以上,环境温度为-4~40℃。 2.回弹仪已进行率定。 3.布置测区和测点: (1)均匀布置10个测区,每个测区面积不宜小于150mm×550mm,测试面应清洁、干燥、平整,不得有蜂窝、麻面,对浮浆和油垢以及粗糙处应清洗或用砂轮片磨平,并擦净残留粉尘。 (2)每个测区的测点宜在测区范围内均匀分布,但不得布置在气孔或外露石子上,相邻两测点的距离不宜小于30mm
测试步骤	1.用回弹仪对每个测区的16个测点进行回弹值测试。 2.超声声时值测量
数据处理	略

考点三:取芯法测试混凝土路面强度方法

一般劈裂芯样直径为150mm,抗压试验芯样直径为150mm或100mm,高度与直径之比应为1。芯样高度和直径用游标卡尺量取,精确至0.5mm。 芯样试件的实际高径比小于0.95或大于1.05时,测试数据无效

第六节　抗滑性能

考点一:手工铺砂法测定路面构造深度试验方法

适用范围	本方法适用于测试沥青路面及无刻槽水泥混凝土路面表面构造深度,用以评定路面表面抗滑性能
仪具材料	1.手工砂铺仪:由量砂筒容积为25mL±0.15mL、推平板(直径50mm)组成。 2.量砂:干燥洁净的匀质砂,粒径0.15~0.30mm。 3.量尺及其他
准备工作	1.量砂准备:取洁净的细砂,晾干过筛,取0.15~0.30mm的砂置于适当的容器中备用。量砂只能一次性使用,不得重复使用。 2.选取路段测点横断面位置,同时测点应选在车道的轮迹带位置,且距路面边缘不得小于1m

续上表

测试步骤	1. 路面清扫干净,面积不少于 30cm × 30cm。 2. 用小铲向圆筒中缓缓注入准备好的量砂至高出量筒呈尖顶状,手提圆筒上部,用钢尺轻轻叩打圆筒中部 3 次,并用刮尺边沿筒口一次刮平。 注:不可直接用量砂筒装量砂,以免影响量砂密度的均匀性。 3. 将砂倒在路面上,用推平板由里向外重复做摊铺运动,稍稍用力将砂向外均匀摊开,使砂填入路表面的空隙中,尽可能将砂摊成圆形,并不得在表面上留有浮动余砂。注意摊铺时不可用力过大或向外推挤。 4. 用钢板尺测量所构成圆的两个垂直方向的直径,取其平均值,准确至 1mm。也可用专用尺直接测量构造深度。 5. 按以上方法,同一处平行测试不少于 3 次,3 个测点均位于轮迹带上,测点间距 3 ~ 5m。对同一处测试应由同一个试验员进行测试。该处的测试位置以中间测点的位置表示  
数据处理	1. 路面表面构造深度测定结果按下式计算: $$TD = \frac{1000V}{\pi D^2/4} = \frac{31831}{D^2}$$ 式中:TD——路面表面构造深度(mm); V——砂的体积($25cm^3$); D——摊平砂的平均直径(mm)。 2. 每一测试位置均取 3 次路面构造深度的测试结果的平均值作为试验结果,准确至 0.01mm。当平均值小于 0.2mm 时,试验结果以 <0.2mm 表示

考点二:车载式激光构造深度仪测定路面构造深度试验方法

适用范围	本方法适用于各类车载式激光构造深度仪在新建、改建路面工程质量验收和无严重破损病害及没有积水、积雪、泥浆等正常行车条件下连续采集路面构造深度,但不适用于带有沟槽构造的水泥路面
仪具与材料	测试系统由承载车、距离传感器、激光传感器和主控制单元组成,配备的专用软件应自动控制进行数据采集、传输、记录和数据处理。其主要技术要求如下: ①最大测试速度:≥50km/h。 ②采样间隔:≤5mm。 ③传感器垂直测距示值误差:≤0.1mm。 ④距离标定误差:<0.1%

续上表

相关性试验	1. 在每个试验路段上沿一侧行车轮迹用铺砂法测试至少 10 点的构造深度值,并计算平均值。 2. 驾驶承载车以 30～50km/h 速度驶过试验路段,并且保证激光构造深度仪的激光传感器探头沿铺砂法所测构造深度的行车轮迹运行,计算试验路段的构造深度平均值。 3. 建立两种方法的相关性关系式,要求相关系数 R 不小于 0.97

考点三:摆式仪测试路面摩擦系数方法

适用范围	本方法适用于以指针式摆式仪测试无刻槽水泥路面和沥青路面的摆式摩擦系数值 BPN
仪具与材料	 1. 指针式摆式仪:摆值最小刻度为 2。 2. 橡胶片:当橡胶片使用后,端部在长度方向上磨耗超过 1.6mm 或边缘在宽度方向上磨耗超过 3.2mm 或有油类污染时,即应更换新橡胶片。新橡胶片应先在干燥路面上测试 10 次后再用于测试。橡胶片的有效使用期自出厂日期起算为 12 个月。 3. 滑动长度量尺:长度 126mm。 4. 喷水壶。 5. 路面温度计:分度不大于 1℃。 6. 其他
准备工作	1. 检查指针式摆式仪的调零灵敏情况,并定期进行滑块压力的标定。 2. 按规范规定的方法选择测试位置,每个测试位置布设 3 个测点,测点间距离为 3～5m,以中心测点的位置表示该测试位置。测试位置应选在车道横断面上轮迹处,且距路面边缘不应小于 1m
测试步骤	1. 清洁路面。 2. 仪器调平。 3. 指针调零。 4. 校核滑动长度:滑动长度符合 126mm ± 1mm 的要求。 5. 将摆固定在右侧悬臂上,使摆水平,把指针拨至右端靠紧摆杆。 6. 洒水湿润地面。 7. 释放开关,使摆在路面滑过,当摆杆回落时,用手接住摆杆并读数,但不做记录。 8. 每个测点重复操作 5 次,读记摆值。5 个摆值中最大值与最小值的差值不得大于 3。如差值大于 3,应重做。 9. 在测点处用温度计测记潮湿路表温度,准确 1℃。 10. 重复步骤 1～9,完成一个测试位置 3 个测点的摆值测试

续上表

<table>
<tr><td rowspan="4">数据处理</td><td colspan="10">1. 计算每个测点5个摆值的平均值作为该测点的摆值 BPN_t，取整数。
2. 温度修正：
当路面温度为 t(℃)时测得的摆值 BPN_t 应按下式换算成标准温度20℃的摆值 BPN_{20}。
$$BPN_{20} = BPN_t + \Delta BPN$$
温度修正值</td></tr>
<tr><td>温度(℃)</td><td>0</td><td>5</td><td>10</td><td>15</td><td>20</td><td>25</td><td>30</td><td>35</td><td>40</td></tr>
<tr><td>修正值</td><td>-6</td><td>-4</td><td>-3</td><td>-1</td><td>0</td><td>2</td><td>3</td><td>5</td><td>7</td></tr>
<tr><td colspan="10">计算每个测试位置3个测点摆值的平均值作为该测试位置的摆值，取整数</td></tr>
</table>

考点四：单轮式横向力系数测试系统测定路面摩擦系数试验方法

试验原理	其工作原理为：与行车方向成20°偏角的并承受一定垂直荷载的测定轮，以一定速度行驶在潮湿路面上，测试轮胎所受到的侧向摩擦阻力与垂直荷载的比值，称为横向力系数，简称SFC。 当应用非SCRIM系统的横向力系数测试系统测试路面摩擦系数时，应通过对比试验，建立相关关系式，将该横向力系数测试系统的测值转换为SCRIM系统的SFC值后，才能进行路面抗滑性能的评定
仪器设备	1. 承载车应为能够固定和安装测试、储供水、控制和记录等系统的载重车底盘，具有在水罐满载状态下最高车速大于100km/h的性能。 2. 测试轮胎标准气压：350kPa±20kPa。 3. 其他略
准备工作	1. 每个测试项目开始前或连续测试超1000km后应标定。 2. 检查测试车轮胎气压。 3. 测试轮胎直径比新轮胎减小达6mm（胎面磨损3mm）以上或有明显损伤或裂口时，必须更换新轮胎。新更换的新轮胎在正式测试前应试测约2km。 4. 检查测试轮气压，应达到350kPa±20kPa的要求。 5. 洒水位置应在测试轮接触地面中点沿行驶方向前方400mm±50mm处，洒水宽度应为中心线两侧各不小于约75mm
测试步骤	无考点，略

续上表

<table>
<tr><td>数据处理</td><td>1. SFC 值的速度修正【速度偏大,测值偏低】
以测试结果使用时所需的速度作为标准测试速度,其他测试速度条件下得到的 SFC 值应通过下式转换至标准速度下的等效 SFC 值。
$$SFC_{标} = SFC_{测} - 0.22(v_{标} - v_{测})$$
2. SFC 值的温度修正【温度偏高,测值偏低】
标准现场测试地面温度范围为 20℃ ±5℃,否则应转换至标准温度下的等效 SFC 值。系统测试要求控制在 8℃ ~60℃的地面温度范围内。
SFC 值的温度修正
<table>
<tr><td>温度(℃)</td><td>10</td><td>15</td><td>20</td><td>25</td><td>30</td><td>35</td><td>40</td><td>45</td><td>50</td><td>55</td><td>60</td></tr>
<tr><td>修正</td><td>-3</td><td>-1</td><td>0</td><td>+1</td><td>+3</td><td>+4</td><td>+6</td><td>+7</td><td>+8</td><td>+9</td><td>+10</td></tr>
</table></td></tr>
<tr><td>试验条件</td><td>试验路段地面应清洁干燥,地面温度应在 10 ~30℃范围内,天气宜选择在晴天无风条件。【试验地表温度】</td></tr>
<tr><td>试验步骤</td><td>1. 两套设备分别以 40km/h、50km/h、60km/h、70km/h、80km/h 的速度在所选择的 4 种试验路段上各测试 3 次,3 次测试的平均值的绝对差值不得大于 5,否则重测。
2. 两种试验设备设置的采样频率差值不应超过 1 倍,每个试验路段的采样数据量不应少于 10 个</td></tr>
<tr><td>数据处理</td><td>1. 分别计算出每种速度下各路段 3 次测试结果的总平均值和标准差,超过 3 倍标准差的值应予以舍弃。
2. 用数理统计的回归分析方法建立试验设备测值与速度的相关性关系式,相关系数 R 不得小于 0.95。
3. 建立不同速度下试验设备测值 SFC 的相关性关系式,相关系数 R 不得小于 0.95</td></tr>
</table>

第七节　渗水和路基路面损坏测试

考点一:沥青路面渗水系数测试方法

适用范围	本方法适用于在现场测试沥青路面的渗水系数
仪具材料	1. 路面渗水仪:上部盛水量筒由透明有机玻璃制成,容积 600mL,上有刻度,在 100mL 及 500mL 处有粗标线;2. 套环;3. 水筒及大漏斗;4. 秒表;5. 密封材料;6. 其他
准备工作	1. 每个测试位置,随机选择 3 个测点,并用粉笔画上测试标记。 2. 试验前,首先用扫帚清扫表面,并用刷子将路面表面的杂物刷去。 3. 新建沥青路面的渗水试验宜在沥青路面碾压成型后 12h 内完成

续上表

测试步骤：

1. 确定密封区域。
2. 密封处理。
3. 放置渗水仪并加配重。
4. 排出渗水仪底部内的空气。
5. 水面下降至100mL刻度时用秒表计时，计时3min后立即记录水量，结束试验；当计时不到3min水面已下降至500mL时，立即记录水面下降至500mL时的时间，结束试验。当开关打开后3min时间内水面无法下降至500mL刻度时，则开动秒表计时测试3min内渗水量即可结束试验。
6. 测试过程中，如水从底座与密封材料间渗出，则底座与路面间密封不好，此试验结果为无效。（注意和步骤7中的渗水现象性质不同，处理方法也不同）
7. 测试过程中，如水从外环圈以外路面中渗出，可以人工将密封材料在外环圈之外5cm宽度范围内再次密封处理，重新测试，只要密封范围内无水渗出，则结果有效。
8. 重复步骤1～7，测试3个测点的渗水系数

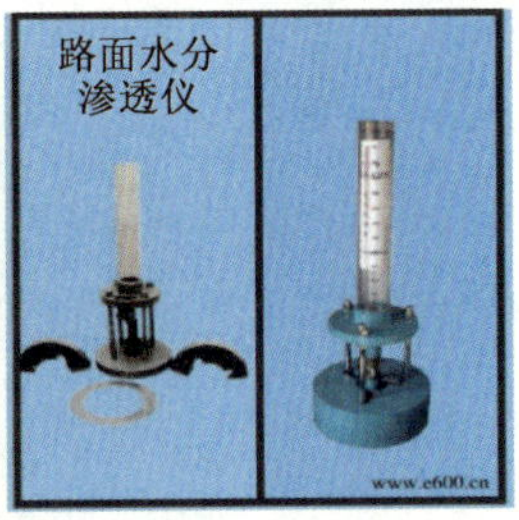

数据处理	1. 计算渗水系数，准确至0.1mL/min。 $$C_W = \frac{V_2 - V_1}{t_2 - t_1} \times 60$$ 2. 以3个测点渗水系数的平均值作为结果，准确至1mL/min

考点二：路面错台测试方法

适用范围	本方法适用于测试在构造物端部接头、水泥混凝土路面的错台高度，以评价路面行车舒适程度
仪具与材料	1. 基准尺：3m直尺或2m直尺；2. 量尺；3. 水准仪或全站仪等
测试步骤	测试位置应选在接缝高差最大处，根据需要也可选择其他有代表性的位置。三种测试方法：1. 基准尺法；2. 深度尺法；3. 水准仪（全站仪）法
数据处理	1. 基准尺法和深度尺法的测试结果直接作为错台高度D，准确1mm。 2. 水准仪（全站仪）法需计算接缝间的相对高程、差值的绝对值作为错台高度D，准确至1mm

考点三:沥青路面车辙测试方法

<table>
<tr><td>适用范围</td><td colspan="2">本方法适用于测试沥青路面的车辙</td></tr>
<tr><td>仪具材料</td><td colspan="2">1. 路面激光车辙仪的技术要求,具体如下:
(1)纵向距离测量误差:≤0.1%。
(2)纵向采样间距:≤200mm。
(3)有效测试宽度≥3.5m,测点不少于 13 点,测试精度 0.1mm,横向采样间距≤300mm。
(4)车辙深度测量范围:0~50mm;
2. 横断面尺:金属制直尺,刻度间距 50mm,长度不小于一个车道宽度。顶面平直,最大弯曲不大于 1mm。
3. 基准尺。
4. 量尺</td></tr>
<tr><td>步骤要点</td><td>1. 采用横断面尺的测试步骤如下:横断面尺每隔 200mm 一点,将钢直尺垂直立于路面上,读取横断面尺底面与路面之间的高差,准确至 1mm。
2. 采用基准尺测试方法的测试步骤如下:不需要测试横断面,仅需要测试最大车辙时,可采用本方法。当车辙形式为图中 a)、b)、c)形式,取左侧、右侧的较大值;为其他时找最大车辙位置,用量尺量取基准尺底面与路面之间的高差,准确至 1mm。
3. 采用激光车辙仪的测试步骤如下:风速 >6 级时不宜测试;测试时应分车道测试,保持测试车中心线与车道中心线重合</td><td>
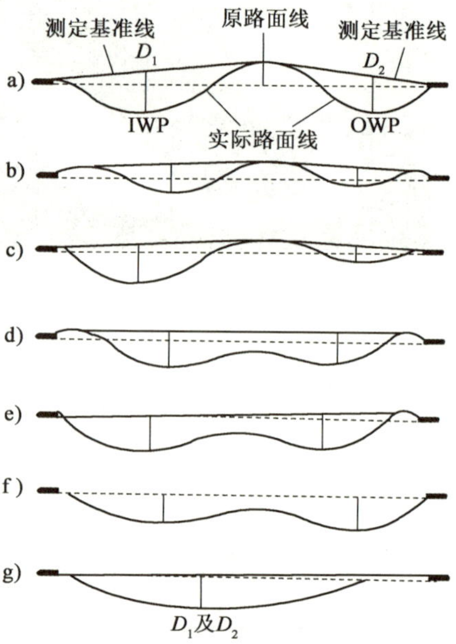

不同形状、不同程序的路面车辙示意图</td></tr>
<tr><td>数据处理</td><td colspan="2">计算各测试断面最大车辙深度的平均值作为该路段的平均车辙深度</td></tr>
</table>

考点四:弯沉法测试水泥混凝土路面脱空方法

适用范围	本方法适用于落锤式弯沉仪和贝克曼梁弯沉仪测试水泥混凝土路面的板底脱空,为水泥混凝土路面的养护处治提供依据
仪具材料	1. 落锤式弯沉仪;2. 贝克曼梁和加载车:采用 5.4m 贝克曼梁;3. 百分表及表架;4. 其他:钢卷尺等

续上表

<table>
<tr><td>方法步骤</td><td>1. 落锤式弯沉仪法
(1)准备工作
①确定测试桩号,并标识测点位置。当测试板角或板边位置时,承载板边缘应距纵、横缝不大于200mm。当测试板中位置时,承载板中心与板中距离偏差应不大于200mm。
②脱空测试宜选择在早晚板块上下表面温差较小时段,或者凉爽多云、阴天温差变化不大的天气进行测试。
(2)测试步骤
①采用截距值判定板底脱空时,应测试板角弯沉,并对同一测点施加3级荷载进行测试。
②采用弯沉比值判定板底脱空时,应采用同一恒定荷载对板角、板中和板边进行弯沉测试。
2. 贝克曼梁弯沉仪法
(1)指挥测试车使其后轮摆放于要求测点处。当测试板角或板边位置时,后轴轮胎外侧边缘应距纵缝100~200mm。
(2)当只测试受荷板的板角弯沉时,可将贝克曼梁测头放置于距接缝50~100mm处,贝克曼梁的支座与测点不应在同一块板上。弯沉车车轮和贝克曼梁测头摆放如下图所示。
(3)安放百分表于弯沉仪的测定杆上,用手指轻轻叩打弯沉仪,检查百分表能否稳定回位。百分表回位稳定后,记录初始读数 L_1,精确到0.01mm。
(4)测试者发令指挥汽车以5km/h左右的速度缓缓前进驶离测试混凝土板块,待表针回转稳定后,读取终读数 L_2,精确到0.01mm。
(5)承载车向前移动至下一个测点,重复上述步骤(1)~(4)进行测试
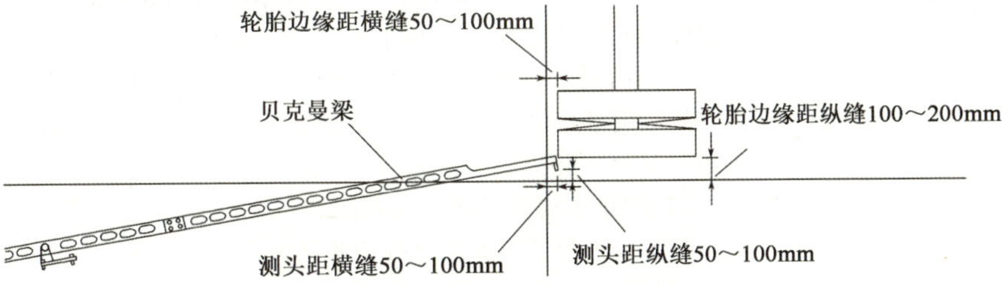

弯沉车车轮和贝克曼梁测头摆放平面示意图</td></tr>
<tr><td>数据处理</td><td>1. 落锤式弯沉仪法
(1)采用截距值法进行脱空判定:
当测点的线性回归截距值 b 大于50μm时,可判定为脱空。
(2)采用弯沉比值进行脱空判定:
$\lambda_1=(W_{板角}/W_{板中})>3.0$ 且 $\lambda_2=(W_{板边}/W_{板中})>2.0$ 时,判定脱空。
2. 贝克曼梁弯沉法
$$L_t=(L_2-L_1)\times 2$$
采用单点弯沉测值进行脱空判定时,当弯沉值 L_t 大于0.2mm时,判定脱空</td></tr>
</table>

第八节　施工控制

考点一:热拌沥青混合料施工温度测试方法

适用范围	1. 本方法适用于测试热拌、温拌沥青混合料的施工温度,包括拌和厂沥青混合料的出厂温度、施工现场摊铺、碾压时混合料的温度等。 2. 非插入式温度计法主要用于施工过程中的控制,不作为仲裁试验使用
仪具材料	1. 插入式温度计:量程 300℃,分度值 1℃,宜采用插入式热电偶温度计,测杆的长度不小于 300mm。 2. 非插入式温度计:红外温度计或红外摄像仪,分辨力 1℃。 3. 其他:棉丝、软布、螺丝刀等
方法与步骤	1. 在运料卡车上测试 混合料出厂温度或运输至现场温度应在运料卡车上测试,每车测试一次。测试时,温度计插入深度不小于 150mm,注视温度变化直至不再继续上升为止,读记温度,准确至 1℃。 2. 在摊铺现场测试 (1)混合料摊铺温度宜在摊铺机的一侧拨料器的前方混合料堆上测试。在测试位置插入温度计 150mm 以上,并跟着向前走,如料堆向前滚,拔出后重新插入,注视温度变化直至不再继续上升为止,读记温度,准确至 1℃。 (2)在摊铺过程中,运输车向摊铺机卸料时,可以采用红外摄像仪测试整个料车中的温度场,采用温度场图片形式保存数据,同时记录最高温度,最低温度,并计算最大温差,准确至 1℃。 (3)摊铺温度应每车测试一次。 3. 在沥青混合料碾压过程中测试压实温度 (1)插入式温度计法 插入混合料压实层一半深度处,温度计变化至不再继续上升为止,读记温度,准确至 1℃。 (2)非插入式温度计红外温度计法 一般用作施工单位自检或施工过程控制。测温时,需要直接对准测量的沥青混合料表面连续测试 3 次以上,直至最后 3 次温度差值不大于 1℃,读记最后一次测试温度,准确至 1℃
数据处理	压实温度一处测试不得少于 3 个测点,取平均值作为测试温度。对于红外摄像仪法则是一个区域测试一次

考点二：沥青喷洒法测试施工材料用量方法

适用范围	本方法适用于测试沥青表面处治、封层、沥青贯入式、透层、黏层等采用喷洒法施工的沥青用量或撒布的碎石用量
仪具材料	1. 天平，分度值不大于 10g。 2. 受样盘：金属盘，面积不小于 $1000cm^2$，深度不小于 10mm。 3. 钢卷尺或皮尺。 4. 地磅
方法步骤	1. 受样盘法 要点：根据预计洒布沥青（撒布碎石）路段长度，在距两端 1/3 长度处、沿宽度方向的任意位置上，放置受样盘，避开沥青洒布车的车轮位置。 2. 地磅法
数据处理	计算略；平行测试两次，取两次测试值的算术平均值作为洒布沥青用量的试验结果。当两个测试值之差超过平均值的 10% 时，需要重新试验

考点三：透层油渗透深度测试方法

适用范围	本方法适用于测试透层油的渗透深度，以评价透层油的渗透效果
仪具材料	1. 路面取芯机：手推式或车载式，配有淋水冷却装置，钻头直径为 ϕ100mm 或 ϕ150mm；2. 凿子、螺丝刀；3. 基板；4. 钢板尺；5. 其他
准备工作	1. 有结合料材料（钻芯） 在透层油渗透稳定后，在测试路段内随机选取芯样位置钻取芯样。芯样直径为 100mm 或 150mm，芯样高度宜不小于 50mm。 2. 无结合料材料（凿孔） 在透层油渗透稳定后，随机选点，将基板放在基层表面上，沿基板中孔凿孔，深度不小于 50mm。在凿孔过程中，随时将凿松的材料取出装入大金属盘中 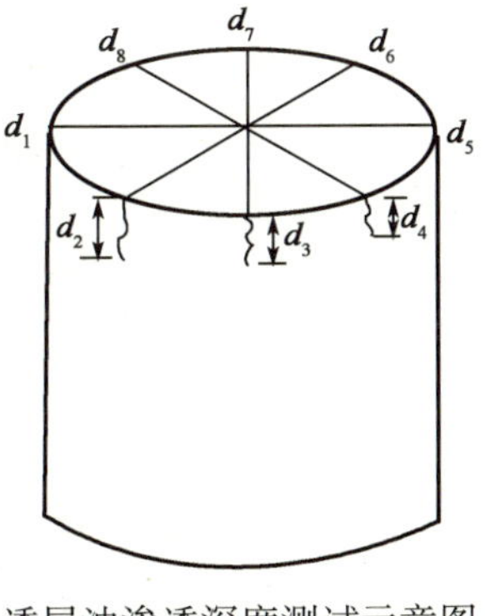 透层油渗透深度测试示意图
测试步骤	1. 有结合料材料（量芯样） 用钢板尺或量角器将芯样顶面圆周平均分成 8 等份，如上图所示。分别量测圆周上各等分点处透层油渗透的深度，估读至 0.5mm。 2. 无结合料材料（量洞的渗透深度） 清理挖的洞，沿圆周按均匀间距 8 等分位置分别量测透层油渗透的深度，估读至 0.5mm

续上表

数据处理	去掉渗透深度测试值中 3 个最小值,计算其他 5 个渗透深度测试值的算术平均值,作为单个测点的渗透深度结果

考点四:支挡结构检测

检测内容	常见的支挡结构包括挡土墙、预应力锚索、抗滑等。检测内容包括支挡结构变形、支挡结构应力、锚杆锁定力等	
支挡结构变形监测	测定内容	支挡结构变形观测应测定围护墙或基坑边坡顶部的水平和垂直位移、围护墙或边坡外土体深层水平位移
	1. 围护墙或基坑边坡顶部变形监测点的布置规定: ①沿基坑周边布置,周边中部、阳角处、受力变形较大处应设点; ②监测点间距不宜大于 20m,关键部位应加密,每侧边不宜少于 3 个; ③水平和垂直监测点宜共用同一点。 2. 围护墙或土体深层水平位移监测点的布置规定: ①布置在围护墙的中部、阳角处,点间距 20 ~ 50m,每侧边不应少于 1 个; ②采用测斜仪观测水平位移,当测斜管埋设在土体中时,测斜管埋设长度不应小于围护墙的入土深度。 3. 基坑支护结构变形观测的方法应符合下列规定: ①对一级基坑,应采用自动化监测方式; ②应采用视准线、测小角、前方交会、极坐标,方向线偏移法、卫星导航定位测量或测斜仪等方法进行水平位移观测; ③应采用水准测量、三角高程测量或静力水准测量方法进行垂直位移观测; ④宜采用应变计、应力计、土压力计、孔隙水压力计、水位计等传感器对支护结构内力、土体压力、孔隙水压力、水位等进行观测; ⑤应符合现行《建筑基坑工程监测技术规范》(GB 50497)的规定	
锚杆锁定力检测	1. 概念:锚杆锁定力是指预应力锚杆张拉锁定完成时的初始预应力。试验时,锚杆锚固段注浆体强度不应低于设计强度的 75%。 2. 样本数量: 永久性锚杆的测试数量不应少于锚杆总数的 5%,且不应少于 5 根; 临时性锚杆的测试数量不应少于锚杆总数的 3%,且不应少于 5 根。 3. 当采用锚杆测力计进行测试时,宜在卸除张拉千斤顶和工具锚后,10min 内测读测力计数据;当采用持有荷载试验测定锁定力时,应在张拉锁定后 12h 内完成试验。测量值宜控制在测量系统全量程的 25% ~80%; 4. 试验步骤(略)	

第九节　现 场 抽 样

考点：现场测试选点方法

路基路面现场测试选点方法	1. 均匀法：沿道路纵向或横向等间距布置测点【与连续法区分开】 2. 随机法：用随机数表征测点位置信息，常用的位置信息有里程桩号、离道路中线的距离等。 3. 定向法：选取轮迹带或出现裂缝、错台、板角等具有某个特征或指定的位置作为测点。 4. 连续法：按相应标准规定，沿道路纵向间距连续、均匀布置测点。 5. 综合法：同时使用以上两种以上的选点方法，确定测点位置 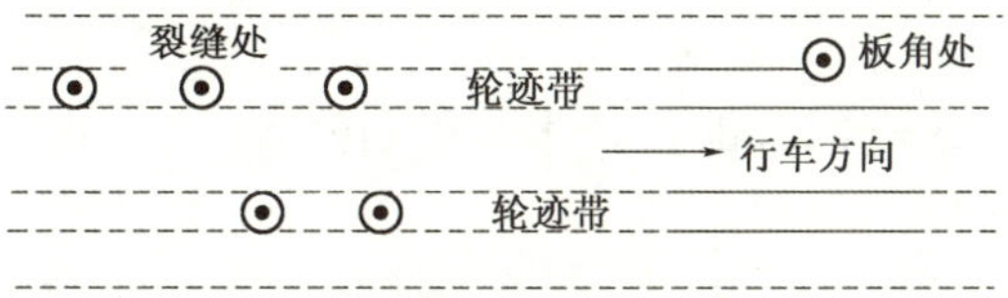 定向法选点示意图 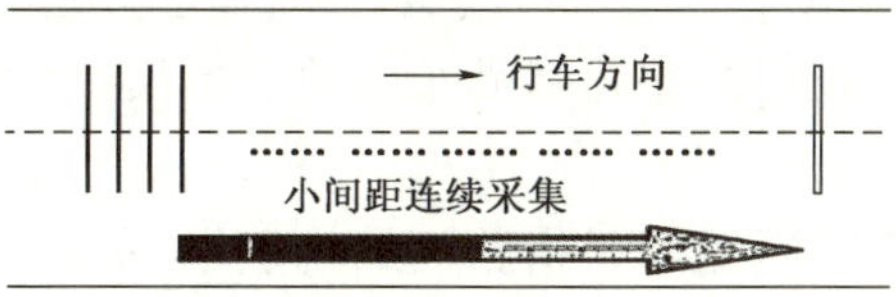 连续法选点示意图
测量数据表达方法	表格法、图示法、经验公式法

提示：部分低频考点提供电子版，考生可扫描封面二维码(刮开涂层)获取。

第二部分　金题汇编

第一章　总　　论

第一节　基本知识

1.【2023 助理多选】公路按技术等级划分有(　　)。

A. 高速公路　　B. 汽车专用公路

C. 二级公路　　D. 四级公路

2.【2023 助理判断】“县道”是按照公路行政等级划分的公路称谓。(　　)

3.【2024 检师判断】公路路基横断面的几何尺寸包括路基宽度、边坡坡度和纵坡坡度等。(　　)

4.【2024 检师单选】路床是指路面结构层以下 0.8m 或 1.2m 范围内的路基部分,路床厚度是根据(　　)确定的。

A. 路面类型　　B. 路基工作区深度

C. 路基断面形式　　D. 公路自然区划

5.【2023 检师单选】根据水泥混凝土路面结构设计要求,水泥混凝土的设计强度采用(　　)龄期的弯拉强度。

A. 3d　　B. 7d　　C. 14d　　D. 28d

6.【2023 检师多选】关于通车道路路面调查和分析的表述正确的有(　　)。

A. 路面破损状况调查应包括路面病害类型、严重程度、范围和数量等

B. 因路基问题导致路面损坏的路段,应取样调查路基土质类型、含水率和 CBR 值等

C. 路面结构层的模量可以利用弯沉盆反演或芯样实测的方法确定

D. 路面无机结合料稳定层弯拉强度,可根据现场取芯实测的无侧限抗压强度换算

7.【2024 助理单选】根据《公路水泥混凝土路面设计规范》(JTG D40—2011),路面水泥混凝土的强度以(　　)控制。

A. 7d 抗压强度　　B. 7d 弯拉强度　　C. 28d 抗压强度　　D. 28d 弯拉强度

8.【2024 助理单选】下列不属于路基附属设施的是(　　)。

A. 弃土堆　　B. 碎落台　　C. 护坡道　　D. 急流槽

9.【2024 助理多选】无机结合料稳定基层应满足的性能有(　　)。

A. 足够的承载能力　　B. 耐久性

C. 水稳定性　　D. 抗永久变形能力

10.【2024 检师单选】根据《公路工程质量检验评定标准　第一册　土建工程》(JTG F80/1—2017),不属于路基分项工程的是(　　)。

A. 软土地基处置　　B. 边坡锚固防护

C. 涵洞填土　　D. 底基层

11.【2024 检师单选】公路工程质量鉴定时,某分部工程的质量等级评定为不合格,但不属于严重质量缺陷问题,整修后经重新鉴定达到了合格水平。若包含该分部工程的单位工程评定得分为 91 分,其质量等级评定为(　　)。

A. 优良　　B. 中等　　C. 合格　　D. 不合格

12.【2024 检师单选】沥青路面交工验收时要进行弯沉值的检测与评定,计算代表弯沉需要用到目标可靠度指标 β。根据《公路工程质量检验评定标准　第一册　土建工程》(JTG F80/1—2017),一级公路目标可靠指标 β 值应取(　　)。

A. 0.84　　B. 1.04　　C. 1.28　　D. 1.65

13.【2024 检师判断】热拌沥青混合料路面应在摊铺层完全自然冷却后,混合料表面温度低于 50℃方可开放交通。(　　)

14.【2020 检师单选】根据《公路沥青路面设计规范》(JTG D50—2017)的规定,沥青路面设计应采用轴重(　　)kN 的单轴-双轮组轴载作为设计荷载。

A. 30　　B. 50　　C. 60　　D. 100

15.【2020 助理判断】无机结合料稳定材料弯拉强度试件的养生时间视需要而定,水泥稳定材料、水泥粉煤灰稳定材料的养生龄期应是 90d,石灰稳定材料和石灰粉煤灰稳定材料的养生龄期应是 180d。(　　)

16.【2020 助理单选】我国公路按照技术等级划分不包括(　　)。

A. 一级公路　　B. 农村公路　　C. 高速公路　　D. 四级公路

17.【2020 助理单选】以下不属于公路中线平面线形的是(　　)。

A. 圆曲线　　B. 缓和曲线　　C. 竖曲线　　D. 直线

18.【2020 检师判断】路基工作区是指汽车荷载对路面的应力与路基土自重应力之比大于 0.1 的应力分布深度范围。(　　)

19.【2020 检师判断】水泥混凝土路面的设计强度采用 28d 龄期的抗压强度。(　　)

20.【2020 检师判断】为便于压实,路堤一般采用分层铺筑,通常每层的压实厚度不超过 25cm。(　　)

21.【2018 检师单选】热拌沥青混合料路面摊铺后自然冷却到表面温度低于(　　)℃方可开放交通。

A. 20　　B. 30　　C. 50　　D. 70

22.【2020 助理判断】热拌沥青混合料路面摊铺后自然冷却到表面温度低于 30℃方可开放交通。(　　)

23.【2018 助理多选】无机结合料稳定类材料的施工工序主要包括(　　)。

A. 拌和　　B. 摊铺　　C. 碾压　　D. 养生

24.【2019 检师单选】高速公路和一级公路的基层应在养生(　　)天内检测弯沉。

A. 3 ~ 5　　B. 5 ~ 7　　C. 7 ~ 10　　D. 10 ~ 14

25.【2019 检师判断】无机结合料稳定类材料混合料组成设计采用 28d 龄期的无侧限抗压强度。(　　)

26.【2021 助理单选】路面用水泥混凝土以(　　)为主要设计指标。

A. 抗压强度　　B. 抗弯拉强度　　C. 抗剪强度　　D. 收缩率

27.【2021 助理判断】路堤通常是分层填筑,应在最佳含水率下压实,压实度的要求与公路等级和路基层位无关。(　　)

28.【2021 助理判断】对于无机结合料稳定类材料的原材料质量要求和结合料强度标准,基层的要求一般高于相应的底基层的要求。(　　)

29.【2021 助理多选】以下按照公路技术等级划分的有(　　)。

A. 农村公路　　B. 普通公路　　C. 四级公路　　D. 高速公路

30.【2021 检师单选】根据《公路沥青路面设计规范》(JTG D50—2017)的规定,一级公路路面结构设计的目标可靠度应不低于(　　)。

A. 80%　　B. 85%　　C. 90%　　D. 95%

31.【2021 检师判断】为保证工程质量,气温低于 10℃时,不得进行高速公路热拌沥青混合料路面施工。(　　)

32.【2021 检师判断】路基分层施工时,应对每层的压实度分别进行检测。(　　)

33.【2022 检师单选】根据水泥混凝土路面结构设计要求,水泥混凝土的设计强度采用(　　)龄期的弯拉强度。

A. 3d　　B. 7d　　C. 14d　　D. 28d

34.【2022 检师单选】属于按行政等级划分的公路名称是(　　)。

A. 干线公路　　B. 支线公路　　C. 高速公路　　D. 县道

【答案】[1]

1. ACD	2. √	3. ×	4. B	5. D	6. ABCD
7. D	8. D	9. ABC	10. D	11. C	12. C
13. √	14. D	15. √	16. B	17. C	18. ×
19. ×	20. ×	21. C	22. ×	23. ABCD	24. C
25. ×	26. B	27. ×	28. √	29. CD	30. C
31. √	32. √	33. D	34. D		

[1] 本书全题答案配有详细解析,请考生微信扫描封面二维码(刮开涂层),在电子题库中查看。

第二节　公路工程质量检验与评定

1.【2023 检师单选】公路工程质量检验评定应按分项工程、分部工程、单位工程(　　)进行。

A. 同时　　B. 倒序　　C. 分类　　D. 逐级

2.【2023 助理单选】对路面工程进行工程划分时，下列满足分部工程、单位长度一般要求的有(　　)。

A. 1km　　B. 2km　　C. 5km　　D. 10km

3.【2023 助理多选】分项工程质量检验时应按(　　)等分别检查。

A. 基本要求　　B. 实测项目　　C. 外观质量　　D. 工程进度

4.【2023 检师多选】分项工程应按(　　)等检验项目分别检查。

A. 基本要求　　B. 实测项目　　C. 外观质量　　D. 质量保证资料

5.【2023 检师单选】《公路工程质量检验评定标准　第一册　土建工程》(JTG F80/1—2017)中规定的检测方法为标准方法，采用其他高效检测方法应经(　　)。

A. 监理批准　　B. 技术负责人确认

C. 方法报备　　D. 比对确认

6.【2023 检师判断】对土方路基进行质量评定时，若压实度合格率为 94%，则判定该分项工程质量不合格。(　　)

7.【2023 助理判断】关键项目(非机电工程)的合格率应不低于 90%，否则检测项目不合格。(　　)

8.【2023 助理 & 检师判断】公路工程质量检验与评价中，按照数理统计原理计算检测或评定路段内测定值的代表值时，当测点数 N 大于 30 时，按 t 分布计算代表值，测点数 N 较少时，按正态分布计算试验检测数据的代表值。(　　)

9.【2023 助理单选】土方路基交工验收时，下列实测项目中属于关键项目的是(　　)。

A. 平整度　　B. 弯沉　　C. 中线偏位　　D. 边坡

10.【2023 检师单选】下列检查项目中，属于土方路基实测关键项目的是(　　)。

A. 平整度　　B. 压实度　　C. 宽度　　D. 横坡

11.【2023 助理判断】加筋挡土墙内填土的压实度要求与路基相同。(　　)

12.【2023 检师判断】竣工验收时工程质量评分大于 90 分为优良，小于或等于 90 分且大于 75 分为合格，小于或等于 75 分为不合格。(　　)

13.【2024 助理单选】边坡锚固防护质量检验评定的锚杆、锚索实测项目中，属于关键项目的是(　　)。

A. 锚杆、锚索抗拔力　　B. 张拉伸长率

C. 锚孔深度　　D. 锚孔位置

14.【2024 助理单选】检测人员对新建水泥混凝土路面的施工质量进行检查时，不包括(　　)项目。

A. 弯拉强度　　B. 板厚度　　C. 弯沉　　D. 相邻板高差

15.【2024 助理判断】土质路肩工程可以作为路面工程的一个分项工程进行检查评定。(　　)

16.【2024 助理多选】根据《公路工程质量检验评定标准　第一册　土建工程》(JTG F80/1—2017),工程质量等级分为(　　)。

A. 优良　B. 合格　C. 基本合格　D. 不合格

17.【2024 检师判断】根据《公路工程质量检验评定标准　第一册　土建工程》(JTG F80/1—2017),对于沥青混凝土面层,构造深度与摩擦系数都是表征路面抗滑能力的指标,交工验收时任选其中一个指标进行检测和评价。(　　)

18.【2024 检师判断】按照一般建设项目的工程划分标准,每处大型挡土墙都是路基工程的分部工程。(　　)

19.【2024 检师多选】下列属于交工验收阶段主要工作内容的有(　　)。

A. 检查施工合同的执行情况

B. 评价工程质量

C. 对项目法人建设管理工作进行综合评价

D. 对参建单位的工作做出整体性综合评价

20.【2019 助理判断】关键项目(非机电工程)的合格率应不低于 90%,否则检测项目不合格。(　　)

21.【2020 助理多选】以下属于工程项目质量保证资料的有(　　)。

A. 原材料试验报告　B. 材料配合比报告

C. 施工日志　D. 隧道监控资料

22.【2020 检师判断】对路基弯沉评定,当弯沉代表值小于设计弯沉值时,相应分项工程为不合格。(　　)

23.【2020 检师多选】工程质量评定中采用数理统计方法评定的项目有(　　)。

A. 压实度　B. 厚度　C. 路面横向力系数　D. 弯沉值

24.【2017 检师多选】下列关于土基压实度评定的说法中,正确的有(　　)。

A. 用压实度代表值控制路段的总体压实水平

B. 单点压实度不得小于极值标准

C. 路堤施工段落短时,分层压实度应全部符合要求,且样本数不少于 6 个

D. 合格率不得低于 75%

25.【2018 助理多选】某评定路段的路基压实度规定值为 95%,实测压实度代表值 96%,以下说法正确的有(　　)。

A. 该评定路段压实度合格

B. 若单点测值均不小于 93%,则合格率为 100%

C. 若有实测单点压实度小于规定极值,该评定路段压实度不合格

D. 仅根据以上数据无法判断该路段压实度是否合格

26.【2020 检师单选】路基施工段落较短时,分层压实度检测结果应全部符合要求,且样本数量不少于(　　)个。

A. 4　B. 5　C. 6　D. 7

27.【2022 检师判断】分项工程中的所有实测项目均合格,可判定该分项工程合格。( )

28.【2022 检师多选】根据《公路工程质量检验评定标准 第一册 土建工程》(JTG F80/1—2017),属于质量保证资料内容的有( )。

A. 混凝土试验报告　　B. 隐蔽工程施工记录
C. 施工组织设计　　D. 地基处理记录

29.【2022 检师多选】根据《公路工程质量检验评定标准 第一册 土建工程》(JTG F80/1—2017),工程质量等级分为( )。

A. 优良　　B. 合格　　C. 基本合格　　D. 不合格

30.【2018 助理判断】土方路基实测项目中,弯沉是关键项目。( )

31.【2020 检师单选】路基平整度的检测应对( )进行检测。

A. 每层　　B. 路中间　　C. 上路床　　D. 车行道

32.【2014 真题单选】土方路基压实度要求值按( )设定。

A. ①高速公路,②一级公路,③其他公路(指二级及二级以下)三档
B. ①高速公路,②一级公路及以下公路两档
C. ①高速公路、一级公路,②二级公路,③三、四级公路三档
D. ①高等级公路,②二、三级公路,③四级公路三档

33.【2013 真题单选】土方路基实测项目中压实度的检查频率是( )。

A. 每 200m 每压实层测 4 处　　B. 每 100m 每压实层测 4 处
C. 每 200m 每压实层测 2 处　　D. 每 100m 每压实层测 2 处

34.【2018 助理多选】以下属于填石路基检查项目的有( )。

A. 平整度　　B. 弯沉　　C. 压实度　　D. 中线偏位

35.【2017 检师单选】填石路基质量评定中,一般不用( )指标来评价压实质量。

A. 固体体积率　　B. 层厚和压实次数　　C. 沉降差　　D. 压实度

36.【2020 助理单选】以下土方路基交工验收的实测项目中,属于关键项目的是( )。

A. 平整度　　B. 中线偏位　　C. 压实度　　D. 边坡

37.【2018 助理多选】以下不属于浆砌水沟的关键实测项目的有( )。

A. 砂浆强度　　B. 断面尺寸　　C. 沟底高程　　D. 轴线偏位

38.【2019 检师单选】根据《公路工程质量检验评定标准 第一册 土建工程》(JTG F80/1—2017)的要求,防护支挡工程中锚杆抗拔力检查项目要求( )% 数量锚杆的抗拔力不低于设计值。

A. 70　　B. 80　　C. 90　　D. 99

39.【2022 检师单选】在路面工程质量验收工作中,采用落锤式弯沉仪(FWD)检测弯沉值时,每一双车道评定路段(不超过 1km)的检测点数不应少于( )个。

A. 20　　B. 30　　C. 40　　D. 50

40.【2022 检师单选】公路工程质量检验评定工作中,对结构安全、耐久性和主要使用功能起决定性作用的检查项目称之为( )项目。

A. 一般　　B. 可选　　C. 关键　　D. 实测

41.【2012 真题判断】锚杆、锚垫板和加筋挡土墙墙背填土应测试距面板 1m 范围以内压实度,其值不低于 90%。(　　)

42.【2019 助理判断】砌体坡面防护外观质量要求浆砌缝开裂、勾缝不密实等累计换算面积不得超过被检面面积的 1%。(　　)

43.【2019 助理多选】浆砌挡土墙实测项目中,属于关键项目的有(　　)。

A. 表面平整度　B. 砂浆强度　C. 断面尺寸　D. 墙面坡度

44.【2019 检师判断】无机结合料稳定材料基层顶面透层油深度宜不小于 5mm。(　　)

45.【2020 助理单选】无机结合料稳定材料基层施工完成后应及时洒布透层油,透入深度宜不小于(　　)。

A. 3mm　B. 4mm　C. 5mm　D. 6mm

46.【2019 检师判断】路面工程的实测项目规定值或允许偏差是按照高速公路和普通公路两档确定的。(　　)

47.【2019 助理单选】依据《公路工程质量检验评定标准　第一册　土建工程》(JTG F80/1—2017)要求,用 3m 直尺测定路面平整度时要求每 200m 测(　　)处,每处(　　)尺。

A. 1;10　B. 2;10　C. 1;5　D. 2;5

48.【2020 助理单选】在交工验收中,采用 3m 直尺法检测沥青路面平整度时,应每 200m 测(　　)。

A. 1 处 ×10 尺　B. 2 处 ×5 尺　C. 2 处 ×10 尺　D. 1 处 ×5 尺

49.【2018 助理单选】下列检测项目中,属于沥青混凝土路面质量评定关键项目的是(　　)。

A. 摩擦系数　B. 宽度　C. 平整度　D. 压实度

50.【2022 检师判断】根据《公路工程质量检验评定标准　第一册　土建工程》(JTG F80/1—2017),路基路面工程项目一般以 3km 或每标段划分为一个单位工程。(　　)

51.【2020 助理判断】沥青混凝土路面的交工验收检查项目弯沉属于关键项目。(　　)

52.【2020 检师多选】下列属于沥青混凝土面层实测关键项目的有(　　)。

A. 压实度　B. 平整度　C. 矿料级配　D. 沥青含量

53.【2022 检师单选】根据《公路工程质量检验评定标准　第一册　土建工程》(JTG F80/1—2017),公路工程质量检验评定应按照分项工程、分部工程、单位工程(　　)进行。

A. 单独　B. 逐级　C. 合并　D. 选择

54.【2018 助理单选】竣工验收工程实体检测中涵洞检查不少于总数的(　　),且每种类型抽查不少于(　　)座。

A. 10%;1　B. 20%;1　C. 10%;2　D. 20%;2

55.【2020 助理单选】隐蔽工程在(　　)应检查合格。

A. 隐蔽前　B. 质量评定前　C. 工程验收前　D. 下道工序施工后

56.【2020 检师单选】工程质量检验时,对外观质量应进行(　　)检查。

A. 抽样　B. 全面　C. 关键部位　D. 指定部位

57.【2017 检师多选】工程质量评定等级分为合格与不合格,需要逐级评定的内容(　　)。

A. 分项工程　　B. 分部工程　　C. 单位工程　　D. 合同段和建设项目

58.【2018 助理多选】交工验收时工程质量评定等级包括(　　)。

A. 优　　B. 良　　C. 合格　　D. 不合格

59.【2019 助理多选】交工验收时工程质量等级分为(　　)。

A. 优秀　　B. 好　　C. 合格　　D. 不合格

60.【2020 助理判断】公路工程验收分为交工验收和竣工验收两个阶段。(　　)

61.【2019 检师判断】不合格的分项工程经返工、加固满足设计要求后可以重新进行检验评定。(　　)

62.【2021 助理单选】下列沥青混凝土面层实测项目中属于关键项目的是(　　)。

A. 平整度　　B. 弯沉　　C. 压实度　　D. 摩擦系数

63.【2021 助理判断】水泥混凝土路面施工质量的检查项目中不包括弯沉。(　　)

64.【2021 助理判断】外观质量检查前,可以对结构混凝土的表面进行涂饰。(　　)

65.【2021 助理判断】在进行公路工程质量检验评定时,有规定极值的检查项目,任意单个检测值均应符合规定极值的要求,否则该检查项目为不合格。(　　)

66.【2021 检师单选】评定为不合格的分项工程,经返工、加固、补强后,满足(　　)要求后,可重新进行检验评定。

A. 业主　　B. 监理　　C. 设计　　D. 监督

67.【2021 检师单选】在沥青混凝土路面交工验收时,平整度的合格率应不低于(　　),否则该检查项目为不合格。

A. 80%　　B. 85%　　C. 90%　　D. 95%

68.【2021 检师判断】在水泥混凝土上加铺沥青面层的复合式路面,只需对沥青面层进行检验评定。(　　)

69.【2021 检师多选】水泥混凝土路面铺筑完成后,检测人员应检测(　　)等参数进行施工质量评定。

A. 弯沉　　B. 板厚度　　C. 平整度　　D. 弯拉强度

70.【2021 检师多选】根据《公路工程质量检验评定标准　第一册　土建工程》(JTG F80/1—2017)规定,属于质量保证资料内容的有(　　)。

A. 钢筋进场复试报告　　B. 地基处理记录

C. 施工日志　　D. 沥青混合料配合比

71.【2021 检师多选】分项工程应按照(　　)等检验项目分别进行检查。

A. 基本要求　　B. 实测项目　　C. 外观质量　　D. 质量保证资料

72.【2021 检师综合】对某在建高速公路路床的压实度进行质量验收评定,其中一个路段的检测结果见下表。已知:$t_{0.90}/\sqrt{10}=0.437$,$t_{0.95}/\sqrt{10}=0.580$,压实度规定值为96%,本路段压实度的平均值为95.2%,标准差为2.35%。请完成下列题目。

序号	1	2	3	4	5	6	7	8	9	10
压实度(%)	98.0	95.0	93.0	99.0	96.0	92.0	95.0	96.0	96.0	92.0

(1)该路段压实度极限值为(　　)。
A. 90%　　B. 91%　　C. 92%　　D. 93%
(2)该路段压实度代表值为(　　)。
A. 93.8%　　B. 94.2%　　C. 96.2%　　D. 96.6%
(3)该路段压实度被评为(　　)。
A. 优良　　B. 合格　　C. 不合格　　D. 无法确定
(4)压实度与最大干密度有关,以下描述正确的有(　　)。
A. 最大干密度可由重型击实试验获得
B. 击实试验曲线具有与饱和曲线相交叉的特点
C. 现场检测压实度值有可能超出 100%
D. 现场检测压实度值绝不可能超出 100%
(5)以下关于分项工程压实度评定表述正确的有(　　)。
A. 当压实度平均值小于规定值时,相应分项工程评为不合格
B. 当压实度平均值大于规定值时,相应分项工程不一定合格
C. 当压实度代表值小于规定值时,相应分项工程评为不合格
D. 当压实度代表值大于规定值时,相应分项工程评为合格

【答案】

1. D	2. AB	3. ABC	4. ABCD	5. D	6. √
7. ×	8. ×	9. B	10. B	11. ×	12. ×
13. A	14. C	15. √	16. BD	17. ×	18. √
19. AB	20. ×	21. ABD	22. ×	23. ACD	24. ABC
25. BCD	26. C	27. ×	28. ABD	29. BD	30. √
31. C	32. C	33. C	34. ABD	35. D	36. C
37. BCD	38. B	39. C	40. C	41. √	42. ×
43. BC	44. ×	45. A	46. ×	47. D	48. B
49. D	50. ×	51. ×	52. ACD	53. B	54. A
55. A	56. B	57. ABCD	58. CD	59. CD	60. √
61. √	62. C	63. √	64. ×	65. √	66. C
67. A	68. ×	69. BCD	70. ABD	71. ABCD	
72. (1)B(2)A(3)C(4)AC(5)ABC					

第三节　公路技术状况评定

1.【2023 助理判断】公路技术状况评定时,所有路面损坏均应按面积计算,累计面积不足 $1m^2$ 的按 $1m^2$ 计算。(　　)

2.【2023 助理多选】二级公路技术状况评定时,(　　)的检测与调查频率为每年 1 次。
A. 路基　　B. 路面跳车　　C. 路面损坏　　D. 路面磨耗

3.【2023 助理单选】《公路技术状况评定标准》(JTG 5210—2018)规定,当路面车辙采用自动化方式检测时,应(　　)计算一个统计值。

A. 5m　　B. 10m　　C. 20m　　D. 100m

4.【2023 助理单选】整条路线的公路技术状况评定时,应采用路线内所有评定单元 MQI 的(　　)作为该路线的 MQI。

A. 最小值　　B. 最大值　　C. 代表值　　D. 算术平均值

5.【2023 检师多选】公路技术状况评定时,在路面磨耗指数 PWI 的计算中,可以作为路面构造深度基准值的有(　　)。

A. 车道中线路面构造深度　　B. 交工验收路面构造深度

C. 竣工验收路面构造深度　　D. 同一断面的同质路肩路面构造深度

6.【2022 检师多选】交通运输部办公厅、财政部办公厅发布的《关于进一步加强农村公路技术状况检测评定工作的通知》(交办公路〔2021〕83 号)中规定,三级公路路面技术状况指数 PQI 包含(　　)分项指标。

A. PCI　　B. RQI　　C. RDI　　D. SRI

7.【2023 助理多选】根据《关于进一步加强农村公路技术状况检测评定工作的通知》(交办公路〔2021〕83 号),水泥混凝土路面损坏包括(　　)等。

A. 破碎板　　B. 裂缝　　C. 错台　　D. 板角断裂

8.【2023 助理单选】《关于进一步加强农村公路技术状况检测评定工作的通知》(交办公路〔2021〕83 号)(简称 83 号文)与《公路技术状况评定标准》(JTG 5210—2018)关于路面纵向裂缝的规定有所不同。83 号文规定,低等级农村公路技术状况评定时,裂缝宽度大于或等于(　　)的应进行统计并换算成损坏面积。

A. 1mm　　B. 3mm　　C. 5mm　　D. 10mm

9.【2024 助理单选】高速公路技术状况评定时,(　　)的检测与调查频率为每 2 年 1 次。

A. 路基　　B. 路面抗滑性能　　C. 路面损坏　　D. 路面跳车

10.【2024 助理判断】根据《公路技术状况评定标准》(JTG 5210—2018),车辙不属于路面损坏类型。(　　)

11.【2024 助理判断】《公路技术状况评定标准》(JTG 5210—2018)仅适用于国省干线公路的检测评定工作。(　　)

12.【2024 助理判断】农村公路是按照公路技术等级划分的一种公路称谓。(　　)

13.【2024 助理多选】根据《公路技术状况评定标准》(JTG 5210—2018)的规定,沉降深度为(　　)可以认定为路基沉降损坏。

A. 5mm　　B. 20mm　　C. 35mm　　D. 50mm

14. 下列路基损坏类型为重度时,评定单元的 SCI 取 0 值的是(　　)。

A. 路肩损坏　　B. 水毁冲沟

C. 路基沉降　　D. 路基构造物损坏

15. 整条路线的公路技术状况评定时,应采用路线内所有评定单元 MQI 的(　　)作为该路线的 MQI。

A. 最大值　　B. 算术平均值

C. 长度加权平均值　　D. 最小值

16.【2024检师判断】根据《公路技术状况评定标准》(JTG 5210—2018),如果评定单元中出现危险涵洞或影响交通安全的重度边坡坍塌情况,该评定单元MQI直接评为0分。(　　)

17.【2024检师多选】根据《公路技术状况评定标准》(JTG 5210—2018),若评定路段存在(　　)情况,MQI评定为0。

A. 5类桥梁　　B. 5类隧道　　C. 路基沉降　　D. 危险涵洞

18.【2024检师多选】路面技术状况评定时,需要对路面损坏类型分类统计并折算成损坏面积,其中沥青路面损坏分为11类,下列属于沥青路面损坏类型的有(　　)。

A. 车辙　　B. 沉陷　　C. 松散　　D. 拱起

19.【2022检师判断】《关于进一步加强农村公路技术状况检测评定工作的通知》(交办公路〔2021〕83号)中规定,四级及以下公路路面技术状况的评定只有路面损坏一项指标。(　　)

20.【2020检师判断】根据《公路技术状况评定标准》(JTG 5210—2018),可以选择路面跳车指数和路面行驶质量指数其中之一评价路面平整性。(　　)

21.【2020检师判断】在水泥混凝土路面的技术状况评定中,有刻槽的水泥混凝土路面不进行路面磨耗的评定。(　　)

22.【2019助理判断】路面损坏采用人工调查时应包含所有行车道。(　　)

23.【2020助理单选】《公路技术状况评定标准》(JTG 5210—2018)要求路面横向力系数SFC应每(　　)计算一个统计值。

A. 5m　　B. 10m　　C. 20m　　D. 100m

24.【2018检师多选】进行公路技术状况评定,当被评定路段存在危险涵洞时,以下有关该路段评定结果说法正确的有(　　)。

A. 路段评价等级为“中”　　B. MQI = 0

C. BCI = 0　　D. 路段评价等级为“差”

25.【2020检师多选】《公路技术状况评定标准》(JTG 5210—2018)规定,评定单元中出现下列(　　)情况,MQI直接评为0分。

A. 4类隧道　　B. 5类桥梁　　C. 危险涵洞　　D. 重度边坡坍塌

26.【2018助理多选】以下属于公路技术状况使用性能评定的检测项目有(　　)。

A. 路面车辙　　B. 路面平整度　　C. 土基回弹模量　　D. 路面抗滑性能

27.【2018检师单选】高速公路技术状况评定对路面抗滑性能的最低检测频率要求为(　　)。

A. 1年2次　　B. 1年1次　　C. 2年1次　　D. 5年2次

28.【2019助理多选】一级公路技术状况评定时,(　　)的检测与调查频率为每年1次。

A. 路基　　B. 路面抗滑性能　　C. 路面损坏　　D. 路面跳车

29.【2020助理多选】公路技术状况的评定应计算(　　)。

A. 优等路率　　B. 优良路率　　C. 中次路率　　D. 次差路率

30.【2019助理单选】《公路技术状况评定标准》适用于(　　)检测评定工作。

A. 普通公路　　B. 高速公路　　C. 国省干线公路　　D. 各等级公路

31.【2017检师单选】下面有关路面结构强度系数SSI的计算描述正确的是(　　)。

A. 路面实测代表弯沉与设计弯沉之比　　B. 路面实测代表弯沉与容许弯沉之比

C. 路面设计弯沉与实测代表弯沉之比　　D. 路面容许弯沉与实测代表弯沉之比

32.【2020 检师判断】路面结构强度系数 SSR 为路面实测代表弯沉值与路面弯沉标准值之比。(　　)

33.【2020 助理综合】一条通车运行多年的双向双车道二级公路根据《公路技术状况评定标准》(JTG 5210—2018)进行公路技术状况的检测与评定工作,该公路单车道宽度 3.5m,水泥混凝土路面,请根据上述条件完成下面的题目。

(1)以下属于路面技术状况指数 PQI 分项指标的有(　　)。

A. RQI　　B. PCI　　C. SCI　　D. TCI

(2)该公路的路面技术状况评定时,检测内容不包括(　　)。

A. 路面车辙　　B. 路面摩擦系数　　C. 路面平整度　　D. 路面结构强度

(3)人工调查路面损坏时,应以(　　)为单位,按照损坏程度每(　　)计算 1 个损坏。

A. 10m;10m　　B. 10m;100m　　C. 100m;100m　　D. 100m;1000m

(4)以下用于测量路面平整度的设备有(　　)。

A. 3m 直尺　　B. 八轮仪　　C. 贝克曼梁　　D. 颠簸累积仪

(5)人工调查路面损坏时,破碎板应为板块被裂缝分为(　　)块及以上的情况。

A. 2　　B. 3　　C. 4　　D. 5

34.【2021 助理单选】以下不属于《公路技术状况评定标准》(JTG 5210—2018)中路基损坏的项目是(　　)。

A. 边坡坍塌　　B. 水毁冲沟　　C. 涵洞淤塞阻水　　D. 路肩损坏

35.【2021 助理判断】当水泥混凝土路面板只有一条裂缝时,损坏按照实际长度计算,检测结果需用影响宽度 0.2m 换算成损坏面积。(　　)

36.【2021 助理判断】车辙不属于高速公路路面损坏类型。(　　)

37.【2021 助理判断】在公路技术状况评定时,路面磨耗和路面抗滑性能两个指标需要同时检测。(　　)

38.【2021 检师判断】公路技术状况评定中,路面结构强度为抽样检测指标,抽样比例不得低于公路网列养里程的 30%。(　　)

39.【2021 检师判断】高速公路路面损坏状况指数 PCI 为 91 时,路面损坏不应评为优。(　　)

40.【2021 检师综合】某公路管理部门对辖区 G106 国道开展 2020 年度公路技术状况评价工作,受委托的检测机构依据《公路技术状况评定标准》(JTG 5210—2018)对其中 10km 路段进行检测与评价。该路段是双向六车道的一级公路,沥青混凝土路面,其中一个评定单元(1000m)的路面损坏状况指数 PCI 为 91,路面行驶质量指数 RQI 为 95,路面车辙深度指数 RDI 为 93,路面跳车指数 PBI 为 75,路面抗滑性能指数 SRI 为 87,路面结构强度指数 PSSI 为 85。各指数权重 WPCI、WRQI、WRDI、WPBI、WSRI、WPSSI 分别为 0.35、0.30、0.15、0.10、0.10、0.0。请完成下面题目:

(1)公路的技术状况应采用公路技术状况指数 MQI 评定,MQI 的计算应包括(　　)。

A. SCI　　B. PQI　　C. TCI　　D. BCI

(2)《公路技术状况评定标准》(JTG 5210—2018)中规定,路面跳车指数的最低检测频率为(　　)。

A. 1 年 2 次　　B. 1 年 1 次　　C. 2 年 1 次　　D. 5 年 2 次

(3)以下属于评价路面平整度的指标有(　　)。

A. 最大间隙　　B. 标准差　　C. IRI　　D. SFC

(4)因为经费限制原因,本次评定工作每个方向只能检测一条车道,当采用自动化检测时应选择(　　)检测。

A. 最左侧车道　　B. 中间车道　　C. 最右侧车道　　D. 随机抽取一条车道

(5)根据检测数据,该评定单元的路面状况指数 PQI 为(　　)。

A. 87.67　　B. 90.0　　C. 90.50　　D. 90.5

41.【2022 检师判断】在公路技术状况评定中,路基边坡坍塌为重度且影响交通安全时,该评定单元的 MQI 值应取 0。(　　)

42.【2024 检师综合】路况检查与评定是公路养护工作的重要内容之一,通过持续跟踪和掌握公路基础设施使用情况和技术状况,通过实施养护工程措施,实现公路养护技术工作总要求。为达到上述目的,某公路管理单位委托公路工程质量检测机构开展定期检查工作。请根据实际情况完成下列题目。

(1)公路技术状况指数是用于综合评价(　　)技术状况的指标。

A. 桥隧构造物　　B. 服务区设施　　C. 路面　　D. 路基

(2)在公路技术状况指标体系中,PSSI 是(　　)的分项指标。

A. SCI　　B. PQI　　C. BCI　　D. PCI

(3)对路网中的一级公路,关于路面抗滑性能定期检查的描述正确的有(　　)。

A. 检测与调查频率为 2 年 1 次

B. 检测时可以抽查,但抽查比例不得低于公路网里程的 20%

C. 路面抗滑性能与路面磨耗为二选一指标,在检测与调查中可二选一

D. 路面抗滑性能采用自动化检测设备开展检测工作时,检测指标为摆式摩擦系数 BPN

(4)路网中高速公路的上、下行方向各路幅应分别进行检测和调查,对于路面而言,每个方向应(　　)。

A. 随机抽检一条行车道　　B. 检测全部车道

C. 至少检测一条主行车道　　D. 至少检测一条技术状况较好的车道

43.【2023 检师综合】某一级公路开展技术状况检测评定工作,评定路段内路面均为沥青混凝土路面,内含两座桥梁。根据检测数据计算和评价,PCI 结果为 85、RQI 结果为 92、RDI 结果为 90、SRI 结果为 88、PBI 结果为 91、PSSI 结果为 96、SCI 结果为 80。请根据题意完成下列题目。

(1)计算该公路的路面损坏状况指数时,(　　)损坏类型需要参与计算。

A. 龟裂　　B. 车辙　　C. 泛油　　D. 修补

(2)技术状况评定过程中有关权重的描述正确的有(　　)。

A. MQI 计算中,PQI 权重取值为 0.7

B. MQI 计算中,BCI 权重取值比 TCI 权重取值大

C. PQI 计算中,PSSI 权重取值为 0

D. PCI 计算中,若某损坏类型的损坏程度为重,则权重为 1.0

(3)依据检测数据的计算,PQI 的结果为(　　)。

A. 88.50　　B. 88.55　　C. 88.75　　D. 91.20

(4)不属于《公路技术状况评定标准》(JTG 5210—2018)中路基损坏的项目是(　　)。

A. 边坡坍塌　　B. 水毁冲沟　　C. 涵洞淤塞阻水　　D. 路肩损坏

【答案】

<table>
<tr><td>1. √</td><td>2. AC</td><td>3. B</td><td>4. D</td><td>5. ABD</td><td>6. AB</td></tr>
<tr><td>7. ABC</td><td>8. B</td><td>9. B</td><td>10. ×</td><td>11. ×</td><td>12. ×</td></tr>
<tr><td>13. CD</td><td>14. D</td><td>15. B</td><td>16. √</td><td>17. ABD</td><td>18. ABC</td></tr>
<tr><td>19. √</td><td>20. ×</td><td>21. √</td><td>22. √</td><td>23. B</td><td>24. BCD</td></tr>
<tr><td>25. BC</td><td>26. ABD</td><td>27. C</td><td>28. ACD</td><td>29. ABD</td><td>30. D</td></tr>
<tr><td>31. C</td><td>32. ×</td><td colspan="2">33. (1)AB(2)ABD
(3)C(4)ABD(5)B</td><td>34. C</td><td>35. ×</td></tr>
<tr><td>36. ×</td><td>37. ×</td><td>38. ×</td><td>39. √</td><td colspan="2">40. (1)ABCD (2)B
(3)BC (4)B (5)C</td></tr>
<tr><td>41. √</td><td colspan="3">42. (1)ACD (2)B (3)AC (4)C</td><td colspan="2">43. (1)ABCD (2)ABC (3)C (4)C</td></tr>
</table>

第二章　土工与土工合成材料

第一节　概　　述

1.【2023 助理判断】土的液相是指土孔隙中存在的水，这种水通常以固态、液态、气态三种状态存在。(　　)

2.【2023 助理单选】在土的物理性质中，描述水充满孔隙程度的物理指标是(　　)。

A. 含水率　　B. 浮密度　　C. 饱和度　　D. 孔隙比

3.【2023 助理单选】用酒精燃烧法测定土的含水率时，应燃烧(　　)次。

A. 1　　B. 2　　C. 3　　D. 4

4.【2020 检师判断】土是由土颗粒、水、气体三种物质组成的集合体。(　　)

5.【2018 检师单选】土的含水率是指(　　)之比，通常用百分数表示。

A. 土中水的体积与土样体积　　B. 土中水的体积与固体颗粒体积

C. 土中水的质量与固体颗粒质量　　D. 土中水的质量与土样质量

6.【2020 检师单选】含水率的概念是指(　　)。

A. 土中水的质量与含水土的质量之比

B. 土中水的体积与土中固体颗粒的体积之比

C. 土中水的质量与土中固体颗粒的质量之比

D. 土中水气的质量与土的质量之比

7.【2020 检师多选】以下属于反映土的物理性能指标的有(　　)。

A. 含水率　　B. 干密度　　C. 孔隙率　　D. 饱和度

8.【2017 检师多选】无机结合料稳定土的含水率测定方法有(　　)。

A. 烘干法　　B. 比重法　　C. 酒精法　　D. 碳化钙气压法

9.【2018 助理多选】烘干法测土含水率适用下列哪些土质试样(　　)。

A. 砂类土　　B. 高有机质含量土　　C. 冻土　　D. 砂砾土

10.【2020 检师判断】当采用烘干法测定细集料的含水率时，为了缩短烘干时间，可以提高烘干温度，这对试验结果不会有影响。(　　)

11.【2020 助理判断】含有机质的土不能采用酒精燃烧法测定含水率。(　　)

12.【2020 检师多选】以下土质不宜采用酒精燃烧法测定含水率有(　　)。

A. 有机质土　　B. 细粒土　　C. 粗粒土　　D. 含石膏土

13.【2018 助理单选】对相同的水泥稳定碎石分别采用烘干法和酒精法进行含水率检测，得到的含水率分别为4.8%和6.2%，则下列说法正确的是(　　)。

A. 以烘干法测值为准　　B. 以酒精法测值为准

C. 重新试验，查明原因　　D. 取两者平均值

14.【2021 助理单选】盛放细集料容器质量为75.23g，未烘干的试样与容器总质量为869.56g，烘干后的试样与容器总质量为840.11g，则细集料的含水率是(　　)。

A. 3.4%　　B. 3.7%　　C. 3.8%　　D. 3.9%

15.【2021 助理判断】土的含水率是土中水的质量与颗粒质量的比值。(　　)

16.【2021 检师单选】受土颗粒间分子引力和表面张力共同作用的水为(　　)。

A. 自由水　　B. 结晶水　　C. 毛细水　　D. 强结合水

【答案】

1. √	2. C	3. C	4. √	5. C	6. C
7. ABCD	8. AC	9. ABCD	10. ×	11. √	12. AD
13. A	14. D	15. √	16. C		

第二节　土的物理性质试验

1.【2023 检师单选】现场测试土密度试验，当土中含有粗颗粒时不宜采用(　　)。

A. 灌砂法　　B. 环刀法　　C. 蜡封法　　D. 灌水法

2.【2023 检师单选】采用中型灌砂筒测定粗粒土的现场压实度时，需要测定土的含水率，取样的数量(　　)。

A. 不少于100g　　B. 不少于500g

C. 不少于1000g　　D. 不少于2000g

3.【2023 检师单选】灌砂法测定路基压实度，在灌砂过程中若标准砂尚在下流时关闭开关，则压实度结果与常值相比(　　)。

A. 偏大　　B. 偏小　　C. 无变化　　D. 无规律

4.【2023 助理判断】采用比重瓶法测定土的比重时，需要进行两次平行测定，其平行差值不得大于0.01，否则应重做试验取其算术平均值，以两位小数表示。(　　)

5.【2023 助理多选】采用密度计法分析粒径小于0.075mm的细粒土时，如有必要，可进行(　　)等密度计校正。

A. 密度计刻度及弯月面校正　　B. 温度校正

C. 土粒比重校正　　D. 分散剂校正

6.【2023 检师多选】黏性土的塑性指数越大，说明(　　)。

A. 土粒比表面积越小　　B. 土粒吸附能力越强

C. 土的可塑范围越大　　D. 黏粒、胶粒、黏土矿物含量越低

7.【2023 检师多选】关于土的性质描述正确的有(　　)。

A. 从液体状态向塑性状态过渡的界限含水率称为液限

B. 由塑性体状态向脆性固体状态过渡的界限含水率称为塑限

C. 塑性指数越大,土的可塑性越高

D. 达到缩限状态的土即为饱和土

8.【2024 助理单选】对于坚硬易碎的坚硬土,欲求其天然密度宜采用(　　)。

A. 环刀法　　B. 灌砂法　　C. 蜡封法　　D. 灌水法

9.【2024 助理判断】用烘干法测定土的含水率时,应将土样放置在温度为 100 ~ 105℃ 的烘箱中恒温烘干。(　　)

10.【2024 检师单选】根据《公路土工试验规程》(JTG 3430—2020),液限和塑限联合测定法中采用 h_p-W_L 关系曲线来确定塑限入土深度 h_p 值,其中,砂性土应采用(　　)。

A. 双曲线　　B. 抛物线　　C. 多项式曲线　　D. 椭圆形曲线

11.【2024 检师单选】在土的界限含水率试验中,检测人员不需要考虑(　　)。

A. 土的粒径　　B. 土的结构

C. 所用天平的感量　　D. 土的有机质含量

12.【2024 检师单选】在测定土的含水率工作中,当用各种测试方法测得结果有差异时,应以(　　)测得结果为准。

A. 烘干法　　B. 浮力法　　C. 酒精燃烧法　　D. 碳化钙气压法

13.【2024 检师多选】根据《公路土工试验规程》(JTG 3430—2020),采用烘干法进行含水率试验时,烘干时间与(　　)有关。

A. 烘箱的尺寸　　B. 烘箱内试样的总质量

C. 烘箱通风系统的效率　　D. 试样种类、潮湿程度

14.【2024 检师多选】根据《公路土工试验规程》(JTG 3430—2020),采用烘干法进行含水率试验时,烘干时间与(　　)有关。

A. 烘箱的尺寸　　B. 烘箱内试样的总质量

C. 烘箱通风系统的效率　　D. 试样种类、潮湿程度

15.【2024 检师多选】测定工程用土界限含水率的方法有(　　)。

A. 收缩试验　　B. 塑限滚搓法

C. 液限碟式仪法　　D. 液限和塑限联合测定法

16.【2018 助理单选】灌砂法测路基压实度试验,若所挖试坑为上小下大,则压实度结果(　　)。

A. 偏大　　B. 偏小　　C. 无影响　　D. 无法确定

17.【2017 检师单选】灌砂法试验测得试坑材料湿密度为 $2.30g/cm^3$,含水率为 5.5%,该材料室内标准击实试验最大干密度为 $2.25g/cm^3$,则该测点的压实度为(　　)。

A. 92.4%　　B. 96.6%　　C. 96.9%　　D. 102.2%

18.【2019 检师单选】下面不是标定灌砂筒下部圆锥体内砂质量步骤的是(　　)。

A. 按规定方法向灌砂筒内装砂并称取砂的质量,以后每次标定均维持该装砂质量

B. 将装有一定质量砂的储砂筒放在标定罐上,打开开关让砂流出至不再下流时,关闭

开关,取下灌砂筒,称取筒内剩余砂的质量

C. 将灌砂筒轻移至玻璃板上,打开开关让砂流出,直至砂不再流出关闭开关,取走灌砂筒

D. 收集并称量玻璃板上砂的质量

19.【2020 助理单选】标定灌砂筒下部圆锥体内砂质量时,应重复测量(　　)次以上,最后取其平均值。

A. 2　　B. 3　　C. 4　　D. 5

20.【2019 助理单选】灌水法适用于现场测定(　　)密度。

A. 细粒土　　B. 砂类土　　C. 巨粒土　　D. 黏质土

21.【2019 助理单选】用比重瓶法测土的比重,下述设备不属于该试验用具的是(　　)。

A. 容量 100mL 或 50mL 的比重瓶　　B. 称量 200g,感量 0.01g 的天平

C. 真空抽气设备　　D. 分度值 0.5℃的温度计

22.【2020 助理单选】在路基施工过程控制和质量评定中,用环刀法测压实度时应该用锤将环刀打入压实层中,且环刀中部处于压实层厚的(　　)深度。

A. 1/4　　B. 1/3　　C. 1/2　　D. 2/3

23.【2018 检师判断】样本土的不均匀性系数 $C_u > 10$ 时,表示该土是级配良好的土。(　　)

24.【2020 助理多选】土的颗粒分析方法有(　　)。

A. 筛分法　　B. 联合测定法　　C. 移液管法　　D. 密度计法

25.【2020 检师单选】环刀法检测土的密度试验需进行二次平行测定,结果取其算术平均值,相应平行差值不得大于(　　)。

A. 0.01g/cm^3　　B. 0.02g/cm^3　　C. 0.03g/cm^3　　D. 无要求

26.【2017 检师多选】砂的相对密度测定过程中,首先通过测定主要参数(　　),然后通过计算得到砂的相对密度。

A. 最大孔隙比　　B. 含水率　　C. 天然孔隙比　　D. 最小孔隙比

27.【2020 助理判断】砂的相对密度是表征砂紧密程度的指标。(　　)

28.【2019 助理单选】当土的液塑限试验采用锥质量为 76g 时,液限 w_L 对应的锥入深度 h 为(　　)。

A. 5mm　　B. 17mm　　C. 20mm　　D. 25mm

29.【2017 助理单选】关于土的液塑限测定过程描述正确的选项是(　　)。

A. 100g 锥做液限试验,在 h-w 图上查得纵坐标入土深度 $h = 17$mm 所对应横坐标的含水率土样的液限

B. h_p-w_1 关系图上,双曲线确定的是细粒土的 h_p 值

C. a 点对应的锥入深度,应控制在 20mm ± 0.2mm

D. 对于砂类土,用 100g 和 76g 锥 c 点的锥入深度都可以大于 5mm

30.【2017 助理多选】液限和塑限联合测定法测定土的液限和塑限目的适用于(　　)。

A. 土类划分　　B. 计算天然稠度

C. 确定最佳含水率　　D. 计算塑性指数

31.【2017 助理判断】采用 76g 锥做液限试验,在 h-w 图上,查得纵坐标入土深度 $h = 20$mm

所对应的横坐标的含水率,即为该土样的液限。(　　)

32.【2017 检师单选】液塑限联合测定法测定土的液限和塑限,主要步骤如下:①试杯装好土样;②接通电源,调平机身打开开关,提上锥体;③使锥尖接触土样表面;④锥体立刻自行下沉;⑤5s 时自动停止下沉;⑥指示灯亮停止旋动旋钮;⑦锥体复位,读数显示为零。正确的测定顺序是(　　)。

A. ①②③④⑤⑥⑦　　B. ②①③④⑥⑤⑦

C. ②①③④⑤⑥⑦　　D. ①②③⑥④⑤⑦

33.【2019 检师单选】某工地试验室采用液塑限联合测定法测定土的液限和塑限时,试验员操作步骤分解如下,正确顺序为(　　)。

①对代表性土样压碎并过筛;②加入不同数量的蒸馏水,使土样的含水率分别控制在液限、略大于塑限和二者中间状态;③取 200g 土样,分开放入三个盛土皿中;④将土样充分搅拌均匀,分层装入盛土杯中,并刮成与杯边齐平;⑤锥头上涂少许凡士林,转动升降旋钮,待锥尖刚好与土样表面接触,扭动锥下降旋钮,测定 5s 的锥入深度;⑥测定土杯中土的含水率;⑦对其他两个含水率土样进行测试。

A. ①③②⑤⑥④⑦　　B. ①②③④⑤⑥⑦

C. ①③②④⑤⑥⑦　　D. ①③②④⑥⑤⑦

34.【2020 检师多选】采用液限和塑限联合测定法进行土的界限含水率试验,下列关于液限确定方法的描述正确的有(　　)。

A. 采用 76g 锥对应锥入深度为 17mm　　B. 采用 76g 锥对应锥入深度为 20mm

C. 采用 100g 锥对应锥入深度为 17mm　　D. 采用 100g 锥对应锥入深度为 20mm

35.【2013 真题单选】滚搓法塑限试验中,搓滚土条,直至土条直径达到(　　)时,产生裂缝并开始断裂。

A. 2mm　　B. 3mm　　C. 4mm　　D. 5mm

36.【2020 助理多选】测量土含水率的方法有(　　)。

A. 酒精燃烧法　　B. 烘干法　　C. 目测法　　D. 比重法

37.【2018 检师综合】某路基工程中对土样进行液塑限试验,请回答以下问题。

(1)以下对塑性指数 I_p 描述正确的是(　　)。

A. 塑性指数 I_p 为天然含水率与塑限之差

B. 塑性指数 I_p 越大,土的可塑性越差

C. 塑性指数 I_p 越大,土的可塑性越好

D. 塑性指数 I_p 为液限与塑限之差

(2)采用液塑限联合测定法试验时用到的主要仪器有(　　)。

A. 联合测定仪,锥体质量为 100g 或 76g,锥角 30°

B. 天平,感量 0.01g

C. 筛,孔径 0.5mm

D. 游标卡尺,准确度 0.02mm

(3)当试验采用质量为 100g 的锥时,液限 w_L 对应锥入深度 h 为(　　)。

A. 5mm　　B. 17mm　　C. 20mm　　D. 25mm

(4)以下关于试验过程说法正确的有(　　)。

A. 试验前给锥尖涂少许凡士林

B. 按动锥下降按钮后 10s 读取锥入深度

C. 锥尖两次锥入位置距离不少于 1cm

D. 两次锥入深度允许平行误差为 1mm

(5)液塑限试验须进行两次平行试验,取其算术平均值,对于高液限土,允许差值要求不大于(　　)。

A. 0.5%　　B. 1.0%　　C. 1.5%　　D. 2.0%

38.【2021 助理单选】一试验检测人员收到一份腐殖酸含量较高的有机质土样品,要求测其含水率,该试验检测人员在 105 ~ 110℃ 下将该土样长时间烘干后测得的含水率比实际的含水率(　　)。

A. 偏大　　B. 偏小　　C. 不变　　D. 无法判定

39.【2021 助理单选】土的含水率试验应进行二次平行测定,当含水率在 5% 以下时,允许平行差值不大于(　　)。

A. 0.3%　　B. 0.5%　　C. 1.0%　　D. 2.0%

40.【2021 助理判断】对于粒径大于 60mm 的土不适合用筛分法测定土的颗粒组成。(　　)

41.【2021 助理判断】采用液限和塑限联合测定法进行土的界限含水率试验时,采用 76g 锥的锥入深度为 20mm 时对应的含水率作为液限。(　　)

42.【2021 助理多选】比重瓶法测土的比重需要用到的仪具有(　　)。

A. 天平　　B. 恒温水槽　　C. 砂浴　　D. 真空抽气设备

43.【2021 助理多选】有关砂的相对密度试验,下列说法正确的有(　　)。

A. 适用于最大颗粒直径小于 5mm,且粒径 2 ~ 5mm 范围内的试样质量不大于试样总质量 15% 的砂土

B. 砂土的最小与最大干密度,均须进行两次平行测定,取其算术平均值,其平行差值不得超过 0.03g/cm^3,否则应重做试验

C. 报告内容应有砂类土的描述和砂的相对密度

D. 振动锤击法是测定砂的最大干密度的标准方法

44.【2021 助理多选】不能同时测定土的液限和塑限的试验方法有(　　)。

A. 液限和塑限联合测定法　　B. 液限碟式仪法

C. 塑限滚搓法　　D. 缩限试验

45.【2021 检师单选】土的液塑限试验测得液限 w_L 为 39.8%,塑限 w_P 为 16.7%,天然含水率 w 为 35.8%,则该土的塑性指数为(　　)。

A. 4.0%　　B. 19.1%　　C. 23.1%　　D. 25.3%

46.【2021 检师单选】土的液塑限试验适用于有机质含量不大于(　　)的土。

A. 3%　　B. 4%　　C. 5%　　D. 6%

47.【2021 检师判断】现场测试土密度试验时,当土中含有粗颗粒时不宜采用环刀法。(　　)

48.【2021 检师判断】环刀法测土的密度试验中,两次平行试验结果的差值不大于 0.05g/cm^3

时取算数平均值作为测试结果,若差值大于 $0.05g/cm^3$,则需要重新测试。(　　)

49.【2021 检师判断】含水率小于最佳含水率时,土的干密度随含水率增加而减小;含水率大于最佳含水率时,土的干密度随含水率增加而增大。(　　)

50.【2021 检师判断】在砂的相对密度试验中,砂的最小干密度与最大干密度均须进行两次平行测定,取其算数平均值,其平行差值不得超过 $0.03g/cm^3$,否则应重新试验。(　　)

51.【2021 检师多选】关于土的最大干密度试验方法,以下说法正确的有(　　)。

A. 当粒径大于 40mm 的颗粒含量大于 5% 且不大于 30% 时,应对试验结果进行校正

B. 当粒径小于 40mm 时,以干密度为纵坐标,含水率为横坐标,绘制干密度与含水率的关系曲线,曲线上峰值点的纵、横坐标分别为最大干密度和最佳含水率,如曲线不能绘出明显的峰值点,应进行补点或重做

C. 当粒径大于 40mm 的颗粒含量大于 30% 时,采用表面振动压实仪法确定土的最大干密度

D. 表面振动压实仪法测定无黏聚性自由排水的粗粒土和巨粒土最大干密度,但是当粒径小于 0.075mm 的干土质量百分数大于 15% 时,该方法不适用

52.【2022 检师单选】现场测试土的密度试验,当土中含有较多粗颗粒时,不宜采用(　　)。

A. 灌水法　　B. 灌砂法　　C. 环刀法　　D. 蜡封法

53.【2022 检师单选】烘干法测定土的含水率试验中,两次平行测定结果为 11.5%、12.0%,该土样的含水率试验结果为(　　)%。

A. 11.5　　B. 11.7　　C. 11.8　　D. 12.0

54.【2022 检师判断】测定无机结合料稳定材料的含水率时,如果试样中含有石膏,则试样应在不超过 80℃ 的温度下烘干,并可能需要更长的烘干时间。(　　)

55.【2022 检师判断】采用比重瓶法测定土的比重时选用 100mL 比重瓶,装入烘干土样的质量应为 12g。(　　)

56.【2022 检师多选】检测土密度的试验方法有(　　)。

A. 环刀法　　B. 灌砂法　　C. 灌水法　　D. 蜡封法

【答案】

1. B	2. D	3. A	4. ×	5. ABCD	6. BC
7. ABC	8. C	9. ×	10. C	11. B	12. A
13. ABCD	14. ABCD	15. BCD	16. B	17. C	18. B
19. B	20. C	21. B	22. C	23. ×	24. ACD
25. C	26. ACD	27. √	28. B	29. B	30. ABD
31. ×	32. D	33. C	34. AD	35. B	36. AB
37. (1)CD(2)ABC(3)C(4)AC(5)D	38. A	39. A	40. √	41. ×	
42. ABCD	43. ABCD	44. BCD	45. C	46. C	47. √
48. ×	49. ×	50. √	51. ABCD	52. C	53. C
54. √	55. ×	56. ABCD			

第三节　土的工程分类

1.【2017 助理多选】下面哪些土属于细粒土(　　)。

A. 砂类土　　B. 粉质土　　C. 有机质土　　D. 黏质土

2.【2018 助理多选】根据土的工程分类方法,以下属于细粒土的有(　　)。

A. 粉质土　　B. 砂土　　C. 黏质土　　D. 黄土

3.【2019 助理多选】按照颗粒大小范围划分,下面属于细粒土的有(　　)。

A. 黏质土　　B. 粉质土　　C. 有机质土　　D. 砂类土

4.【2022 检师单选】根据土的工程分类,以下属于特殊土的是(　　)。

A. 粉质土　　B. 砂类土　　C. 卵石土　　D. 黄土

5.【2024 助理多选】在土的分类中,属于特殊类土的有(　　)。

A. 黄土　　B. 砂土　　C. 红黏土　　D. 膨胀土

【答案】

1. BCD	2. AC	3. ABC	4. D	5. ACD

第四节　土的力学性质试验

1.【2023 检师单选】在干土法击实试验中,当土粒的最大粒径达到 40mm 时,每个试样需试料(　　)。

A. 2.5kg　　B. 3kg　　C. 5kg　　D. 6kg

2.【2023 检师判断】当含水率小于最佳含水率时,土的干密度随含水率增加而减小;当含水率大于最佳含水率时,土的干密度随含水率增加而增大。(　　)

3.【2023 助理判断】在土的承载比试验中,根据试验需要制备干密度试件,试样分 3 次倒入试筒内,每层击实数分别为 30 次、50 次和 90 次。(　　)

4.【2023 助理单选】试验人员在室内开展土的承载比(CBR)试验过程中发现,贯入量为 5.0mm 时的承载比小于贯入量为 2.5mm 时的承载比,试验人员对数据处理正确的是(　　)。

A. 试验作废

B. 取贯入量为 2.5mm 时的承载比作为该土样承载比

C. 取贯入量为 5mm 时的承载比作为该土样承载比

D. 取贯入量为 2.5mm 和 5mm 时的承载比的平均值作为该土样承载比

5.【2024 助理单选】土的击实试验中,制备不同含水率试样的数量应不少于(　　)。

A. 2 个　　B. 3 个　　C. 4 个　　D. 5 个

6.【2024助理多选】根据《公路土工试验规程》(JTG 3430—2020),试验前样品需进行预处理,在土样制备过程中需要进行闷料的试验有(　　)。

A. 击实试验　　B. 密度试验

C. 颗粒分析试验　　D. 界限含水率试验

7.【2024检师单选】土的力学性质试验中,需要浸泡试样的是(　　)。

A. 击实试验　　B. 压缩试验

C. 承载比试验　　D. 回弹模量试验

8.【2024检师判断】根据《公路土工试验规程》(JTG 3430—2020),在土的承载比(CBR)试验中,当贯入量为5mm时的承载比大于贯入量为2.5mm时的承载比时,应取贯入量为5mm时的结果作为该材料的承载比。(　　)

9.【2020检师判断】土体对外荷载产生剪应力的极限抵抗能力称为抗剪强度。(　　)

10.【2017检师综合】围绕土的击实试验原理和方法回答下列问题。

(1)击实试验结果处理时所用的含水率是(　　)。

A. 最佳含水率　　B. 天然含水率　　C. 预配含水率　　D. 试件实测含水率

(2)在黏性土中加入砂后,其击实特性的变化是(　　)。

A. 最大干密度减小,最佳含水率增大　　B. 最大干密度增大,最佳含水率减小

C. 最大干密度增大,最佳含水率不变　　D. 最大干密度和最佳含水率都基本不变

(3)击实试验可分别采用干法制样和湿法制样,下列说法不正确的是(　　)。

A. 干法制样的土可以重复使用,加水按1%~3%含水率递增

B. 干法制样和湿法制样的土都不能重复使用,干法按1%~3%递增,湿法按2%~4%递减

C. 湿法制样的土可以重复使用,加水按1%~3%含水率递增

D. 干法制样和湿法制样的土都可以重复使用,干土法加水按1%~3%含水率递增,湿土法相反递减

(4)从击实试验的结果可以得到土的含水率与干密度关系曲线,下列有关该曲线的描述不正确的有(　　)。

A. 击实曲线一般有个峰点,这说明在一定击实功作用下,只有当土的含水率为某一定值(最佳含水率)时,土才能击实至最大干密度。若土的含水率小于或大于最佳含水率时,则所得到的干密度都小于最大值

B. 当土的含水率偏干时,含水率的变化对干密度的影响要比含水率偏湿时的影响更为明显,一般曲线的左段较右段陡

C.《公路土工试验规程》中含水率与干密度曲线右侧的一根曲线称为饱和曲线,它表示当土在饱和状态时的含水率与干密度之间的关系,饱和曲线与击实曲线永远不相交

D. 增加击实功就能将土中气体全部排出,击实曲线就能与饱和曲线相交

(5)土的击实试验分重型击实和轻型击实,下列说法正确的有(　　)。

A. 重型击实Ⅱ-1和Ⅱ-2击实功不完全相等,所用的击实筒尺寸也不一样

B. 重型击实和轻型击实试验所用的击实筒尺寸一样，锤的质量一样，仅锤的落高不一样

C. 重型击实后，试样不应高出筒顶面 6mm；轻型击实后，试样不应高出筒顶面 5mm

D. 重型击实试验击实功约为轻型击实试验击实功的 4.5 倍

11.【2020 检师单选】关于土的室内承载比（CBR）试验，以下说法正确的是（　　）。

A. 一般以贯入量 5.0mm 时的 CBR 为准

B. 如果贯入量为 5.0mm 时的 CBR 大于 2.5mm 时的 CBR，以 2.5mm 时的 CBR 为准

C. 以贯入量 5.0mm 与 2.5mm 的 CBR 的较大值为准

D. 当贯入量为 5.0mm 时的 CBR 小于 2.5mm 时的 CBR 时，应重新试验

12.【2018 检师单选】试验室内土的承载比（CBR）试验所用荷载板直径为（　　）mm。

A. 100　　B. 150　　C. 300　　D. 800

13.【2019 助理综合】某试验室开展一条公路路基土的 CBR 试验，试料最大粒径为 40mm，请结合试验内容完成下面题目。

（1）CBR 试验需要器具有（　　）。

A. 内径为 152mm 的试筒　　B. 端面直径为 100mm 的贯入杆

C. 百分表　　D. 荷载板 4 块，每块质量为 1.25kg

（2）在预定击实试验的前一天，取有代表性的试料测定风干含水率，所取试料质量约为（　　）。

A. 20g　　B. 50g　　C. 250g　　D. 800g

（3）重型击实法成型 CBR 试件时，以下关于试筒尺寸和装料层数说法正确的有（　　）。

A. 试筒内径 10cm，高 12.7cm　　B. 试筒内径 15.2cm，高 17cm

C. 层数为 5 层　　D. 层数为 3 层

（4）以下贯入试验步骤中描述正确的有（　　）。

A. 从水槽中取出试件，静置 25min 后称量试件泡水后的质量

B. 将试件放置在路面材料强度仪的升降台上，调整偏球座，对准整平并使贯入杆与试件顶面接触，在贯入杆周围放置 4 块荷载板

C. 先在贯入杆上施加少许荷载，以便试样与土样紧密接触，然后将测力和测变形的百分表的指针均调整至整数，并记读初始读数。

D. 加荷载使贯入杆以 1 ~ 1.25mm/min 的速度压入试件，同时记录三个百分表的读数

（5）若计算得到贯入量为 5mm 时承载比大于贯入量为 2.5mm 时承载比，以下描述正确的是（　　）。

A. 以贯入量为 2.5mm 时的承载比作为试验结果

B. 以贯入量为 5mm 时的承载比作为试验结果

C. 重做试验，若结果仍然如此，则采用贯入量为 5mm 时的承载比

D. 试验失败

14.【2020 检师综合】针对土的击实和 CBR 试验，根据《公路土工试验规程》（JTG E40—2007）完成下列问题。

(1)以下关于土工击实试验曲线的绘制描述正确的有(　　)。

A. 有峰值

B. 与饱和曲线有交叉点

C. 与饱和曲线无交叉点

D. 曲线不能绘出明显的峰值点,则应进行补点或重做

(2)下表是一组 3 个试件测得的 CBR 值,则该组试件的 CBR 结果为(　　)。

试件编号	干密度(g/cm^3)	$CBR_{2.5}$(%)	$CBR_{5.0}$(%)
1	1.66	15.5	14.5
2	1.68	16.5	16.0
3	1.71	17.5	15.5

A. 15.3%　　B. 16.0%　　C. 16.3%　　D. 16.5%

(3)如果 CBR 试验的贯入曲线(p-l 曲线)开始段是凹曲线,且与纵坐标交点为正值,应进行原点修正,修正后(　　)。

A. 贯入量为 2.5mm 的 p 值比测读的 p 值大

B. 贯入量为 2.5mm 的 p 值比测读的 p 值小

C. 贯入量为 2.5mm 的 p 值不变

D. 贯入量为 2.5mm 的 p 值与测读的 p 值相比,可能大,也可能小

(4)CBR 试验泡水测膨胀量,以下说法正确的有(　　)。

A. 泡水期间,槽内水面应保持在试件顶面以上约 25mm

B. 试件泡水时间 1 昼夜

C. 试件泡水时间 4 昼夜

D. 若延长试件泡水时间,对膨胀量测值影响不大

(5)关于土击实试验的说法正确的有(　　)。

A. 含水率需要进行两次平行试验

B. 轻型击实试验的锤重为 2.5kg

C. 颗粒粒径为 40mm 的土应采用内径为 152mm 的试筒

D. 干密度计算结果保留小数点后两位

15.【2021 助理单选】对同一砂类土的大量试验结果表明土的内摩擦角随干密度的增加而(　　)。

A. 减小　　B. 增大　　C. 不变　　D. 不定

16.【2021 助理单选】某工地试验人员采用灌砂法测土的压实度,已知该材料室内标准击实试验确定的最大干密度为 $2.25g/cm^3$,现场测得试坑材料湿密度为 $2.30g/cm^3$,计算得到压实度为 97.30%,则该测点实测含水率为(　　)。

A. 2.2%　　B. 2.7%　　C. 4.2%　　D. 5.1%

17.【2021 助理单选】室内测定巨粒土最大干密度的试验方法为(　　)。

A. 轻型击实法　　B. 重型击实法

C. 表面振动压实仪法　　D. 灌砂法

18.【2021 助理单选】击实法确定土的最大干密度试验时，至少要制备(　　)个不同含水率的试样。

A. 3　　B. 4　　C. 5　　D. 6

19.【2021 助理判断】无黏聚性自由排水的粗粒土可用重型击实试验法测定最大干密度。(　　)

20.【2021 助理多选】以下能够提高土的最大干密度的措施有(　　)。

A. 降低含水率　　B. 减少土中粗颗粒含量

C. 增大击实功　　D. 增加土中粗颗粒含量

21.【2021 检师多选】土的最大干密度、最佳含水率受击实功的影响，以下描述正确的有(　　)。

A. 增大击实功，最大干密度增大　　B. 增大击实功，最大干密度减小

C. 增大击实功，最佳含水率增大　　D. 增大击实功，最佳含水率减小

22.【2021 检师多选】土的承载比(CBR)试验泡水测膨胀率，以下说法正确的有(　　)。

A. 在泡水期间，槽内水面应保持在试筒顶面以上约 25mm

B. 试件泡水时间 2 昼夜

C. 试件泡水时间 4 昼夜

D. 泡水后试件高度的变化量即为膨胀率

23.【2022 检师综合】某试验检测人员根据《公路土工试验规程》(JTG 3430—2020)开展土的击实试验。请根据击实试验相关要求完成下列题目。

(1)按照单位体积击实功差异，击实试验方法可分为(　　)。

A. 轻型击实　　B. 重型击实　　C. 旋转压实　　D. 表面振动压实

(2)击实试验的试样准备，可以采用的方法有(　　)。

A. 干土法，土样可重复使用　　B. 干土法，土样不宜重复使用

C. 湿土法，土样可重复使用　　D. 湿土法，土样不宜重复使用

(3)关于击实曲线绘制的一般做法描述正确的有(　　)。

A. 以干密度为纵坐标，含水率为横坐标

B. 以干密度为横坐标，含水率为纵坐标

C. 曲线不能绘出明显的峰值点时，可进行补点

D. 曲线不能绘出明显的峰值点时，可进行重做

(4)同一个土样品，在相同条件下，关于轻型和重型击实的干密度试验结果表述正确的是(　　)。

A. 重型击实结果偏大　　B. 轻型击实结果偏大

C. 结果相同　　D. 无规律

(5)关于击实试验结果的确定表述正确的有(　　)。

A. 根据击实曲线上峰值点位置可确定最大干密度、最佳含水率

B. 试样中含有大于 40mm 的颗粒时，无须对试验所得的最佳含水率进行校正

C. 试样中含有大于 40mm 的颗粒时，应对试验所得的最大干密度进行校正

D. 最大干密度计算结果应精确至 0.01g/cm^3

【答案】

1. D	2. ×	3. ×	4. B	5. D	6. AD
7. C	8. √	9. √	10. (1)D(2)B(3)ACD(4)D(5)AD		11. C
12. B	13. (1)ACD(2)D (3)BD(4)CD(5)B		14. (1)ACD(2)B (3)A(4)AC(5)ABCD		15. B
16. D	17. C	18. C	19. ×	20. CD	21. AD
22. AC	23. (1)AB(2)BD (3)ACD(4)A(5)AD				

第五节 土工合成材料

1.【2023 检师多选】关于土工合成材料在公路工程中应用的描述正确的有(　　)。

A. 土工格室可用于路基加筋

B. 土工合成材料可用于路面裂缝防治

C. 土工合成材料对路堤不均匀沉降有一定的减少或调节作用

D. 土工合成材料应用于路堤加筋,其主要作用在于提高路堤的稳定性

2.【2023 检师单选】(　　)试验属于土工合成材料力学特性试验。

A. 单位面积质量　　B. CBR 顶破强力　　C. 几何尺寸　　D. 有效孔径

3.【2023 检师多选】下列表征土工合成材料力学特性指标的有(　　)。

A. 摩擦角　　B. 伸长率　　C. 耐水压值　　D. 拉伸强度

4.【2023 检师判断】《公路工程土工合成材料试验规程》(JTG E50—2006)中刺破强力试验规定,塑料土工合成材料应在温度 23℃ ±2℃的环境条件下进行状态调节,时间不少于 4h。

5.【2023 助理判断】土工合成材料试验中,对于需要调湿的样品,在试样准备阶段应将样品调湿后,再制成规定尺寸的试样。(　　)

6.【2023 助理单选】土工织物及复合土工织物的常规厚度是在(　　)kPa 压力下测得的试样厚度。

A. 1　　B. 2　　C. 3　　D. 5

7.【2023 助理单选】试验人员依据《公路工程土工合成材料试验规程》(JTG E50—2006)开展土工格栅网孔尺寸测定,准备了四块试样,每块试样应至少包括(　　)个完整的有代表性的网孔。

A. 3　　B. 5　　C. 9　　D. 10

8.【2022 检师多选】以下属于土工合成材料力学性能指标的有(　　)。

A. 延伸率　　B. 渗透系数　　C. 梯形撕破强力　　D. 单位面积质量

9.【2023 助理判断】CBR 顶破强力和刺破强力试验的顶压速率相同,顶杆直径、试样面积不同,原理方法类似。(　　)

10.【2023 助理多选】土工合成材料中的(　　),防渗性能是其重要特征,对工程寿命有重要影响。

A. 土工膜　　B. 土工格栅　　C. 土工格室　　D. 复合土工膜

11.【2024 助理单选】某试验检测人员对复合土工膜开展耐静水压试验,3 个试样的试验结果分别为 1.36MPa、1.53MPa、1.64MPa,该复合土工膜的耐静水压值为(　　)。

A. 1.36MPa　　B. 1.51MPa　　C. 1.53MPa　　D. 1.64MPa

12.【2024 助理单选】下列不属于土工合成材料技术指标的是(　　)。

A. 含水率　　B. 有效孔径　　C. 网格尺寸　　D. 单位面积质量

13.【2024 助理判断】宽条拉伸试验和接头/接缝宽条拉伸试验适用于土工格栅、土工织物和复合土工织物。(　　)

14.【2024 助理判断】土工合成材料试验时,取样、制样方法的不同会直接影响试验的最终结果。(　　)

15.【2024 助理判断】在土工织物宽条拉伸试验中,若试样在距钳 8mm 处断裂,则结果应予以剔除。(　　)

16.【2024 检师单选】土工合成材料主要发挥加筋和防护等作用,但土工格栅不可用于(　　)。

A. 路基加筋　　B. 盐渍土隔离

C. 路基不均匀沉降防治　　D. 特殊土路基处置、地基处理

17.【2024 检师单选】无压花和波纹的土工薄膜,其厚度测定试验结果以(　　)。

A. 试样厚度的中值表示

B. 试样厚度的平均值表示

C. 试样厚度的最小值表示

D. 试样的平均厚度和厚度的最大值、最小值综合表示

18.【2024 检师判断】土工织物厚度测定试验中,对于需要调湿的样品,试样的准备阶段需将样品调湿后,裁取有代表性的试样 5 块,试样尺寸应不小于基准板的面积。(　　)

19.【2024 检师判断】土工织物孔径可用于评价土工织物阻止土颗粒通过的能力,且反映土工织物的透水性,但不能反映土工织物的过滤性能。(　　)

20.【2024 检师判断】土工合成材料的拉拔摩擦特性试验规定了土工合成材料与周围土体拉拔摩擦阻力的试验方法,该方法适用于所有的土工合成材料。(　　)

21.【2024 检师多选】(　　)属于土工合成材料水力性能指标。

A. 蠕变　　B. 导水率　　C. 梯度比　　D. 透水率

22.【2020 助理判断】土工膜厚度试验需要使用最小分度值 0.02mm 的游标卡尺。(　　)

23.【2020 助理单选】土工合成材料单位面积质量试验中需要试样(　　)块。

A. 3　　B. 5　　C. 8　　D. 10

24.【2020 检师单选】以下关于土工织物梯形撕破强力试验,描述不正确的是(　　)。

A. 调整拉伸试验机具,设定满量程范围,使试样最大撕破负荷在满量程负荷的 30% ~90% 范围内

B. 将试样放入卡具内,使夹持线与夹钳钳口线相平齐,然后旋紧上、下夹钳螺栓,注意试样在上、下夹钳中间的对称位置

C. 开动拉伸试验机,直至试样完全撕破断开,记录最大撕破强力值作为试验结果

D. 如试样从夹钳中滑出或不在切口延长线处撕破断裂,则应剔除此次试验数值,取其余样品试验结果的算术平均值作为土工织物的撕破强力

25.【2020 检师单选】土工织物刺破强力试验时,试验机的加载速率要求为(　　)。

A. 100mm/min ± 10mm/min　　B. 200mm/min ± 10mm/min

C. 300mm/min ± 10mm/min　　D. 40mm/min ± 10mm/min

26.【2021 助理单选】《公路工程土工合成材料试验规程》(JTG E50—2006)规定,在 CBR 顶破强力试验时,顶压杆的下降速度为(　　)mm/min。

A. 20 ± 1　　B. 20 ± 2　　C. 60 ± 1　　D. 60 ± 5

27.【2021 助理单选】《公路工程土工合成材料试验规程》(JTG E50—2006)规定,在土工织物单位面积质量测定试验中,试样面积为(　　)mm^2。

A. 400　　B. 900　　C. 10000　　D. 22500

28.【2021 助理判断】塑料土工合成材料进行状态调节的环境温度是 23℃ ± 2℃,时长不小于 4h。(　　)

29.【2021 助理判断】土工合成材料物理性能试验包括厚度试验、单位面积质量测定、幅宽测定、宽条拉伸试验等。(　　)

30.【2021 助理多选】以下关于《公路工程土工合成材料试验规程》(JTG E50—2006)中,CBR 顶破强力试验的说法正确的有(　　)。

A. 顶破强力是指顶压杆顶压试样直至破裂过程中测得的最大顶压力

B. 顶破位移是指从顶压杆顶端开始与试样表面接触时起,直至达到顶破强力,顶压杆顶进的距离

C. 变形率是指环形夹具内侧至顶压杆边缘之间式样的长度变化百分率

D. CBR 顶破强力试验不适用土工膜复合产品

31.【2021 检师单选】依据《公路工程土工合成材料试验规程》(JTG E50—2006),下列关于土工合成材料垂直渗透试验的说法不正确的是(　　)。

A. 主要用于反滤设计

B. 复合排水材料不适宜用恒水头法测定其垂直渗透性能

C. 用于确定土工织物的渗透性能

D. 只适用于土工织物及复合土工织物的渗透性能检测

32.【2021 检师单选】测定土工织物厚度时,压块等级分为(　　)。

A. 三级　　B. 四级　　C. 五级　　D. 六级

33.【2021 检师判断】土工合成材料 CBR 顶破强力和刺破强力试验的原理方法类似,顶压速率相同,但顶杆直径、试样面积不同。(　　)

34.【2021 检师判断】《公路工程土工合成材料试验规程》(JTG E50—2006)中,土工格栅的网孔尺寸测定适合用当量孔径来表示,复合土工织物适合用有效孔径来表示。(　　)

35.【2021 检师多选】《公路工程土工合成材料试验规程》(JTG E50—2006)恒水头法垂直渗透系数试验中,对试样要求描述正确的有(　　)。

A. 试样清洁,表面无污染

B. 试样无可见损坏或折痕,不得折叠

C. 试样平面放置,上面不得施加任何荷载

D. 试样数量不少于 3 块

36.【2022 检师单选】根据《公路工程土工合成材料试验规程》(JTG E50—2006)中直剪摩擦特性试验要求,直剪仪有接触面积不变和接触面积递减两种。若选用接触面积递减直剪仪,材料是土工织物,则以下表述正确的是(　　)。

A. 试样接触面积为变值,每次计算均使用最大剪切力除以最大剪切力出现时相对应的实际接触面积值

B. 试样接触面积为恒值,每次计算均使用最大剪切力除以剪切盒理论面积值

C. 试样接触面积为恒值,每次计算均使用最大剪切力除以剪切盒理论面积值的 50%

D. 试样接触面积为变值,每次计算均使用最大剪切力除以最大剪切力出现时相对应的实际接触面积值的 80%

37.【2022 检师单选】塑料土工合成材料在试验前应对试样进行状态调节,其环境温度及调节时间应为(　　)。

A. 20℃ ±2℃,≥4h　　B. 20℃ ±2℃,≥24h

C. 23℃ ±2℃,≥4h　　D. 23℃ ±2℃,≥24h

【答案】

1. ABCD	2. B	3. ABD	4. √	5. √	6. B
7. D	8. AC	9. ×	10. AD	11. A	12. A
13. √	14. √	15. ×	16. B	17. D	18. ×
19. ×	20. √	21. BCD	22. ×	23. D	24. D
25. C	26. D	27. C	28. √	29. ×	30. ABC
31. B	32. A	33. ×	34. √	35. ABC	36. A
37. C					

第三章　集料与岩石

第一节　集料的基本概念

1.【2023 助理单选】在沥青混合料中，粗集料是指粒径大于（　　）mm 的碎石、破碎砾石、筛选砾石和矿渣等。

A. 2.36　　B. 4.75　　C. 9.5　　D. 13.2

2.【2023 助理判断】AC-16 如果采用粗型的沥青混合料，用于分类的关键性筛孔是 2.36mm。（　　）

3.【2023 检师判断】当某集料在 19mm、16mm、13.2mm 的套筛过筛后，各筛的通过率分别是 100%、100% 和 95%，则该集料的最大粒径是 16mm。（　　）

4.【2024 检师单选】在确定 SMA-13 沥青混合料捣实状态下的粗集料堆积密度时，需将矿料混合料中（　　）筛孔以上颗粒筛出作为试样进行试验。

A. 2.36mm　　B. 4.75mm　　C. 9.5mm　　D. 13.2mm

5.【2024 检师判断】某种集料的筛分结果为 100% 通过 19mm 筛，在 16mm 筛上的筛余为 8%，则此集料的公称最大粒径为 16mm。（　　）

6.【2024 检师判断】AC-13 沥青混合料如需设计为粗型混合料，用于分类的关键性筛孔是 2.36mm。（　　）

7.【2019 检师多选】以下关于集料的表述正确的有（　　）。

A. 按粒径分为粗集料、细集料

B. 是不同粒径的碎石、砾石、砂等粒料的统称

C. 按级配类型分为粗级配和细级配

D. 细集料包括天然砂、人工砂和石屑

8.【2018 检师单选】SMA-16 级配设计时确定粗集料骨架的分界筛孔尺寸为（　　）mm。

A. 16　　B. 9.5　　C. 4.75　　D. 2.36

9.【2017 助理单选】10 ~ 20mm 单档粗集料的公称粒径、最大粒径分别为（　　）。

A. 10mm，20mm　　B. 19mm，26.5mm

C. 9.5mm，19mm　　D. 16mm，19mm

10.【2019 检师判断】集料试验取样数量与试验项目和最大公称粒径有关。（　　）

11.【2021 助理单选】对集料取样数量无实质性影响的因素是（　　）。

A. 公称最大粒径　　B. 试验项目　　C. 试验内容　　D. 试验时间

12.【2021 助理单选】在沥青混合料中,粗集料是指粒径大于(　　)的碎石、破碎砾石、筛选硬石和矿渣等。

A. 1.18mm　　B. 2.36mm　　C. 4.75mm　　D. 9.5mm

13.【2021 检师单选】影响集料筛分试验最小试样用量的决定因素是(　　)。

A. 集料的密度　　B. 集料公称粒径

C. 集料的含水率　　D. 颗粒分析结果的精度要求

14.【2022 检师单选】有一集料母岩为岩浆岩,其二氧化硅含量为60%,则该集料为(　　)。

A. 酸性　　B. 碱性　　C. 中性　　D. 无法判断

15.【2022 检师判断】集料的磨耗损失越小,抗磨耗性能越差。(　　)

16.【2022 检师判断】细集料压碎指标试验中,筛下通过率越低,表明细集料的抗压碎能力越好。(　　)

【答案】

1. A	2. √	3. √	4. B	5. √	6. √
7. ABD	8. C	9. B	10. √	11. D	12. B
13. B	14. C	15. ×	16. √		

第二节　集料的技术性质和技术要求

1.【2018 助理单选】同一种集料,一般堆积密度、表观密度和毛体积密度之间的大小关系是(　　)。

A. 表观密度 > 毛体积密度 > 堆积密度　　B. 堆积密度 > 表观密度 > 毛体积密度

C. 表观密度 > 堆积密度 > 毛体积密度　　D. 堆积密度 > 毛体积密度 > 表观密度

2.【2018 助理判断】集料分为酸性、中性和碱性,并以 CaO 含量来进行划分。(　　)

3.【2019 助理判断】洛杉矶磨耗试验主要是判断粗集料在高等级公路表层沥青路面上的适用性。(　　)

4.【2017 助理判断】粗集料洛杉矶磨耗值的大小与集料的耐磨性好坏没有直接关系。(　　)

5.【2019 助理多选】关于集料筛分,以下表述正确的有(　　)。

A. 累计筛余百分率为该号筛及以上各号筛的分计筛余百分率之和

B. 质量通过百分率等于 100 减去该号筛累计筛余百分率

C. 分计筛余百分率为各号筛上的分计筛余,除以干燥集料总质量与筛分造成的损耗质量之差

D. 质量通过百分率计算结果一般精确至 0.1%

6.【2017 检师判断】当砂的细度模数适宜时,有利于矿料的级配合成和调整。(　　)

7.【2019 助理单选】关于砂的细度模数表述正确的选项是(　　)。

A. 细度模数适中的砂具有更好的级配

B. 可以通过改变砂的细度模数来改善集料的级配状况

C. 水泥混凝土和沥青混合料用砂具有相同级配时,相应砂的细度模数也相同

D. 当两种砂的细度模数相同时,二者具有相同的级配

8.【2019 助理多选】水泥混凝土用细集料的有害物质包括(　　)。

A. 云母　　B. 轻物质　　D. 硫酸盐　　C. 氯离子

9.【2021 助理判断】粗集料的表观体积包括矿物实体积、闭口孔隙体积,但不包括开口孔隙体积。(　　)

10.【2021 助理判断】粗集料的力学性质通常用集料压碎值和洛杉矶磨耗值表示。(　　)

11.【2023 检师单选】单位毛体积下集料颗粒的饱和面干质量是指集料的(　　)。

A. 表观密度　　B. 毛体积密度　　C. 堆积密度　　D. 表干密度

【答案】

1. A	2. ×	3. ×	4. ×	5. ABD	6. √
7. B	8. ABCD	9. √	10. √	11. D	

第三节　粗集料试验检测方法

1.【2023 助理多选】网篮法适用于测定粗集料的(　　)。

A. 表观相对密度　　B. 表干相对密度

C. 毛体积相对密度　　D. 含水率

2.【2023 助理判断】在测定粗集料密度试验中,当称取集料的表干质量时,需要用烘干后的毛巾擦干集料颗粒的表面水,当粗集料尺寸较大时,宜逐颗擦干。(　　)

3.【2023 助理单选】开展 AC-16 沥青混合料用粗集料压碎值试验时,风干石料应采用(　　)标准筛过筛后供试验使用。

A. 16mm 和 9.5mm　　B. 13.2mm 和 9.5mm

C. 13.2mm 和 4.75mm　　D. 9.5mm 和 2.36mm

4.【2023 检师多选】粗集料的洛杉矶磨耗损失直接影响沥青路面的(　　)。

A. 抗车辙能力　　B. 耐磨性　　C. 抗滑能力　　D. 耐久性

5.【2023 检测多选】磨耗损失可评价集料(　　)。

A. 承载能力　　B. 间接抗压强度

C. 抵抗撞击能力　　D. 抵抗摩擦作用的能力

6.【2024 助理单选】对 AC-16 沥青混合料用粗集料进行压碎值试验时,需要用到筛孔尺寸为(　　)的标准筛。

A. 16mm、9.5mm、2.36mm　　B. 13.2mm、9.5mm、4.75mm

C. 13.2mm、9.5mm、2.36mm　　D. 16mm、9.5mm、1.18mm

7.【2024 助理判断】在称取粗集料的表干质量时,可用拧干后的湿毛巾擦拭集料颗粒的表面水,已经擦干的粗集料可在空气中放置不超过 30min 后称取质量。(　　)

8.【2024 助理多选】在对 AC-13 沥青混合料使用的粗集料进行磨光值试验时,必需的步骤

包括(　　)。

A. 用摆式摩擦系数测定仪测定上面层混合料摩擦系数

B. 加速磨光机的新橡胶轮正式使用前要进行预磨

C. 采用洛杉矶磨耗试验机进行加速磨耗

D. 用摆式摩擦系数测定仪测定加速磨光后试件的摩擦系数

9.【2024 助理多选】网篮法可以测定 4.75 ~ 9.5mm 集料的(　　)。

A. 松装密度　　B. 毛体积密度　　C. 表干相对密度　　D. 吸水率

10.【2024 检师单选】在沥青面层用粗集料的压碎值试验中，当开动压力机施加荷载时，操作正确的是(　　)。

A. 施加脉冲荷载 5min 左右，荷载控制在 400kN

B. 均匀施加荷载，在 10min 左右的时间内达到总荷载 400kN

C. 施加脉冲荷载 5min 左右，荷载控制在 300kN

D. 均匀施加荷载，在 10min 左右的时间内达到总荷载 300kN

11.【2019 助理判断】按照《公路工程集料试验规程》进行压碎值试验时，应先剔除针片状颗粒。(　　)

12.【2019 检师单选】在进行集料试验时，取样方法直接影响试验结果，下列做法不正确的是(　　)。

A. 在采石场生产线的皮带运输机上取样时，可在皮带骤停状态下取其中一截的全部材料

B. 在材料场料堆上取样时，可直接从顶部、中部和底部取样

C. 从汽车上取样，需从不同位置和深度处抽取大致相等试样若干份

D. 从沥青拌和楼的热料仓取样时，应在放料口的全断面上取样

13.【单选】粗集料压碎值试验时，试样处理的说法错误的是(　　)。

A. 取 9.5 ~ 13.2mm 粒级

B. 所有试样种类均应剔除 9.5 ~ 13.2mm 粒级中的针片状颗粒

C. 将试验浸泡并洗刷干净，普通试样可在 105℃ ±5℃烘干至表面干燥

D. 温度敏感性再生材料等，可采用 40℃ ±5℃烘干

14.【单选】在沥青混合料中，粗集料是指粒径大于(　　)的碎石、破碎砾石、筛选硬石和矿渣等。

A. 1.18mm　　B. 2.36mm　　C. 4.75mm　　D. 9.5mm

15.【单选】粗集料的毛体积密度是在规定条件下单位毛体积的质量，其中毛体积不包括(　　)。

A. 矿质实体　　B. 闭口孔隙　　C. 开口孔隙　　D. 颗粒间空隙

16.【单选】在粗集料密度及吸水率试验中，集料需保持浸水(　　)。

A. 6h　　B. 12h　　C. 18h　　D. 24h

17.【多选】以下关于粗集料针片状颗粒含量试验正确的说法有(　　)。

A. 规准仪法适用于水泥混凝土用的粗集料的针状及片状颗粒含量

B. 规准仪测定较游标卡尺测定要严格

C. 用游标卡尺测定某一粗颗粒最大长度方向尺寸为13.86mm,而最小厚度方向尺寸为4.78mm,则可以判断此颗粒为针片状

D. 游标卡尺测定粗集料最小厚度是在最薄的一个面上测量,并非颗粒中最薄部位的厚度

18.【多选】关于粗集料洛杉矶磨耗试验说法准确的是(　　)。

A. 洛杉矶磨耗用以评价粗集料抵抗摩擦、撞击的能力

B. 同一采石场的同一集料,为减小试验误差,可以在一起筛分进行洛杉矶试验

C. 水泥混凝土用的粗集料回转次数规定为500次,沥青混合料用的粗集料可能是500次或1000次

D. 水泥混凝土用粗集料磨耗试验放置的钢球的数量与粗集料的公称粒径有关

19.【多选】网篮法适用于测定粗集料的(　　)。

A. 表观相对密度　　B. 表干相对密度

C. 毛体积相对密度　　D. 含水率

20.【判断】粗集料的表观体积包括材料实体矿物成分、闭口孔隙和开口孔中尚未完全被水填充的孔隙体积。(　　)

21.【判断】粗集料的力学性质通常用集料压碎值和洛杉矶磨耗值表示。(　　)

22.【判断】测定粗集料的颗粒组成时,对水泥混凝土用粗集料可采用干筛法筛分。对沥青混合料及基层用粗集料应采用水洗法试验。(　　)

23.【单选】SMA-16级配设计时确定粗集料骨架的分界筛孔尺寸为(　　)mm。

A. 16　　B. 9.5　　C. 4.75　　D. 2.36

24.【判断】粗集料软弱颗粒试验用来评价粗集料力学性能,粗集料的软弱颗粒含量试验结果越大,表明粗集料力学性能越好。(　　)

25.【判断】细集料压碎指标试验中,筛下通过率越低,表明细集料的抗压碎能力越好。(　　)

26.【判断】在进行粗集料及集料混合料的筛分试验时,对级配碎石基层用粗集料可采用干筛法筛分,对沥青混合料用粗集料必须采用水洗法试验。(　　)

27.【判断】在测定粗集料密度试验中,当称取集料的表干质量时,需要用烘干后的毛巾擦干集料颗粒的表面水,当粗集料尺寸较大时,宜逐颗擦干。(　　)

28.【2020助理综合】某工程进行AC-16沥青混合料目标配合比设计,为配合此项工作,试验人员需要取集料样品开展相关的试验,请根据试验过程完成下列题目。【本题依据2024版集料试验规程改编】

(1)以下关于集料取样方法的描述正确的有(　　)。

A. 可从皮带运输机上取样。取样时,可在皮带运输机骤停的状态下取其中一截的全部材料,或在皮带运输机的端部连续接一定时间的料得到,将间隔3次以上所取的集料组成一组试样

B. 可在材料场同批来样的料堆上取样,应清除料堆表面部分材料后从料堆内部取样

C. 沥青拌和楼的热料仓取样之前,热料仓为满仓或接近满仓,按一定配比拌和至少2盘集料混合料或单档集料,至集料表面未见裹覆沥青

D. 现场取样后,需要采用分料器法或四分法缩分,缩分后的试样数量应符合各项试验规定数量的要求

(2)以下关于针片状颗粒含量试验的描述不正确的有(　　)。

A. 所取粗集料的针片状颗粒含量可以采用规准仪法,也可采用卡尺法进行测定

B. 按照卡尺法测定针片状颗粒含量时,试样数量应不少于500g,并不少于100颗

C. 鉴别完成后,只需称取所有针片状颗粒质量 m_1

D. 试样的损耗率,准确至0.1%,应不大于0.5%

(3)以下关于本题中试样压碎值试验的描述正确的有(　　)。

A. 将要求质量的试样分3次(每次数量大体相同)均匀装入试模中,每次均将试样表面整平,用金属棒的半球面端从试样表面上均匀捣实规定次数

B. 将装有试样的试模放到压力机上,同时将压头放入试筒内试样表面上,注意使压头摆平,勿挤压试模侧壁

C. 操作压力机,均匀地施加荷载,并在10min ±30s 内加到500kN,然后立即卸除荷载

D. 将试模从压力机上取下,取出试样,以干筛法采用2.36mm试验筛充分过筛,称取2.36mm筛上集料质量 m_1 和2.36mm筛下集料质量 m_2

29.【2022检师综合】某试验检测机构受高速公路工程项目委托,根据《公路工程集料试验规程》(JTG 3432—2024)进行粗集料的压碎值和磨光值试验,委托样品为4.75~19mm的粗集料。请完成下列题目。【本题依据2024版集料试验规程改编】

(1)关于粗集料的压碎值和磨光值试验,试验检测人员的下列操作正确的有(　　)。

A. 压碎值和磨光值试验时,均采用风干试样试验

B. 压碎值试验采用未洗的风干试样,磨光值试验用试样需经水洗后置于温度为105℃ ±5℃的烘箱中烘干,冷却至室温

C. 压碎值试验和磨光值试验均选用9.5~13.2mm的粗集料

D. 压碎值试验所用的试样,对于结构物水泥混凝土用粗集料可剔除针片状状颗粒;磨光值试验所用的粗集料,均需过筛并剔除针片状颗粒

(2)粗集料磨光值试验时,试验检测人员的下列操作正确的有(　　)。

A. 试件的加速磨光过程在室温20℃ ±5℃的房间内进行

B. 磨光值测定时,在试验前2h和试验过程中应控制室温为20℃ ±2℃

C. 橡胶片用油类浸润后使用

D. 摆式仪使用尺寸为6.35mm×25.4mm×76.2mm的橡胶片

(3)粗集料磨光值试验时,试验检测人员需对摆式仪的橡胶片进行预磨处理,以下做法正确的是(　　)。

A. 采用未磨光试块,在干燥条件下摆动5次,然后在湿润条件下摆动10次

B. 采用未磨光试块,在干燥条件下摆动5次,然后在湿润条件下摆动20次

C. 采用磨光后试块,在干燥条件下摆动5次,然后在湿润条件下摆动10次

D. 采用磨光后试块,在干燥条件下摆动5次,然后在湿润条件下摆动20次

(4)属于沥青路面表面层用粗集料的力学性能指标有(　　)。

A. 压碎值　　B. 磨光值　　C. 坚固性　　D. 磨耗值

(5)粗集料压碎值试验时,试验检测人员下列操作正确的是(　　)。

A. 压力机在 10min ±30s 内压力达到 400kN,然后立即卸除荷载

B. 压力机在 10min ±30s 内压力达到 400kN,稳压 5s,然后卸除荷载

C. 采用 2.36mm 试验筛充分过筛,称取筛上集料质量 m_1 和筛下集料质量 m_2

D. 采用 2.36mm 试验筛充分过筛,只需称取通过 2.36mm 筛的集料质量

30.【综合】粗集料的洛杉矶磨耗损失是集料使用性能的重要指标,根据《公路工程集料试验规程》(JTG 3432—2024)中有关粗集料磨耗试验(洛杉矶法)的试验要求,请完成下列题目。

(1)粗集料的洛杉矶磨耗损失直接影响沥青路面的(　　)。

A. 抗车辙能力　　B. 耐磨性　　C. 抗滑能力　　D. 耐久性

(2)粗集料磨耗试验所使用的集料,根据实际情况确定相应的试验条件,钢球数量、钢球总质量、转动次数分别有(　　)种组合。

A. 2;2;2　　B. 2;4;2　　C. 4;4;2　　D. 4;4;4

(3)同材质粗集料,当软弱颗粒含量多、风化严重时,则粗集料的洛杉矶磨耗值(　　)。

A. 偏小　　B. 偏大　　C. 不变　　D. 无法判断

(4)有四组粗集料的磨耗损失试验结果,请选出有效试验组为(　　)。

A. 13.2%;14.7%　　B. 15.6%;13.4%　　C. 13.7%;14.3%　　D. 13.1%;15.2%

(5)磨耗损失可评价集料(　　)。

A. 承载能力　　B. 间接抗压强度

C. 抵抗撞击能力　　D. 抵抗摩擦作用的能力

【答案】

1. ABC	2. ×	3. B	4. ABD	5. CD	6. C
7. ×	8. BD	9. BCD	10. B	11. ×	12. B
13. B	14. B	15. D	16. D	17. AD	18. ABC
19. ABC	20. √	21. √	22. √	23. C	24. ×
25. √	26. ×	27. ×	28. (1)ABD(2)AC(3)ABD		
29. (1)CD(2)ABD(3)B(4)ABD(5)AC			30. (1)ABD(2)C(3)B(4)AC(5)CD		

第四节　细集料试验检测

1.【2023 检师判断】水泥混凝土用砂的筛分试验可采用干筛法,不可采用水筛法,而沥青混合料用砂的筛分试验可采用水筛法,不可采用干筛法。(　　)

2.【2023 检师多选】用于评价天然砂洁净程度的方法有(　　)。

A. 筛洗法　　B. 砂当量法　　C. 比色法　　D. 膨胀率法

3.【2023 检师判断】亚甲蓝快速试验结果评定时,若沉淀物周围出现明显色晕,则判定亚甲蓝快速试验为合格;若沉淀物周围未出现明显色晕,则判定亚甲蓝快速试验为不合格。(　　)

4.【2023 助理单选】在石屑砂当量试验中,试验人员需要把(　　)用漏斗倒入竖立的试

桶中进行试验。

A. 150g ± 1g 干燥试样　　B. 相当于干燥试样 150g ± 1g 的潮湿试样

C. 120g ± 1g 干燥试样　　D. 相当于干燥试样 120g ± 1g 的潮湿试样

5.【2024 助理单选】对 0 ~ 3mm 石屑进行砂当量试验时,若采用机械振荡器对试筒进行振荡,操作正确的是(　　)。

A. 开动机械振荡器,在 60s ± 1s 的时间内振荡 60 次 ± 3 次

B. 开动机械振荡器,在 60s ± 1s 的时间内振荡 90 次 ± 3 次

C. 开动机械振荡器,在 30s ± 1s 的时间内振荡 60 次 ± 3 次

D. 开动机械振荡器,在 30s ± 1s 的时间内振荡 90 次 ± 3 次

6.【2024 助理判断】进行石屑的砂当量试验时,需要把 120g ± 1g 重的干料用漏斗倒入竖立的试桶中进行试验。(　　)

7.【2024 检师判断】亚甲蓝试验方法适用于评价粒径小于 2. 36mm 或小于 0. 15mm 的细集料的洁净程度,但不适用于矿粉。(　　)

8.【2024 检师多选】进行砂当量试验时,下列操作正确的是(　　)。

A. 需将样品通过孔径 4. 75mm 筛,去掉筛上的颗粒,试样数量不少于 1000g

B. 需将样品通过孔径 2. 36mm 筛,去掉筛上的颗粒,试样数量不少于 1000g

C. 需量取集料沉淀物上液面到絮凝物上液面的高度

D. 需量取试筒底部到絮凝物上液面的高度

9.【2019 助理单选】细集料筛分试验中用摇筛机摇筛后,还应手工逐个手筛,直到每分钟筛出量不超过筛上剩余量的(　　)时为止。

A. 0. 1%　　B. 0. 2%　　C. 0. 3%　　D. 0. 5%

10.【2019 助理判断】进行细集料亚甲蓝试验时,采用 0 ~ 2. 36mm 试样的试验结果应小于采用 0 ~ 0. 15mm 试样的试验结果。(　　)

11.【2018 检师多选】细集料的亚甲蓝试验用以评价集料的洁净程度,下列有关亚甲蓝试验的说法中正确的是(　　)。

A. 通过化学滴定测定亚甲蓝值,精度要求高,需要精度为 0. 0001g 的分析天平

B. 亚甲蓝标准溶液应储存在深色瓶,避光保存

C. 试验结束的标准是滴于滤纸上的沉淀物周围出现 1mm 稳定浅蓝色色晕

D. 亚甲蓝试验主要是评定细集料是否存在膨胀性黏土矿物

12.【2019 检师多选】关于细集料的亚甲蓝试验,下列说法正确的是(　　)。

A. 通过化学滴定测定亚甲蓝值,需要精度为 0. 001g 的分析天平

B. 亚甲蓝标准溶液应储存在深色瓶,避光保存

C. 试验结束的标准是滴于滤纸上的沉淀物周围出现 2mm 稳定浅蓝色色晕

D. 亚甲蓝试验主要是确定细集料中是否存在膨胀性黏土矿物

13.【2019 检师判断】亚甲蓝试验是评定天然砂、机制砂等细集料中小于 0. 075mm 颗粒的含量,从而反映细集料的含泥量。(　　)

14.【2018 检师单选】关于砂当量试验,下列说法正确的是(　　)。

A. 砂当量可以测定天然砂、人工砂所含黏性土及杂质的含量,但不适用石屑

B. 砂当量冲洗液由氯化钙、甘油按一定的比例配制的

C. 砂当量越大,含有黏性土或杂质的含量越低,细集料洁净度越高

D. 筛洗法、砂当量和亚甲蓝试验都能对砂的洁净度评价,但砂当量能更加准确地评价

15.【2018 助理综合】针对评价细集料洁净程度的相关试验,回答下列问题。【根据新规范改编】

(1)为评价机制砂洁净程度可以采用的试验方法有(　　)。

A. 筛洗法　　B. 沉降法　　C. 亚甲蓝试验　　D. 砂当量试验

(2)关于细集料的砂当量和亚甲蓝试验的说法,正确的是(　　)。

A. 砂当量和亚甲蓝均可以评定细集料的洁净程度

B. 砂当量适用于测定细集料中所含的黏性土或杂质的含量

C. 亚甲蓝适用于确定细集料中是否存在膨胀性黏土矿物

D. 亚甲蓝试验适用于粒径小于 2.36mm 或 0.15mm 的细集料,不适用于矿粉

(3)砂当量试验时,测得砂的含水率为 1.5%,则应称取(　　)湿砂进行试验。

A. 101.5g　　B. 121.8g　　C. 138g　　D. 120g

(4)砂当量的试验步骤中,下列说法正确的有(　　)。

A. 将湿砂样用漏斗仔细地倒入加有冲洗液(试筒 100mm 刻度处)的竖立试筒中,除去气泡,润湿试样,然后放置 10min ± 1min

B. 开动机械振荡器,在 30s ± 1s 的时间内振荡 90 次 ± 3 次

C. 将冲洗管直接插入试筒底部,慢慢转动冲洗管并匀速缓慢提高,直至溶液达到 380mm 刻度线为止

D. 缓慢匀速向上拔出冲洗管,当冲洗管抽出液面,且当液面位于 380mm 刻度线处,切断冲洗管在无扰动的情况下静置 20min ± 15s

(5)关于砂当量值,正确的说法有(　　)。

A. 砂当量 $SE = h_2/h_1 \times 100$,以百分率计,用整数表示

B. 砂当量值越小,表明砂越洁净

C. h_1为试筒中絮凝物和沉淀物的总高度

D. h_2为试筒中目测集料沉淀物的高度

16.【2020 检师单选】试验室进行沥青混合料目标配合比设计,取 0 ~ 5mm 细集料进行水洗法筛分试验,水洗过程中可选择以下(　　)的试验筛组成套筛。【根据新规范改编】

A. 上部 0.075mm,底部 1.18mm　　B. 上部 1.18mm,底部 0.075mm

C. 上部 0.075mm,底部 2.36mm　　D. 上部 2.36mm,底部 0.075mm

17.【2020 检师单选】试验人员拟采用网篮法测定 2.36 ~ 4.75mm 集料的毛体积相对密度,用于 SMA - 13 沥青混合料目标配合比设计,以下表述正确的是(　　)。

A. 该档集料不宜采用网篮法测定毛体积相对密度

B. 试验过程中应特别小心,不得丢失集料

C. 试验前,室温浸水不少于 48h

D. 在确定饱和面干状态时,宜采用湿毛巾逐颗擦干

18.【2020 助理判断】进行天然砂云母含量试验时,先称取经缩分的试样 50g,在温度为

105℃ ±5℃的烘箱中烘干至恒重,冷却至室温后,筛去大于4.75mm和小于0.3mm的颗粒供试验使用。(　　)

19.【2020 检师综合】某试验室从料堆上取粗、细集料和矿粉进行试验,该材料用于SMA-13沥青混合料,其集料规格分别为0~3mm、3~5mm、5~10mm和10~15mm四档。请回答下列问题。

(1)以下关于粗集料的磨光值和洛杉矶磨耗值表述正确的有(　　)。

A. 洛杉矶磨耗值适合于评价3~5mm、5~10mm和10~15mm三档集料,而磨光值仅适合于评价10~15mm一档集料,且试验时需要过筛得到9.5~13.2mm集料颗粒

B. 洛杉矶磨耗值试验时,需要采用1.7mm进行磨耗后的集料过筛

C. 集料磨光值试验时,集料磨光和磨光值测定过程均需要控制温度

D. 磨光值和洛杉矶磨耗值试验都是评价集料抗破碎性能

(2)关于细集料流动时间法测定棱角性试验,以下表述正确的有(　　)。

A. 该试验评定细集料颗粒的粗糙度,流动时间越大粗糙度越大,抗流动变形性能越高

B. 该集料试样按照最大粒径选择2.36mm过筛,并水洗得到0.075~2.36mm集料颗粒,需根据最大粒径来选择流出孔径

C. 试验时,应在打开漏斗开启门同时开动秒表,在试样完全流出时停止秒表

D. 若流动时间试验结果为45s,则该细集料棱角性可评价为合格

(3)关于细集料的砂当量试验,表述不正确的有(　　)。

A. 取代表样品,放入105℃ ±5℃烘箱中烘干至恒重,再取120g干燥试样

B. 按照要求配制冲洗液,冲洗液的使用期限不得超过14d

C. 将试样移入试筒中,除去气泡;试样按要求静置一定时间后,必须采用机械振荡器振荡

D. 砂当量值是集料沉淀物高度除以絮凝物的高度,再乘以100

(4)对于同一细集料,以下关于0~2.36mm亚甲蓝和0~0.15mm亚甲蓝测定值相关性表述正确的是(　　)。

A. 两者数值上相当

B. 0~2.36mm亚甲蓝值大于0~0.15mm亚甲蓝值

C. 0~2.36mn亚甲蓝值小于0~0.15mm亚甲蓝值

D. 两者相关性不明确

(5)关于粗集料的针片状颗粒含量试验,以下表述正确的有(　　)。

A. 此次取样的粗集料只能采用游标卡尺法测定针片状颗粒含量,不能采用规准仪法检测

B. 粗集料的针片状颗粒含量,不仅与母岩的强度等相关,与集料加工工艺也相关

C. 针片状颗粒含量越高,其混合料越难以压实

D. 要求平行试验两次,当试验误差不满足要求时,则该试验无效,应重新进行试验

20.【2021 助理多选】以下用于测定细集料中含泥量的试验方法有(　　)。

A. 筛分法　　B. 筛洗法　　C. 砂当量法　　D. 亚甲蓝法

21.【2021 检师单选】细集料砂当量试验所用冲洗液使用期限不得超过(　　),其工作温

度为(　　)。

A. 1 周;20℃ ±3℃　　B. 2 周;22℃ ±3℃

C. 3 周;20℃ ±3℃　　D. 4 周;22℃ ±3℃

22.【2021 检师单选】细集料砂当量试验中,关于砂当量结果描述正确的是(　　)。

A. 砂当量值越高,表示集料越洁净　　B. 砂当量值越低,表示集料越洁净

C. 砂当量值与集料清洁度无关　　D. 砂当量值越高,表示集料越粗

23.【2022 检师单选】关于天然砂细度模数的说法正确的是(　　)。

A. 主要取决于累计筛余率

B. 主要取决于小于 0.15mm 颗粒含量的多少

C. 检测两组砂的细度模数数值相同,则其级配一定相同

D. 在一定程度上能反映砂的粗细概念,同时能全面反映砂的粒径分布情况

24.【2022 检师判断】水泥混凝土用砂的筛分试验采用干筛法,不可采用水筛法;沥青混合料用砂的筛分试验采用水筛法,不可采用干筛法。(　　)

25.【2022 检师多选】关于细集料的砂当量和亚甲蓝值试验的表述正确的有(　　)。

A. 砂当量和亚甲蓝值均用以评定细集料的洁净程度

B. 砂当量适用于测定细集料中所含的黏性土或杂质的含量

C. 亚甲蓝值适用于确定细集料中是否存在膨胀性黏土矿物

D. 亚甲蓝试验适用于粒径小于 2.36mm 或 0.15mm 的细集料,不适用于矿粉

【答案】

1. ×	2. AB	3. √	4. D	5. D	6. ×
7. ×	8. AD	9. A	10. √	11. BD	12. BD
13. ×	14. C	15. (1)CD(2)ABC(3)B (4)ABD(5)AC		16. D	17. B
18. ×	19. (1)ABC(2)ACD(3)AD(4)C(5)ABC			20. BCD	21. B
22. A	23. A	24. ×	25. ABC		

第五节　矿质混合料组成设计

略。

第六节　岩石试验检测

略。

第四章　路面基层与底基层材料

第一节　路面基层、底基层材料及技术要求

1.【2023 助理单选】石灰稳定土适用的场合为(　　)。

A. 中等和轻交通荷载等级的基层

B. 各交通荷载等级的基层和底基层

C. 各交通荷载等级的基层

D. 轻交通荷载等级的基层

2.【2023 检师判断】公路工程无机稳定材料所用的石灰要求达到Ⅲ级,其中石灰等级是根据石灰中(　　)的含量划分的。

A. 有效氧化钙　　B. 有效氧化镁

C. 有效氧化钙和氧化镁　　D. 游离氧化钙

3.【2024 助理判断】高速公路路面基层用石灰应不低于Ⅱ级技术要求。(　　)

4.【2024 检师判断】用于路面基层的水泥稳定材料,一般强度满足技术要求后即可用于工程。(　　)

5.【2019 助理判断】级配碎石可以作为各级公路的基层或底基层,也可作为沥青面层与半刚性基层的过渡层。(　　)

6.【2017 检师判断】基层材料力学强度越高,越利于其抗开裂或抗冲刷性能。(　　)

7.【2019 检师多选】在确定路面基层、底基层混合料的技术要求时需要考虑的因素有(　　)。

A. 公路等级　　B. 交通荷载等级　　C. 结构形式　　D. 材料类型

8.【2018 助理判断】用于水泥稳定基层的普通硅酸盐水泥初凝时间大于 4h,终凝时间大于 6h。(　　)

9.【2010 检师单选】评价石灰质量的最主要的指标是(　　)。

A. 活性氧化钙和氧化镁含量　　B. 细度

C. 二氧化硅含量　　D. 体积安定性

10.【2017 检师判断】石灰中有效氧化镁含量越高,石灰的品质越低。(　　)

11.【2019 检师判断】高速公路石灰稳定材料用石灰要求达到Ⅰ级技术要求。(　　)

12.【2019 检师判断】石灰等级是根据石灰中 CaO 的含量进行划分的。(　　)

13.【2019 检师判断】生石灰的主要化学成分是 $Ca(OH)_2$,熟石灰的主要化学成分是 CaO。(　　)

14.【2017 助理判断】石灰消解之后需陈伏一段时间使用,以防止石灰应用过程中发生不安定现象。(　　)

15.【2019 检师判断】无机结合料稳定类材料混合料组成设计采用28d龄期的无侧限抗压强度。(　　)

16.【2021 助理单选】以下不属于柔性基层材料的是(　　)。

A.级配碎石　B.工业矿渣稳定碎石

C.沥青稳定碎石　D.级配砾石

17.【2021 助理多选】某高速公路基层的7d龄期无侧限抗压强度设计值为4.5MPa,以下可满足该结构层位要求的材料有(　　)。

A.水泥粉煤灰稳定材料　B.碾压贫混凝土

C.水泥稳定材料　D.石灰粉煤灰稳定材料

18.【2022 检师多选】近年来,我国在柔性基层的研究和应用方面取得了较大发展,属于柔性基层的材料有(　　)。

A.级配碎石

B.泡沫沥青冷再生混合料

C.无机结合料冷再生混合料

D.密级配沥青碎石

19.【2022 检师多选】水泥稳定碎石混合料7d龄期设计强度应考虑(　　)进行确定。

A.工程干湿条件　B.交通荷载等级　C.路面结构层位　D.公路等级

【答案】

1.D	2.C	3.√	4.×	5.√	6.√
7.ABCD	8.×	9.A	10.×	11.×	12.×
13.×	14.√	15.×	16.B	17.ABC	18.ABD
19.BCD					

第二节　路面基层、底基层材料配合比设计

1.【2023 检师判断】半刚性基层材料配合比设计中,可根据需要任意选择重型击实或振动压实成型试件。(　　)

2.【2023 检师单选】在进行高速公路无机结合料稳定材料配合比设计时,应验证(　　)两者的相关性。

A.7d龄期无侧限抗压强度与30d龄期弯拉强度

B.30d龄期无侧限抗压强度与30d龄期弯拉强度

C.90d龄期无侧限抗压强度与90d龄期弯拉强度

D.7d龄期无侧限抗压强度与90d或180d龄期弯拉强度

3.【2024 助理单选】在确定一级公路基层用水泥稳定碎石的施工参数时，技术内容包括(　　)。

A. 验证水泥稳定碎石的强度技术指标　　B. 确定水泥计量标定曲线

C. 确定混合料类型　　D. 确定水泥类型

4.【2024 助理单选】进行水泥稳定碎石材料的强度试验时，表述正确的是(　　)。

A. 应按照室内压实试验标准，采用静压法成型试件

B. 应按照室内压实试验标准，采用击实法成型试件

C. 应按照现场压实度标准，采用静压法成型试件

D. 应按照现场压实度标准，采用击实法成型试件

5.【2024 检师单选】在公路路面基层用水泥稳定碎石的目标配合比设计中，其技术内容应包括(　　)。

A. 确定各料仓供料比例　　B. 确定水泥稳定材料的容许延迟时间

C. 选择矿料级配范围　　D. 确定施工合理含水率及最大干密度

6.【2024 检师单选】对于水泥稳定碎石基层材料的强度试验，描述正确的是(　　)。

A. 应按照现场压实度标准，采用振动成型法成型试件

B. 应按照现场压实度标准，采用静压法成型试件

C. 应按照室内压实试验标准，采用振动成型法成型试件

D. 应按照室内压实试验标准，采用静压法成型试件

7.【2019 助理多选】以下不属于级配碎石基层材料配合比设计指标的有(　　)。

A. 抗压强度　　B. CBR　　C. 抗压模量　　D. 剪切强度

8.【2020 检师判断】级配碎石配合比设计时，应按试验确定的级配和最佳含水率，以及现场施工的压实度标准成型标准试件进行 CBR 强度试验。(　　)

9.【2020 检师单选】以下不属于无机结合料稳定材料目标配合比设计技术内容的是(　　)。

A. 选择级配范围

B. 确定料仓供料比例

C. 验证混合料相关的设计及施工技术指标

D. 确定结合料类型及掺配比例

10.【2017 助理判断】无机结合料生产配合比验证工作分为两个阶段，第一阶段是各个料仓生产剂量的标定和调整，使得最终混合料的级配能够与室内试验确定的级配曲线尽量吻合一致；第二阶段是对生产过程中水泥剂量和水量的控制手段与标准的确认。(　　)

11.【2019 检师多选】在水泥稳定碎石混合料目标配合比设计中，可选择(　　)个结合料剂量，分别确定各剂量条件下混合料的最佳含水率和最大干密度。

A. 3　　B. 4　　C. 5　　D. 6

12.【2018 助理单选】级配碎石配合比设计时，当确定目标级配曲线后，针对各档材料进行筛分，确定各档材料的平均筛分曲线及变异系数，并按(　　)倍标准差计算各档材料筛分级配的波动范围。

A. 1.5　　B. 1.645　　C. 2　　D. 3

13.【2018 助理判断】对无机结合料稳定级配碎石或砾石材料应根据当地材料特点和技术

要求,优化设计混合料级配确定目标级配曲线和合理的变化范围。(　　)

14.【2018检师单选】级配碎石目标配合比曲线确定后,还需要进行(　　)的确定。

A. 级配的离散度　　B. 级配合理变化范围

C. 级配的关键筛选择　　D. 级配的均匀性

15.【2019检师单选】某一无机稳定碎石材料需要控制材料的延迟时间,延迟时间是指(　　)。

A. 从加水拌和到开始铺筑的时间　　B. 从加水拌和到开始碾压的时间

C. 从加水拌和后到开始碾压的时间　　D. 从加水拌和后到碾压终了的时间

16.【2019检师单选】以下无机结合料稳定土中:①石灰稳定细粒土;②水泥稳定细粒土;③石灰水泥稳定细粒土;④石灰粉煤灰稳定细粒土;⑤水泥粉煤灰稳定细粒土;⑥石灰稳定粗粒土。需要控制延迟时间的有(　　)。

A. ①③⑤　　B. ②③⑥　　C. ②③⑤　　D. ①②③④⑤⑥

17.【2019检师单选】水泥稳定碎石采用集中厂拌法施工时,混合料实际水泥剂量宜比室内试验确定的剂量增加(　　)%。

A. 0.3　　B. 0.5　　C. 0.7　　D. 1.0

18.【2019检师多选】在取芯检验无机结合料稳定材料整体性时,符合石灰粉煤灰稳定基层材料取芯时间的有(　　)d。

A. 7　　B. 15　　C. 18　　D. 20

19.【2019助理多选】水稳碎石生产配合比设计时,可选择(　　)个结合料剂量绘制结合料剂量标定曲线。

A. 3　　B. 4　　C. 5　　D. 6

20.【2021检师判断】水泥稳定碎石基层材料组成设计包括原材料检验、混合料的目标配合比设计、混合料的生产配合比设计和施工参数确定四部分。(　　)

21.【2021检师判断】在进行级配碎石目标配合比设计时,要求选择多个级配曲线进行试验,一般选择CBR值最高的级配作为目标级配。(　　)

22.【2021检师多选】以下关于级配碎石配合比设计,表述正确的有(　　)。

A. CBR强度标准应根据公路等级、交通荷载等级和结构层位确定

B. 应以实际工程使用的材料为对象,绘制3~4条试验级配曲线,通过配合比试验,优化级配

C. 应按试验确定的级配和最佳含水率,以及现场施工的压实标准成型标准试件,进行CBR强度等试验

D. 应根据已确定的各档材料使用比例和各档材料级配的波动范围,计算实际生产中混合料的级配波动范围

23.【2022检师单选】不属于水泥稳定碎石目标配合比设计技术内容的是(　　)。

A. 选择级配范围

B. 确定结合料类型及掺配比例

C. 验证混合料相关的设计及施工技术指标

D. 确定水泥稳定材料的容许延迟时间

24.【2022检师单选】水泥稳定碎石目标配合比设计时发现无侧限抗压强度的代表值低于

设计要求,以下不能用于完善目标配合比设计的措施是(　　)。

A. 不调整级配,剔除无侧限抗压强度试验结果最小值后重新计算

B. 进一步优化级配设计

C. 必要时更换原材料

D. 调整集料破碎工艺

25.【2022 检师单选】级配碎石混合料配合比设计时,可构造 3 ~4 条试验级配曲线,一般选择(　　)作为目标级配。

A. 最大干密度最大的级配　　B. 最佳含水率最低的级配

C. 回弹模量最高的级配　　D. CBR 强度最高的级配

【答案】

1. ×	2. D	3. A	4. C	5. C	6. B
7. AD	8. √	9. B	10. √	11. CD	12. C
13. √	14. B	15. D	16. C	17. B	18. BCD
19. CD	20. √	21. √	22. ABCD	23. D	24. A
25. D					

第三节　路面基层、底基层施工质量标准与控制检验内容

1.【2019 助理单选】在石灰土(石灰稳定细粒土)基层施工时,应进行(　　)试验。

A. 集料压碎值　　B. 石灰有效氧化钙、氧化镁含量

C. 水泥强度等级和凝结时间　　D. 粉煤灰烧失量

2.【2019 检师判断】填隙碎石材料配合比设计时,应采用重型击实成型的试件确定最大干密度作为现场压实度的控制标准。(　　)

3.【2022 检师单选】无机结合料稳定材料基层施工完成后应进行钻芯取样检验其完整性以便对基层施工质量进行控制。对于中、粗粒式水泥稳定基层,钻取芯样应在(　　)d 龄期进行。

A. 3　　B. 7　　C. 10 ~14　　D. 14 ~20

【答案】

1. B	2. ×	3. B

第四节　原材料试验方法

1.【2023 助理单选】当进行粉煤灰烧失量试验时,关于试样灼烧阶段的描述正确的是(　　)。

A. 用高温煤气炉加热,从低温开始逐渐升高温度

B. 试样需要在 350 ~ 500℃下灼烧 15 ~ 20min

C. 灼烧后将坩埚置于 100℃烘箱中至恒温

D. 试样需要反复灼烧,直至连续两次称量之差小于 0.0005g

2.【2024 检师多选】当进行粉煤灰烧失量试验时,下列表述正确的是(　　)。

A. 样品用四分法缩减至 10g 左右

B. 由硫化物的氧化引起的烧失量误差一般可以忽略不计

C. 试样需在马福炉内从低温开始逐新升温,在 950 ~ 1000℃下灼烧 15 ~ 20min

D. 试样应进行一次性高温灼烧,不能进行反复灼烧

3.【2020 助理单选】石灰有效氧化钙和氧化镁含量的简易测定试验步骤包括:①三角瓶口上插一短颈漏斗,使用带电阻电炉加热 5min(调到最高档),但勿使液体沸腾,放入冷水中迅速冷却;②称取 0.8 ~ 1.0g 石灰试样放入 300mL 三角瓶中并记录试样质量;③向三角瓶中滴入酚酞指示剂 2 滴,记录滴定管中盐酸标准溶液体积;④在不断摇动下以盐酸标准溶液滴定,控制速度为 2 ~ 3 滴/s,至粉红色完全消失,稍停,又出现红色,继续滴入盐酸,如此重复几次,直至 5min 内不再出现红色为止,记录滴定管中盐酸标准溶液体积;⑤向三角瓶中加入 150mL 新煮沸并已冷却的蒸馏水和 10 颗玻璃珠。以下试验步骤的顺序正确的是(　　)。

A. ①②⑤③④　　B. ①②⑤④③　　C. ②⑤①③④　　D. ②⑤①④③

4.【2018 检师判断】在进行石灰有效氧化钙和氧化镁的测定时,应将生石灰样品打碎,使颗粒不大于 1.18mm,拌和均匀后用四分法缩减至 300g 左右,放置瓷研钵中研细。(　　)

5.【2017 检师单选】下列针对粉煤灰烧失量测定操作说法正确的是(　　)。

A. 烧失量主要来自粉煤灰中硫化物

B. 温度控制是烧失量检测的核心控制因素

C. 粉煤灰细度越高烧失量越大

D. 试验时要严格控制高温灼烧时间

6.【2017 检师单选】当采用酸碱滴定法测定石灰中有效成分含量时,在滴定终点附近,指示剂红色反复出现,这样的现象是因为(　　)。

A. 石灰中杂质含量偏高　　B. 标准溶液浓度不准确

C. 石灰中氧化镁含量较高　　D. 滴定操作方法不规范

7.【2021 助理判断】简易法测定石灰有效氧化钙和氧化锁含量时,为标定盐酸标准溶液的摩尔浓度,应将碳酸钠水溶液滴入盐酸溶液至溶液出现稳定橙红色为止。(　　)

8.【2021 检师多选】关于生石灰的有效氧化钙和氧化镁含量简易法试验,以下表述不正确的有(　　)。

A. 配制的 1mol/L 盐酸标准溶液需标定其摩尔浓度,标定时需在盐酸标准溶液中加入 2 ~ 3滴甲基橙指示剂,然后采用碳酸钠溶液滴定至盐酸标准溶液由黄色变为橙红色

B. 制样时,可将样品直接过 0.15mm 筛,挑取 10 余克在 110℃烘箱烘干至恒重,在室温下冷却、储存

C. 在采用盐酸标准溶液进行生石灰水溶液滴定时,采用酚酞做指示剂。满定至 5min 内不出现红色为止

D. 该方法适用于任何氧化镁含量的生石灰的测定

9.【2022 检师判断】粉煤灰烧失量试验时,按照要求由硫化物的氧化引起的烧失量应进行修正,若不进行修正,将导致烧失量试验结果偏大。(　　)

【答案】

1. D	2. AC	3. C	4. ×	5. B	6. C
7. ×	8. ABD	9. ×			

第五节　无机结合料稳定材料试验检测

1.【2023 检师判断】现场钻芯测定压实度的水泥稳定类混合料,可以采用 EDTA 滴定法进一步测定其水泥剂量。(　　)

2.【2023 检师判断】拌和均匀的水泥稳定材料应在 1h 内制成试件,超过 1h 的混合料应作废。(　　)

3.【2023 检师多选】进行无机结合料稳定材料配合比设计时,室内成型试件测定无侧限抗压强度,对于细粒材料,说法不正确的有(　　)。

A. 制件数量不超过 6 个

B. 异常值的试件数量不超过 2 个

C. 异常值的试件数量超过规定时,补充相应数量试件进行试验

D. 变异系数超过规定要求时,应根据计算增加相应试件数量做新试验

4.【2023 检师判断】当无侧限抗压强度同一组试验结果的变异系数不能满足规定值时,应按允许误差 10% 和 90% 的概率计算所需增加的试件数量,整个试验重新开始。(　　)

5.【2024 检师单选】当进行无机结合料稳定材料的无侧限抗压强度试验时,为保证结果的可靠性和准确性,对于大试件,每组试件的数目要求为(　　)。

A. 不少于 6 个　　B. 不少于 9 个　　C. 不少于 10 个　　D. 不少于 13 个

6.【2019 检师单选】某水泥稳定碎石重型击实试验测试结果为:试筒质量 6590g,试筒容积 2177cm^3,试筒与湿样合计质量 11600g,代表试样含水率 6.2%,则混合料干密度为(　　)g/cm^3。

A. 2.17　　B. 2.30　　C. 2.44　　D. 2.48

7.【2018 助理多选】某新建二级公路为确定基层无机结合料稳定材料的最大干密度,可采用(　　)方法。

A. 振动压实　　B. 重型击实　　C. 轻型击实　　D. 试验路压力机压实

8.【2017 检师多选】路面基层施工过程中,现场基层材料试验取样需要考虑的因素包括(　　)。

A. 取样数量　　B. 取样部位　　C. 取样温度　　D. 取样方法

9.【2018 助理判断】水泥稳定碎石试件的径高比一般为 1∶1,根据需要也可成型 1∶1.5 或 1∶2 的试件。(　　)

10.【2020助理多选】以下关于水泥稳定碎石击实试验中试验准备工作的描述正确的有(　　)。

A. 将有代表性的风干试料用木锤捣碎或用木碾碾碎,土团应破碎到能通过4.75mm的筛孔

B. 必要时可将试料在105℃烘箱中烘干至恒重

C. 在预定做击实试验的前一天,取有代表性的试料测定其风干含水率

D. 在试验前用游标卡尺准确测量试模的内径、高和垫块的厚度,以便计算试筒的容积

11.【2017助理多选】路面基层稳定土粒料进行无侧限抗压强度试验符合条件是(　　)。

A. 在规定温度下保湿养生6d　　B. 在规定温度下养生6d

C. 浸水24h　　D. 浸水12h

12.【2017检师判断】半刚性基层材料配合比设计中,可根据需要任意选择重型击实或振动压实成型试件。(　　)

13.【2020助理多选】以下关于无机结合料稳定材料无侧限抗压强度试件制备和养护的表述中正确的有(　　)。

A. 应在最佳含水率条件下采用重型击实法或振动法制备试件

B. 细粒土试模的直径×高为50cm×50cm;中粒土试模的直径×高为100cm×100cm;粗粒土试模的直径×高为150cm×150cm

C. 标准养生龄期为7d,最后一天将试件取出,浸泡于20℃±2℃水中

D. 将试件两顶面用刮刀刮平,必要时可用快凝水泥砂浆抹平试件顶面

14.【2020检师单选】在进行无机结合料稳定材料抗压强度试验时,应根据试验材料的类型和一般的工程经验选择合适量程的测力计和试验机。对被测试件施加的压力应在量程的(　　)范围内。

A. 20%~80%　　B. 10%~90%　　C. 5%~95%　　D. 15%~85%

15.【2017检师单选】有可能造成无机结合料无侧限抗压强度试验结果偏高的原因是(　　)。

A. 试件两个底面不平整　　B. 加载速率快

C. 使用的球形支座未能灵活转动　　D. 加载过程中温度升高

16.【2020检师多选】以下关于水泥稳定级配碎石无侧限抗压强度试验表述正确的有(　　)。

A. 根据混合料公称最大粒径不同,试件采用不同尺寸,但是试件径高比均为1:2

B. 无侧限抗压强度一般采用标准养生方法进行7d的标准养生

C. 试件两顶面用刮刀刮平,必要时采用水泥砂浆抹平试件顶面

D. 为保证试验的可靠性和准确性,根据试件大小不同每组试件的数目也不同

17.【2019助理判断】半刚性基层材料配合比设计时,可采用重型击实或振动击实成型试件。(　　)

18.【2017助理多选】水泥稳定类基层材料加水时间超过1h后成型,将对水泥基层材料造成的影响有(　　)。

A. 密实度变小　　B. 含水率变大

C. 水泥水化反应变慢　　D. 成型后的强度降低

19.【2019 检师判断】水泥稳定碎石击实试验中，加入水泥拌和后 1h 内应完成试验，否则试样废弃。(　　)

20.【2018 检师判断】无侧限抗压强度试验时水泥稳定碎石养生 7d，在最后一天需泡水，水温为室温。(　　)

21.【2018 检师多选】以下关于无机结合料养生方法的说法中正确的是(　　)。

A. 标准养生和快速养生相对湿度分别为 95%、98% 以上

B. 标准养生时，发现湿度不够，应立即对试件冲水保湿

C. 快速养生的温度为 60℃ ±1℃

D. 高温养生需确定龄期与强度的关系

22.【2018 检师判断】水泥稳定碎石圆柱形试件，养护期边角发现损伤，应立即进行修补。(　　)

23.【2012 检师单选】有关石灰、水泥稳定材料中石灰、水泥剂量测定(EDTA 滴定法)的说法，正确的有(　　)。

A. 适用于水泥终凝之前的水泥含量测定

B. 不适合测定水泥综合稳定材料中结合料的剂量

C. 试液用 EDTA 二钠标准溶液滴定，滴定至试液颜色呈玫瑰红色为终点

D. 工地实际水泥剂量较大，素集料和低剂量水泥的试样可以不做试验，但应有两种剂量大于实际剂量和两种小于实际剂量

24.【2017 检师单选】路面基层施工中，采用 EDTA 滴定法进行石灰或水泥剂量的测定时，首先要制作标准曲线。在整个施工过程中，可能要二次制作标准曲线，无须重新制作标准曲线的原因是(　　)。

A. 原材料发生变动　　B. EDTA 溶液用完后需重新配制

C. 待测无机结合料取样方式改变　　D. 施工环境发生改变

25.【2020 助理判断】EDTA 滴定法测定水泥和石灰综合稳定土中结合料的剂量时，试验前需要做标准曲线，当施工过程中素土或结合料发生改变时，必须重新做标准曲线。(　　)

26.【2020 检师单选】EDTA 滴定法确定水泥稳定材料中水泥剂量的试验，在准备标准曲线时应变化 5 个水泥剂量、准备 5 种混合料，若最佳水泥剂量为 6%，则以下无须配制的水泥剂量是(　　)。

A. 0%　　B. 2%　　C. 4%　　D. 6%

27.【2017 检师综合】对某一级公路水泥稳定碎石基层工程质量检测评定时，已知 7d 无侧限抗压强度设计值为 3.2MPa，某路段的无侧限抗压强度测试值(单位：MPa)为：3.86、4.06、3.52、3.92、3.52、3.92、3.84、3.56、3.72、3.53、3.68、4.00。已知 $Z_{0.99}=2.327$，$Z_{0.95}=1.645$，$Z_{0.90}=1.282$，$t_{0.99}/\sqrt{12}=0.785$，$t_{0.95}/\sqrt{12}=0.518$，$t_{0.90}/\sqrt{12}=0.393$。根据题意回答下列 3 个问题。

(1)水泥稳定碎石基层的无侧限抗压强度试验养生条件为(　　)。

A. 在规定温度下保湿养生 6d　　B. 在规定温度下养生 6d

C. 浸水 24h　　D. 浸水 12h

(2)下面关于强度检测试件数量的描述中正确的有(　　)。

A. 每组试件最小数量要求与公路等级有关

B. 每组试件最小数量要求与其偏差系数大小有关

C. 每组试件最小数量要求与土的粒径有关

D. 试件组数与施工面积或工作台班有关

(3)下列关于水泥稳定碎石基层的描述正确的有(　　)。

A. 从加水拌和到碾压终了的时间不应超过3~4h,并应短于水泥的终凝时间

B. 水泥稳定碎石的强度与碎石级配有关

C. 减少水泥用量,控制细料含量和加强养生,能有效减少水泥稳定碎石非荷载型裂缝

D. 无机结合料粒料类基层材料强度评定时,无论是现场钻芯试件,还是室内成型试件,其强度评价均应合格,否则相应的分项工程为不合格

28.【2018助理综合】某公路路面底基层为石灰稳定细粒土,基层为水泥稳定碎石,围绕混合料配合比设计、路面基层施工中的相关试验,请回答下列问题。

(1)石灰稳定细粒土配合比设计中,不需要进行的试验项目是(　　)。

A. 石灰的有效氧化钙和氧化镁含量试验　B. 液塑限试验

C. 压碎值试验　D. 有机质含量

(2)进行石灰稳定细粒土击实试验,在试验准备环节,需风干试料,同时土团应捣碎到能通过(　　)筛备用。

A. 1.18mm　B. 2.36mm　C. 4.75mm　D. 9.5mm

(3)进行石灰稳定土击实试验,以下不属于该次试验的计算和处理的内容有(　　)。

A. 湿密度的计算　B. 干密度的计算

C. 级配的确定和计算　D. 最大干密度和最佳含水率的确定

(4)水泥稳定碎石配合比设计中必须进行的试验项目有(　　)。

A. 硫酸盐含量测定　B. 击实试验

C. 压碎值试验　D. 有机质含量测定

(5)在底基层和基层施工环节,需要进行EDTA滴定法测定石灰和水泥剂量以下叙述正确的是(　　)。

A. 基层施工中,可取300g湿混合料进行滴定试验

B. 底基层施工中,更换了取土坑,不需要重做标准曲线

C. 底基层施工中,更换了石灰厂家,需要重做标准曲线

D. 基层施工中,更换了水泥厂家,需要重做标准曲线

29.【2021助理单选】以下关于无机稳定类材料中水泥或石灰剂量测定的描述不正确的是(　　)。

A. EDTA滴定法适用于在工地快速测定无机稳定材料中水泥或石灰剂量

B. EDTA滴定法适用于在水泥终凝之前的水泥剂量测定,现场土样的石灰剂量应在路拌后尽快测试,否则需要用相应龄期的EDTA二钠标准溶液消耗量的标准曲线确定

C. EDTA滴定法不可以用来测定无机综合稳定材料中结合料剂量

D. 直读式测钙仪法适用于测新拌石灰土中石灰剂量

30.【2021 助理多选】以下关于水泥稳定碎石材料大试件无侧限抗压强度试验结果的表述正确的有(　　)。

A. 抗压强度试验结果保留 1 位小数

B. 同一组试件试验中,采用 3 倍均方差方法剔除异常值

C. 同一组试验的变异系数不满足规定的要求时,应增加试件数量并另做新试验

D. 报告中应报告一组试件的无侧限抗压强度最小值和最大值、平均值、标准差、变异系数和代表值

31.【2021 检师单选】关于级配碎石的最大干密度和最佳含水率试验,以下分析正确的是(　　)。

A. 击实法测定的最大干密度一般大于振动压实仪法测定的最大干密度

B. 级配碎石配合比设计时可采用击实法或振动压实仪法测定

C. 击实法测定的最佳含水率一般小于振动压实仪测定的最佳含水率

D. 在级配碎石施工过程中无需再测定最大干密度

32.【2021 检师单选】以下无机结合料稳定材料中,可用于重载交通的高速公路基层且无侧限抗压强度设计值可为 1MPa 的材料是(　　)。

A. 石灰粉煤灰稳定材料　　B. 水泥粉煤灰稳定材料

C. 水泥稳定材料　　D. 碾压贫混凝土

33.【2021 助理多选】无机结合料稳定材料的无侧限抗压强度试验需要的仪具包括(　　)。

A. 压力机　　B. 电子天平　　C. 标准养护室　　D. 烘箱

34.【2021 助理综合】某二级公路工程,其基层为粗粒式水泥粉煤灰稳定级配碎石,现按击实法(类别为丙)测定最大干密度和最佳含水率,并检验混合料的 7d 无侧限抗压强度。已知:无侧限抗压强度设计值为 4.5MPa;水泥:粉煤灰:集料的干燥质量比为 4:8:88;集料风干含水率为 2%,水泥含水率为 0%,粉煤灰含水率为 8%,现场压实度控制标准为 97%。保证率为 95% 时,$Z_a = 1.645$。请完成下列题目。

(1)击实试验中,拌制一份试样时称量风干集料质量为 5610g,则一份试样应加水泥的质量是(　　)。

A. 255.0g　　B. 249.5g　　C. 250.0g　　D. 225.0g

(2)击实试验中,当最后一层试样击实后,发现试样超出试筒顶的高度达到 11mm,则该试件测定的干密度与实际干密度值相关性的表述正确的是(　　)。

A. 对测定结果影响不大　　B. 测定干密度结果偏小

C. 测定干密度结果偏大　　D. 测定干密度结果可能偏大,也可能偏小

(3)无侧限抗压强度试验所用圆柱体试件,其直径为 150mm,高度为 150mm,体积为 2650cm^3,采用静压成型试件。已知基层混合料的最大干密度为 2.300g/cm^3,则一个试件所需的干燥试样总质量为(　　)。

A. 6283.5g　　B. 6095.0g　　C. 5912.2g　　D. 5618.7g

(4)预计该材料的无侧限抗压强度的变异系数为 16%,则根据《公路路面基层施工技术细则》(JTG/T F20—2015),该平行试验所需试件数量可为(　　)。

A. 9 个　　B. 12 个　　C. 13 个　　D. 15 个

(5)无侧限抗压强度验证的单个试料测定值(单位:MPa)为:5.3、5.5、5.7、4.9、4.8、5.1、5.1、5.5、5.3、4.9、5.3、5.6、5.7、5.4,平均值为 5.29MPa,标准差为 0.30MPa,C_v 为 5.6%。以下分析正确的是(　　)。

A. 无侧限抗压强度代表值为 4.8MPa,满足设计要求

B. 无侧限抗压强度代表值为 4.9MPa,满足设计要求

C. 异常值超过规定数量,该组试验结果无效

D. 同一组试验的变异系数不符合规定,该组试验结果无效

35.【2021 检师判断】击实法成型石灰粉煤灰稳定材料时,应在拌和试验 1h 内完成击实成型,否则应予以作废。(　　)

36.【2021 检师判断】现场钻芯法测定压实度时获得的水泥稳定类混合料,可以采用 EDTA 测定法进一步测定其水泥剂量。(　　)

37.【2021 检师判断】无侧限抗压强度是试件在无侧向压力的条件下抵抗轴向压力的极限强度。(　　)

38.【2021 检师多选】在进行水泥稳定碎石底基层材料的无侧限抗压强度试验过程中,需要测量(　　)参数。

A. 浸水一昼夜后,用软布吸去试件表面水分,称量试件质量

B. 试验加载前的试件高度

C. 试件破坏时的最大压力

D. 加载破坏后试件内部取有代表性样品的含水率

39.【2022 检师判断】EDTA 滴定法测定水泥剂量时会有龄期效应,随着龄期增加测得的水泥剂量值会下降。(　　)

【答案】

1. ×	2. √	3. ABC	4. ×	5. D	6. A
7. AB	8. ABD	9. √	10. ACD	11. AC	12. ×
13. BCD	14. A	15. B	16. BC	17. ×	18. AD
19. √	20. ×	21. CD	22. ×	23. A	24. C
25. √	26. B	27. (1)AC(2)BC(3)BC		28. (1)C(2)C(3)C(4)B(5)ACD	
29. C	30. BCD	31. B	32. A	33. ABCD	
34. (1)C(2)B(3)C(4)CD(5)B		35. ×	36. ×	37. √	38. ABCD
39. √					

第五章　水泥、水泥混凝土及砂浆

第一节　水泥的技术性质和技术要求

1.【2019 检师单选】特重交通荷载等级公路的面层水泥混凝土不应采用(　　)。

A. 道路硅酸盐水泥　　B. 硅酸盐水泥

C. 矿渣硅酸盐水泥　　D. 普通硅酸盐水泥

2.【2017 检师多选】水泥中主要矿物成分包括(　　)。

A. 硅酸二钙　　B. 氧化钙　　C. 硅酸三钙　　D. 二氧化硅

3.【2020 助理单选】以下不属于水泥物理性能指标的是(　　)。

A. 细度　　B. 烧失量　　C. 安定性　　D. 凝结时间

4.【2019 检师单选】水泥混凝土用硅酸盐水泥,初凝时间不少于(　　)min,终凝时间不大于(　　)min。

A. 45;390　　B. 45;600　　C. 60;390　　D. 60;600

5.【2018 助理判断】水泥强度是指水泥胶砂标准试件的抗折强度。(　　)

6.【17 助理 & 检师多选】划分水泥强度等级时,需要考虑的因素是(　　)。

A. 物理性质　　B. 有害物质

C. 3d 和 28d 抗折强度　　D. 3d 和 28d 抗压强度

【答案】

1. C	2. AC	3. B	4. A	5. ×	6. CD

第二节　水泥试验检测

1.【2023 检师多选】关于勃氏法测量水泥比表面积的说法正确的有(　　)

A. 试样需要烘干并冷却　　B. 试样需要过 1.0mm 筛

C. 试验环境的相对湿度小于 50%　　D. 平行试验结果相差不大于 2%

2.【2023 助理判断】水泥标准稠度用水量试验的目的是为水泥凝结时间试验和水泥安定性试验确定拌和用水量。(　　)

3.【2023 助理判断】在测定水泥凝结时间试验中,当临近初凝时,应每隔 5min 测一次,当临近终凝时,应每隔 15min 测一次。(　　)

4.【2019 助理 &2023 检师单选】水泥凝结时间试验中,在临近终凝时间时,每隔 15min 测定一次,当试针沉入(　　)mm,而环形附件未在试件上留下痕迹时,认为水泥达到终凝状态。

A. 4 ±1　　B. 0.5　　C. 2 ±0.5　　D. 0.5 ±0.1

5.【2023 助理单选】根据《公路工程水泥及水泥混凝土试验规程》(JTG 3420—2020),现行水泥安定性试验雷氏夹法(标准法)可检测出(　　)引起的水泥体积变化,以判断水泥安定性是否合格。

A. SO_3　　B. SiO_2　　C. MgO　　D. 游离 CaO

6.【2023 助理单选】用雷氏夹法测定水泥安定性试验中,关于沸煮时指针朝向的描述正确的是(　　)。

A. 朝上　　B. 朝下

C. 水平悬空　　D. 以夹子能稳定放置为准

7.【2023 检师判断】雷氏夹检测水泥安定性时,当两个试件沸煮后雷氏夹指针尖端增加距离($C-A$)的平均值不大于 5.0m 时,判定该水泥的安定性合格。(　　)

8.【2023 助理多选】水泥安定性(标准法)试验中,下列试验操作正确的有(　　)。

A. 与水泥净浆接触的玻璃板和雷氏夹表面都要稍微涂上一层有利于脱模的油

B. 煮沸结束后,立即打开箱盖,待箱体冷却至室温后,放掉沸煮箱中的水,取出试件进行判断

C. 测定前的准备工作,每个试样需要两个试件,每个雷氏夹需配备两个边长或直径约 80mm、厚度为 4 ~5mm 的玻璃板

D. 沸煮过程中,试验检测人员发现沸煮箱内的水位未没过试件,即刻加水调整好沸煮箱内的水位,同时又能保证在 30min ±5min 内升至沸腾

9.【2024 助理单选】用沸煮法检验水泥体积安定性,只能检查出(　　)的影响。

A. SiO_2　　B. $CaCO_3$　　C. 游离 MgO　　D. 游离 CaO

10.【2024 助理单选】水泥标准稠度用水量试验要求试验室温度为(　　),相对湿度不低于(　　);标准养护箱的温度为(　　),相对湿度不低于(　　)。

A. 20℃ ±2℃,50%;20℃ ±2℃,65%　　B. 20℃ ±2℃,50%;20℃ ±1℃,90%

C. 20℃ ±3℃,50%;20℃ ±1℃,65%　　D. 20℃ ±3℃,50%;20℃ ±1℃,90%

11.【2024 检师判断】为了使水泥的凝结时间试验结果具有可比性,试验必须在标准稠度条件下进行。(　　)

12.【2017 助理单选】判定水泥安定性状态合格与否的正确方法是(　　)。

A. 采用代用法测定试饼膨胀量

B. 采用标准法测定雷氏夹沸煮后指针端部距离尺寸

C. 采用代用法观察钢尺与试饼之间的接触状况

D. 采用标准法测定雷氏夹指针在 300g 砝码重量下打开程度

13.【2018 检师判断】水泥安定性试验不能检测出游离氧化钙引起的水泥体积变化。(　　)

14.【2020 助理多选】以下水泥(　　)检测均有标准法和代用法,实际检测时应首选标准法。

A. 标准稠度用水量　　B. 凝结时间

C. 安定性　　D. 抗折强度

15.【2020 助理判断】水泥安定性测定的标准方法是雷氏夹法。(　　)

16.【2020 助理单选】采用沸煮法测定水泥安定性时,试件在恒沸环境保持(　　)。

A. 60min ±5min　　B. 30min ±5min　　C. 120min ±5min　　D. 180min ±5min

17.【2020 助理单选】测定水泥胶砂强度试件尺寸为(　　)。

A. 40mm ×40mm ×100mm　　B. 40mm ×40mm ×150mm

C. 40mm ×40mm ×160mm　　D. 40mm ×40mm ×200mm

18.【2020 检师单选】水泥胶砂的 28d 强度应从水泥加水搅拌时间算起,在 28d ± (　　)内必须进行强度试验。

A. 30min　　B. 45min　　C. 4h　　D. 8h

19.【2018 助理单选】水泥胶砂强度试验的试件成型温度为(　　)℃,相对湿度大于(　　)%。

A. 20 ±1;90　　B. 20 ±2;90　　C. 20 ±1;50　　D. 20 ±2;50

20.【2019 检师判断】为节省试验室面积,水泥比表面积试验与水泥胶砂成型试验可安排在同一环境条件下进行。(　　)

21.【2017 助理判断】水泥胶砂成型前组装三联模时要涂抹一些黄油,其作用是防止试模与水泥胶砂的粘连。(　　)

22.【2017 检师单选】水泥胶砂抗压强度计算时,需要舍弃超出平均值(　　)的测定值。

A. ±10%　　B. ±3%　　C. ±5%　　D. ±2%

23.【2017 助理综合】水泥的凝结时间、安定性试验必须采用处于标准稠度状态的水泥浆,围绕达到标准稠度水泥浆需水量试验,回答下列问题。

(1)制备具有标准稠度状态的水泥浆的目的是(　　)。

A. 使凝结时间和安定性试验操作易于进行

B. 使凝结时间和安定性试验结果分别具有可比性

C. 使测得凝结时间试验更加准确

D. 使安定性试验结果更易于判断

(2)对水泥净浆制备过程描述正确的选项是(　　)。

A. 搅拌之前需要用湿布擦拭搅拌锅和叶片

B. 对原材料的添加顺序和时间有一定要求

C. 搅拌方式有明确的规定

D. 搅拌过程要全程自动操作无须人工帮助

(3)判断水泥浆是否处于标准稠度状态,可采用标准方法也可采用代用法,下列判断水泥浆达到标准稠度正确的说法是(　　)。

A. 采用标准法判断依据是试杆沉入水泥浆距底板距离为 5 ~7mm

B. 采用代用法行标判断依据是试锥沉入水泥浆 30mm ±1mm

C. 采用标准法判断依据是试杆沉入水泥浆距底板距离为 4mm ±1mm

D. 采用代用法国标判断依据是试锥沉入水泥浆 28mm ±2mm

(4)代用法操作又可分为调整用水量法和固定用水量法两种方式,下列描述正确的选项是(　　)。

A. 调整用水量法就是采用经验方法每次调整水泥和水的用量

B. 固定用水量法是试验操作之后通过计算得到水泥浆的标准稠度

C. 当采用调整用水量法测得试锥沉入水泥浆低于 13mm 时,不适合用调整用水量法

D. 当采用固定用水量法测得的试锥沉入水泥浆是 32mm 时,要减水后再次进行试验

(5)下列确定标准稠度描述正确的是(　　)。

A. 当加水 135mL 采用标准方法测得的试杆沉入深度是 5mm 时,则水泥浆的标准稠度是 27%

B. 当采用代用法测得的试杆沉入深度是 29mm 时,此时水泥浆的标准稠度是 28%

C. 当加水 140mL 采用标准方法测得的试杆沉入深度符合要求,此时水泥浆的标准稠度是 28%

D. 当采用代用法中固定水量 142. 5mL 时,测得的试锥沉入深度距离底板 6mm ± 1mm,则水泥浆的标准稠度是 32. 3%

24.【2020 助理综合】某工地试验室的试验人员开展水泥标准稠度用水量试验,请根据掌握的试验知识完成下列题目。

(1)开展试验工作的试验室温度应为(　　),室内相对湿度应不低于(　　)。

A. 20℃ ±1℃;50%　　B. 20℃ ±1℃;90%

C. 20℃ ±2℃;50%　　D. 20℃ ±2℃;90%

(2)以下关于水泥浆拌制工作的描述正确的有(　　)。

A. 搅拌机运行正常　　B. 搅拌锅内先加水,后加水泥

C. 搅拌锅内先加水泥,后加水　　D. 低速搅拌 120s 停 15s,再高速搅拌 120s

(3)标准稠度的水泥净浆是指试件沉入净浆并距底板(　　)的水泥净浆。

A. 5mm ±1mm　　B. 6mm ±1mm　　C. 5mm ±2mm　　D. 6mm ±2mm

(4)以下关于代用法测定标准稠度用水量的描述正确的有(　　)。

A. 分调整水量法和不变水量法　　B. 不变水量法的拌和用水量为 142. 5mL

C. 试锥停止下沉时记录下沉深度　　D. 试锥释放 30s 时记录下沉深度

(5)以下关于标准法测定标准稠度用水量的描述正确的有(　　)。

A. 浆体一次性装入试模

B. 整个操作应在搅拌后 3min 内完成

C. 试验结束后,试杆升起后应立即擦净

D. 当试件距玻璃板小于 5mm 时,应适当减水,重复试验

25.【2021 助理单选】水泥胶砂强度试验用砂是(　　)。

A. 建筑行业标准砂　　B. ISO 标准砂

C. 机制标准砂　　D. 级配标准砂

26.【2021 助理判断】在测定水泥凝结时间试验中,当临近初凝时,应每隔 5min 测一次试针读数;当临近终凝时,应每隔 15min 测一次试针读数。(　　)

27.【2021 助理多选】下列对于水泥胶砂强度试验试件养生的描述不正确的有(　　)。

A. 胶砂强度试件脱模后,需在水中养生

B. 试件在水中养生时,试件之间应保持一定间隔,养护池中可养护不同类水泥试件

C. 带模养生时间应严格控制在 20～24h 之内

D. 水泥胶砂强度测定对应的龄期,应从水泥加水搅拌开始算起

28.【2022 检师单选】根据《公路工程水泥及水泥混凝土试验规程》(JTG 3420—2020)进行水泥胶砂强度试验(ISO 法),水泥抗折强度以一组 3 个试件抗折强度测定值的平均值作为试验结果。当 3 个强度值中有超出平均值(　　)的,应剔除后再平均,以平均值作为抗折强度试验结果。

A. ±5%　　B. ±10%　　C. ±12%　　D. ±15%

【答案】

1. AD	2. √	3. √	4. B	5. D	6. A
7. √	8. AC	9. D	10. B	11. √	12. B
13. ×	14. AC	15. √	16. D	17. C	18. D
19. D	20. ×	21. ×	22. A	23. (1)B(2)ABC (3)AB(4)B(5)AC	
24. (1)C(2)ABD (3)B(4)ABC(5)ACD		25. B	26. √	27. BC	28. B

第三节　水泥混凝土技术性质

1.【2023 助理判断】新拌水泥混凝土的坍落度随砂率的增大而减小。(　　)

2.【2023 检师多选】影响水泥混凝土抗压强度的主要因素有(　　)。

A. 水泥强度和水灰比　　B. 集料特性

C. 浆集比　　D. 试验条件和养护条件

3.【2024 助理单选】当拌制水泥混凝土拌合物时,若用砂由粗砂改为中砂,其砂率应(　　)。

A. 不变　　B. 适当减小　　C. 适当增加　　D. 无法判定

4.【2024 助理判断】砂率的大小主要影响水泥混凝土拌合物的工作性,对强度的影响较小。(　　)

5.【2024 助理多选】水泥混凝土拌合物单位用水量主要影响水泥混凝土的(　　)。

A. 强度　　B. 耐久性　　C. 坍落度　　D. 施工工艺

6.【2020 助理判断】只要条件许可,水泥混凝土用砂应优先选用中砂,普通混凝土的坍落度与砂率成正比关系。(　　)

7.【2020 助理多选】以下影响水泥混凝土强度试验结果的因素有(　　)。

A. 水泥强度　　B. 养护条件　　C. 试验条件　　D. 试件尺寸

8.【2020 助理判断】工程实践中主要关注的混凝土力学指标有抗压强度和抗折强度。(　　)

9.【2018 检师多选】提高水泥混凝土强度的措施包括(　　)。

A. 选用高强度水泥　　B. 提高浆集比

C. 提高粗集料的最大粒径　　D. 降低水灰比

10.【2019 检师多选】影响水泥混凝土工作性的因素有(　　)。

A. 工作环境条件　B. 拌和设备　C. 水灰比　D. 砂率

11.【2018 助理综合】为进行水泥混凝土和易性与力学性质的技术性能评价,开展相关试验工作,请回答以下题目。

(1)新拌混凝土拌合物和易性可以综合评价混凝土的(　　)。

A. 流动性　B. 稳定性　C. 可塑性　D. 易密性

(2)以下影响混凝土和易性的内在因素有(　　)。

A. 原材料性质　B. 单位用水量　C. 水灰比　D. 环境温度

(3)水泥混凝土立方体抗压强度的标准尺寸是(　　)。

A. 50mm × 50mm × 50mm　B. 100mm × 100mm × 100mm

C. 150mm × 150mm × 150mm　D. 200mm × 200mm × 200mm

(4)影响水泥混凝土强度的因素包括(　　)。

A. 水泥强度　B. 水灰比　C. 养护条件　D. 集料特性

12.【2021 助理判断】降低水泥混凝土拌合物的水灰比,不会影响水泥混凝土的流动性。(　　)

13.【2021 助理多选】以下可能影响水泥混凝土工作性的因素有(　　)。

A. 原材料特性　B. 单位用水量　C. 水灰比　D. 砂率

14.【2021 检师多选】有一盘水泥混凝土拌合物,目测离析,造成该情况的可能原因有(　　)。

A. 水灰比的大小　B. 单位用水量多少

C. 原材料的特性　D. 砂率过小,砂浆数量不足

15.【2022 检师判断】水泥混凝土配合比设计时,选择最佳砂率是指在水泥浆用量一定的条件下,能够使新拌水泥混凝土的流动性最大的砂率。(　　)

【答案】

1. ×	2. ABCD	3. B	4. √	5. ABC	6. ×
7. ABCD	8. √	9. AD	10. ABCD	11. (1)ABCD(2)ABC(3)C(4)ABCD	
12. ×	13. ABCD	14. ABCD	15. ×		

第四节　水泥混凝土试验检测

1.【2023 检师判断】水泥混凝土拌合物拌和前,应将材料放置在温度为 20℃ ±5℃ 的室内,且时间不宜少于 24h 按配合比称量各种材料,称量的精确度为 1%。(　　)

2.【2023 检师单选】关于水泥混凝土坍落度试验描述正确的是(　　)。

A. 试验前将坍落筒放在干燥平板上

B. 将代表样品一次装入桶内

C. 从开始装料到提出坍落筒的整个过程应在 150s 内完成

D. 拌合物的坍落度值以实测结果表示

3.【2023 助理单选】根据《公路工程水泥混凝土试验规程》(JTG 3420—2020)进行新拌水泥混凝土棍度评定时,可按插捣混凝土拌合物时的难易程度分为上"中""下"三级。当棍度为"上"时,下列说法正确的是(　　)。

A. 指插捣容易　　B. 指很难插捣

C. 指插捣时稍有石子阻滞的感觉　　D. 指插捣时有大量石子阻滞的感觉

4.【2023 检师单选】判断水泥混凝土拌合物凝结时间的关键点是贯入阻力是否大于(　　)。

A. 2.8MPa 和 35MPa　　B. 2.8MPa 和 28MPa

C. 3.5MPa 和 35MPa　　D. 3.5MPa 和 28MPa

5.【2023 助理单选】采用贯入阻力试验方法测定水泥混凝土的终凝时间试验中,当贯入阻力为(　　)MPa 时,对应确定水泥混凝土的终凝时间。

A. 3.5　　B. 7.5　　C. 14　　D. 28

6.【2023 助理判断】水泥混凝土可以在温度符合规定的静水中养护。(　　)

7.【2023 助理多选】某试验检测人员对尺寸为 150mm×150mm×150mm、强度等级为 C40 的水泥混凝土立方体标准试件进行抗压强度试验,操作不正确的有(　　)。

A. 以成型时正面为受压面,试件中心应与压力机几何对中试压

B. 取出试件,检查其尺寸及形状,相对两面应平行,试件受力截面积按照标准试件尺寸计算

C. 至试验龄期时,自养护室取出试件,尽快试验,避免其湿度变化;在破型前保持试件原有湿度,在试验时擦干试件

D. 取 0.5~0.8MPa/s 的加荷速度,当试件接近破坏而开始迅速变形时,应停止调整试验机油门,直至试件破坏,记下破坏极限荷载

8.【2023 检师单选】一组三根标准水泥混凝土抗弯拉强度试验用小梁,采用标准方法测得的最大抗弯拉荷载分别是 31.20kN、35.55kN 和 36.75kN,则该试验结果为(　　)。

A. 4.60MPa　　B. 4.74MPa　　C. 4.82MPa　　D. 无效

9.【2024 助理多选】根据《公路工程水泥及水泥混凝土试验规程》(JTG 3420—2020),关于水泥混凝土拌合物稠度试验的两种方法(坍落度仪法和维勃仪法)的表述正确的是(　　)。

A. 两种方法所用坍落筒尺寸相同

B. 两种方法要求在相同时间内完成

C. 坍落度仪法适用于坍落度大于 10mm、集料最大粒径不大于 31.5mm 的水泥混凝土坍落度的测定

D. 维勃仪法适用于集料最大粒径不大于 31.5mm 的水泥混凝土及维勃时间在 5~30s 的干稠性水泥混凝土的稠度测定

10.【2024 检师单选】采用 150mm×150mm×150mm 的立方体标准试件,测定强度等级为 C20 的普通水泥混凝土抗压强度,应选用量程为(　　)的压力机。

A. 0~100kN　　B. 0~300kN　　C. 0~600kN　　D. 0~1000kN

11.【2024 检师判断】对水泥混凝土而言,试件的干湿状况对强度试验结果有直接影响。(　　)

12.【2020 助理单选】在水泥混凝土立方体试件抗压强度试验中,当试验结果的最大值和

最小值与中间值的差值均超过(　　)的15%时,该组试件的试验结果无效。

A.平均值　　B.中间值　　C.最大值　　D.最小值

13.【2020助理单选】水泥混凝土立方体抗压强度试验用试件的标准边长为(　　)。

A.100mm　　B.150mm　　C.200mm　　D.250mm

14.【2018助理单选】立方体抗压强度试件的标准尺寸立方体的边长为(　　)mm。

A.50　　B.100　　C.150　　D.200

15.【2018检师判断】水泥混凝土立方体抗压强度试验时,试件的尺寸越小测得结果越高。(　　)

16.【2020助理判断】水泥混凝土抗压强度试验时,其破坏荷载宜在压力机全量程的10%~90%。(　　)

17.【2017助理多选】成型后的混凝土养护分为初期的带模养护和脱模后的正常养护,下列选项中正确的养护方式是(　　)。

A.带模养护:保温条件下室温20℃±5℃,相对湿度大于50%

B.脱模养护:温度20℃±2℃,相对湿度大于95%

C.带模养护:室温20℃±2℃,相对湿度大于90%

D.脱模养护:水温20℃±5℃的饱和石灰水浸泡

18.【2020检师单选】水泥混凝土试件成型后、脱模前的养护环境条件应满足(　　)。

A.温度20℃±2℃,相对湿度大于50%

B.温度20℃±2℃,相对湿度大于90%

C.温度20℃±5℃,相对湿度大于50%

D.温度20℃±5℃,相对湿度大于90%

19.【2017检师多选】下列针对混凝土成型不正确的操作方式有(　　)。

A.坍落度10mm,采用人工插捣方式成型

B.坍落度23mm,采用捣棒插入式成型

C.坍落度80mm,采用人工插捣方式成型

D.坍落度100mm,采用人工插捣成型

20.【2019检师多选】以下关于水泥混凝土试件制作的描述中正确的有(　　)。

A.立方体抗压强度试件标准尺寸为150mm×150mm×150mm

B.非圆柱体试件成型时、坍落度大于25mm且小于90mm的水泥混凝土可以用人工成型

C.用人工成型直径为200mm圆柱体试件时,拌合物需分为厚度大致相等的三层装入试模、每层振捣25下

D.试件抹面与试模边缘的高度差不超过0.5cm

21.【2017检师判断】水泥混凝土强度等级越高,力学试验加载时要求的标准加载速率就应越快。(　　)

22.【2017助理单选】已知水泥混凝土抗压试验中3个试件测得的破坏荷载分别为859kN、969kN、1113kN,某试验人员计算得出的结果是43.6MPa,这个结果(　　)。

A.不正确,因为试验数据超过误差要求,试验应无效

B. 正确,符合计算和数据处理要求

C. 不正确,应采用不超过误差要求测定值的平均值

D. 不正确,应取 3 个试验数据的中间值

23.【2017 检师单选】已知一组水泥混凝土标准抗折试件测得的破坏荷载分别是 41.25kN、39.75kN、48.00kN。计算该组试件的抗折强度为 5.4MPa,可以认为该结果(　　)。

A. 正确,符合计算和数据处理要求

B. 不正确,有测定值超过误差要求,试验应无效

C. 不正确,试验结果应取 3 个测定值的算术平均值

D. 不正确,不应在除去超过误差要求的测定值之后取平均值

24.【2018 检师单选】一组水泥混凝土标准立方体试件进行抗压强度试验,极限荷载分别为 780kN、710kN、900kN。该组试件的抗压强度为(　　)。

A. 35.4MPa　　B. 34.7MPa　　C. 33.1MPa　　D. 作废

25.【2019 检师单选】养护 28d 的一组水泥混凝土抗折强度试验用标准小梁,采用标准方法试验时,测得的最大抗弯拉荷载分别是 30.20kN、36.55kN、37.75kN,则该试验结果为(　　)。

A. 4.64MPa　　B. 4.87MPa　　C. 4.95MPa　　D. 作废

26.【2019 助理单选】一组标准水泥混凝土抗弯拉强度试验用小梁,采用标准方法测得的最大抗弯拉荷载分别是 31.20kN、35.55kN、36.75kN,则该试验结果为(　　)。

A. 4.60MPa　　B. 4.82MPa　　C. 4.74MPa　　D. 作废

27.【2018 助理单选】为进行水泥混凝土和易性与力学性质的技术性能评价,开展相关试验工作,请回答以下问题。三根水泥混凝土抗弯拉强度试验标准小梁,测得最大抗弯拉荷载为 31.10kN、37.40kN、40.30kN,该组试验的结果为(　　)。

A. 4.84MPa　　B. 4.99MPa　　C. 5.18MP　　D. 作废

28.【2021 助理单选】在进行水泥混凝土拌合物试验的同时,可用目测方法评定混凝土拌合物的性质,并予以记录。当提起坍落筒后,有较多水分从底部析出,这时可以判定该水泥混凝土拌合物保水性是(　　)。

A. 多量　　B. 少量　　C. 适中　　D. 无法判定

29.【2021 助理单选】一组三个标准水泥混凝土试件进行抗折试验,其极限破坏值分别是 36.56MPa、37.56MPa、43.38MPa,则该组试件抗折强度试验结果是(　　)。

A. 36.56MPa　　B. 37.56MPa　　C. 39.17MPa　　D. 43.38MPa

30.【2021 助理判断】水泥混凝土试件拆模后应立即放入温度为 20℃ ±2℃、相对湿度为 95% 以上的标准养护室中养护,或放入温度为 20℃ ±2℃的 $Ca(OH)_2$ 饱和溶液中养护。(　　)

31.【2021 助理多选】试验检测人员对强度等级为 C40 的 150mm × 150mm × 150mm 水泥混凝土立方体标准试件进行抗压强度试验,下面的试验操作描述正确的有(　　)。

A. 至试验龄期时,从养护室取出试件,应尽快试验,避免其湿度变化

B. 取出试件,检查其尺寸及形状,相对两面应平行,量出棱边长度

C. 以成型时正面为受压面,试件中心应与压力机几何对中

D. 当试件接近破坏而开始迅速变形时,应停止调整试验机油门,直至试件破坏,记下破坏极限荷载

32.【2021 助理综合】某小桥台身需要进行质量评定,设计水泥混凝土强度等级为 C20,制作的 3 组水泥混凝土 150mm×150mm×150mm 立方体标准试件 28d 抗压强度如下表所示,请完成下列题目。

水泥混凝土强度记录表

序号	试件编号	试件描述	破坏荷载(kN)	单个值(MPa)	抗压强度测定值(MPa)
1	1-1	表面平整、无肉眼可见缺陷	651	28.9	
	1-2	表面平整、无肉眼可见缺陷	609	27.1	
	1-3	表面平整、无肉眼可见缺陷	666	29.6	
2	2-1	表面平整、无肉眼可见缺陷	647	28.8	
	2－2	表面平整、无肉眼可见缺陷	654	28.7	
	2－3	表面平整、无肉眼可见缺陷	517	23.0	
3	3－1	表面平整、无肉眼可见缺陷	636	28.3	
	3－2	表面平整、无肉眼可见缺陷	601	26.7	
	3－3	表面平整、无肉眼可见缺陷	641	28.4	

(1)采用 150mm×150mm×150mm 立方体标准试件时,水泥混凝土的集料公称最大粒径不得超过(　　)。

A. 16.0mm　　B. 19.0mm　　C. 26.5mm　　D. 31.5mm

(2)以下关于该混凝土试件成型方法的描述正确的有(　　)。

A. 成型前试模内壁涂一薄层矿物油

B. 取拌合物的总量至少应比所需量高 20%以上,并取出少量混凝土拌合物代表样,在 5min 内进行坍落度或维勃试验,认为品质合格后,应在 15min 内开始制件

C. 当坍落度小于 25mm 时,可采用 25mm 的插入式振捣棒成型

D. 当坍落度大于 25mm 时,用标准振动台成型

(3)根据上表中水泥混凝土试件强度测定值,可选择(　　)量程的压力机。

A. 0～300kN　　B. 0～1000kN　　C. 0～2000kN　　D. 0～5000kN

(4)抗压强度试验时,可选择的加荷速度有(　　)。

A. 0.25MPa/s　　B. 0.35MPa/s　　C. 0.40MPa/s　　D. 0.45MPa/s

(5)该水泥混凝土强度平均值为(　　),强度等级评定结果为(　　)。

A. 27.7MPa;不合格　　B. 27.8MPa;合格

C. 28.3MPa;合格　　D. 28.3MPa;无法评定

33.【2021 检师多选】水泥混凝土拌合物拌和时,下列室温满足试验要求的有(　　)。

A. 26℃　　B. 22℃　　C. 20℃　　D. 17℃

34.【2021 检师多选】水泥混凝土抗压强度试验用压力机或万能试验机应满足(　　)。

A. 压力机或万能试验机量程应选择试件破坏荷载大于压力机全量程的 20%,且小于压力机全量程的 80%

B. 压力机应具有加荷速度指示装置或加荷速度控制装置，上下压板平整并有足够刚度，可均匀地连续加荷卸荷，可保持固定荷载，开机停机均灵活自如，能够满足试件破型吨位要求

C. 当混凝土强度等级大于或等于 C50 时，试件周围应设置防崩裂网罩

D. 压力机或万能试验机的测量精度为 ±2%

35.【2022 检师单选】一组三个标准水泥混凝土弯拉强度试件，试验时有两个试件均出现断裂面位于加荷点外侧，测得的弯拉强度值分别是 5.14MPa、5.39MPa、6.82MPa，则该组试验结果是(　　)。

A. 5.14MPa　　B. 5.26MPa　　C. 5.39MPa　　D. 结果无效

36.【2022 检师多选】当用坍落度仪法进行水泥混凝土拌合物稠度试验时，通过观察评价水泥混凝土的保水性与黏聚性，下列说法正确的有(　　)。

A. 混凝土拌合物的保水性不良时，应调整水灰比

B. 观察整个试验过程中水分从拌合物中析出的程度，评价保水性

C. 若坍落筒提起后无水分自底部析出，表示此混凝土拌合物的保水性良好

D. 用振捣棒在已坍落的混凝土锥体侧面轻轻敲打，锥体突然倒塌，部分崩裂或发生石子离析表示黏聚性不好

37.【2022 检师多选】根据《公路工程水泥及水泥混凝土试验规程》(JTG 3420—2020)水泥混凝土棍度评定，可按插捣混凝土拌合物时的难易程度，分为“上”“中”“下”三级，下列描述，正确的有(　　)。

A. “上”：插捣容易；“下”：很难插捣　　B. “上”：很难插捣；“下”：插捣容易

C. “中”：插捣时稍有石子阻滞的感觉　　D. “中”：插捣时有大量石子阻滞的感觉

【答案】

1. ×	2. C	3. A	4. D	5. D	6. ×
7. AB	8. A	9. ACD	10. D	11. √	12. B
13. B	14. C	15. √	16. ×	17. AB	18. C
19. AC	20. AC	21. √	22. B	23. D	24. B
25. B	26. A	27. B	28. A	29. B	30. √
31. ABD	32. (1)D(2)ABC(3)BC(4)BCD(5)C	33. BCD	34. ABC	34. D	
36. BCD	37. AC				

第五节　普通水泥混凝土组成设计

1.【2023 检师单选】水泥混凝土的初步配合比为 1：1.59：3.28；水灰比为 0.50，水泥混凝土的计算密度为 2450kg/m³，水泥混凝土的单位材料用量(单位：kg)水泥：水：砂：石为(　　)。

A. 385：192：611：1262　　B. 385：192：612：1262

C. 384.5：192.0：611.0：1262.0　　D. 384.6：192.3：611.5：1261.5

2.【2023检师多选】关于掺外加剂的普通水泥混凝土配合比设计,表述正确的有(　　)

A. 砂石用量按质量法或体积法计算

B. 外加剂掺量计算按单位水泥质量的百分率计

C. 以普通水泥混凝土配合比设计为基础,以抗弯拉强度作为主要设计指标

D. 以普通水泥混凝土配合比设计为基础,以抗压强度作为主要设计指标

3.【2024助理判断】普通水泥混凝土的强度与灰水比呈线性关系。(　　)

4.【2024检师单选】已知水泥混凝土配合比为水泥：砂：石：水=1：2：3：0.5,水泥混凝土实测密度为2400kg/m^3。则1m^{3}混凝土的水泥用量为(　　)。

A. 363kg　　B. 369kg

C. 381kg　　D. 已知条件不够,无法计算

5.【2024检师单选】为保持结构的耐久性,在设计水泥混凝土配合比及校核水泥混凝土配合比设计的耐久性时,均应考虑允许的(　　)。

A. 最大水灰比和最小水泥用量　　B. 最大水灰比和最大水泥用量

C. 最小水灰比和最小水泥用量　　D. 最小水灰比和最大水泥用量

6.【2024检师判断】水泥混凝土密度的调整只改变每立方米混凝土各组成材料的用量,不改变其配合比例。(　　)

7.【2024检师多选】公路面层水泥混凝土的配合比设计应满足(　　)要求。

A. 经济性　　B. 工作性　　C. 耐久性　　D. 抗弯拉性能

8.【2019检师多选】关于混凝土耐久性的说法正确的有(　　)。

A. 耐久性主要取决于混凝土的密实程度

B. 水灰比大有利于提高混凝土构件的耐久性

C. 为保证混凝土构件的耐久性,设计中既要考虑水灰比也要考虑最小水泥用量

D. 设计中,先满足经济性要求,后考虑耐久性需要

9.【2018检师综合】某公路工程开展普通混凝土配合比设计工作,设计抗压强度等级为C30,请根据标准规范要求以及试验数据回答下面问题:

(1)混凝土配合比设计应满足下面哪些要求(　　)。

A. 混凝土配制强度　B. 拌合物性能　　C. 经济性能　　D. 耐久性能的设计

(2)混凝土配制强度$f_{cu,o}$与混凝土设计强度$f_{cu,k}$的计算公式是(　　)。

A. $f_{cu,o} \geq f_{cu,k} + 1.645\sigma$　　B. $f_{cu,o} \geq f_{cu,k} + 2\sigma$

C. $f_{cu,o} \geq f_{cu,k} + 3\sigma$　　D. $f_{cu,o} \geq 1.15 f_{cu,k}$

(3)关于混凝土耐久性的说法正确的有(　　)。

A. 耐久性主要取决于混凝土的密实程度

B. 水灰比大有利于提高混凝土构件的耐久性

C. 为保证混凝土的耐久性,设计中要考虑最大水灰比也要考虑最小水泥用量

D. 设计中,先满足经济性要求,后考虑耐久性需要

(4)若水泥：砂：石=1：1.73：3.33,$W/C=0.42$,当配制1m^{3}混凝土时,各材料用量准确的选项有(　　)。

A. 如果水泥用量是370kg,则配合比是水泥：水：砂：石=370：155：640：1232(kg/m^3)

B. 如果用水量是160kg,则配合比是水泥：水：砂：石 =381：160：659：1269(kg/m^3)

C. 如果砂用量是660kg,则配合比是水泥：水：砂：石 =382：160：660：1272(kg/m^3)

D. 如果碎石用量是1300kg,则配合比是水泥：水：砂：石 =385：162：674：1300(kg/m^3)

10.【2019 检师综合】在水泥混凝土配合比设计中,混凝土性能是非常重要的内容。根据配合比设计过程和设计要求完成下面题目。

(1)公路面层水泥混凝土的配合比设计应满足(　　)要求。

A. 弯拉强度　　B. 耐久性　　C. 工作性　　D. 经济性

(2)水泥混凝土配合比设计应包括(　　)阶段。

A. 目标配合比设计　　B. 施工配合比设计

C. 计算配合比设计　　D. 理论配合比设计

(3)为提高水泥混凝土的强度,可以采取的措施有(　　)。

A. 选用高强度水泥　　B. 提高浆集比

C. 提高粗集料的最大粒径　　D. 降低水灰比

(4)水泥混凝土抗弯拉强度试验的标准试样尺寸是(　　)。

A. 100mm×100mm×100mm　　B. 150mm×150mm×550mm

C. 150mm×150mm×150mm　　D. 350mm×350mm×550mm

(5)养护28d 的一组水泥混凝土抗折强度试验用标准小梁,采用标准方法试验时,测得的最大抗弯拉荷载分别是30.20kN、36.55kN、37.75kN,则该试验结果为(　　)。

A. 4.64MPa　　B. 4.87MPa　　C. 4.95MPa　　D. 作废

11.【2017 检师综合】通过经验方法得到混凝土的室内初步配合比,水泥：砂：石 =1：1.73：3.33,W/C =0.42。但是,该配合比还需进行一系列检验和修正,以确保室内配合比满足设计要求。针对这样的工作内容,回答下列问题。(配合比结果四舍五入取整数,水灰比保留2位)

(1)不同条件下,当配制1m^3混凝土时,各材料用量计算结果正确的选项有(　　)。

A. 如果水泥用量是370kg,则配合比是水泥：水：砂：石 =370：155：640：1232(kg/m^3)

B. 如果用水量是160kg,则配合比是水泥：水：砂：石 =381：160：659：1269(kg/m^3)

C. 如果砂用量是660kg,则配合比是水泥：水：砂：石 =382：160：660：1272(kg/m^3)

D. 如果碎石用量是1300kg,则配合比是水泥：水：砂：石 =385：162：674：1300(kg/m^3)

(2)当采用水泥用量为370kg/m^3 的配合比进行坍落度试验时,发现测得的坍落度值不满足工作性能设计要求,而黏聚性和保水性较好,需要调整3%的用水量。则调整后正确的配合比可能有(　　)。

A. 水泥：水：砂：石 =370：160：623：1266(kg/m^3)

B. 水泥：水：砂：石 =381：160：623：1266(kg/m^3)

C. 水泥：水：砂：石 =370：150：623：1266(kg/m^3)

D. 水泥：水：砂：石 =381：150：623：1266(kg/m^3)

(3)当对上述工作性能的配合比进行强度验证时,发现强度偏低,需要适当降低混凝土的水灰比,由原来水灰比降低0.02,则下述对配合比调整正确的结果可能有(　　)。

A. 水泥：水：砂：石 =400：160：623：1266(kg/m^3)

B. 水泥：水：砂：石 = 381：152：623：1266(kg/m^3)

C. 水泥：水：砂：石 = 375：150：623：1266(kg/m^3)

D. 水泥：水：砂：石 = 359：144：623：1266(kg/m^3)

(4)若对上述问题(3)四个选项分别进行密度修正,假设实测密度均为2450kg/m^3,则正确的修正结果可能有(　　)。(密度修正系数四舍五入取小数点后2位)

A. 水泥：水：砂：石 = 400：160：623：1266(kg/m^3)

B. 水泥：水：砂：石 = 385：154：629：1279(kg/m^3)

C. 水泥：水：砂：石 = 379：152：629：1279(kg/m^3)

D. 水泥：水：砂：石 = 366：147：635：1291(kg/m^3)

(5)当砂、石含水率分别是3%和1%时,正确的工地配合比有(　　)。

A. 室内配合比水泥：水：砂：石 = 400：160：623：1266(kg/m^3)对应的工地配合比是水泥：水：砂：石 = 400：123：648：1279(kg/m^3)

B. 室内配合比水泥：水：砂：石 = 400：160：623：1266(kg/m^3)对应的工地相对用量配合比是水泥：砂：石 = 1：1.56：3.17;W/C = 0.40

C. 室内配合比为水泥：水：砂：石 = 384：154：629：1279(kg/m^3),如需拌和0.5m^3的混凝土,工地材料组成计算结果是：水泥：水：砂：石 = 192：61：324：646(kg)

D. 室内配合比水泥：水：砂：石 = 384：154：629：1279(kg/m^3)对应的工地相对用量配合比是水泥：砂：石 = 1：1.69：3.36;W/C = 0.32

12.【2021助理单选】配制水泥混凝土时应尽量采用(　　)的砂。

A. 空隙率大、总表面积大　　B. 空隙率大,总表面积小

C. 空隙率小、总表面积大　　D. 空隙率小,总表面积小

13.【2021检师单选】水泥混凝土的配合比设计步骤有:①提出基准配合比;②计算初步配合比;③确定试验室配合比;④换算工地配合比。按工作需要给出正确的配合比设计步骤为(　　)。

A. ①②③④　　B. ②①③④　　C. ①③②④　　D. ③①②④

14.【2021检师单选】在高湿度环境下或长期处在水下环境,选用(　　)配制的水泥混凝土耐久性最差。

A. 普通水泥　　B. 矿渣水泥　　C. 火山灰水泥　　D. 粉煤灰水泥

15.【2021检师判断】公路面层水泥混凝土的配合比设计应满足抗压强度、工作性、耐久性要求,同时兼顾经济性。(　　)

16.【2021检师综合】某机构试验室为项目工地做了一份C40水泥混凝土配合比,项目工地现场施工时采用机械振捣成型,集料是连续级配,级配良好,水采用饮用水,基准配合比为:C_j = 423kg,W_j = 190kg,S_j = 565kg,G_j = 1215kg,W/C = 0.45,砂的含水率为4.5%,粗集料含水率为1.2%,请完成下列题目。

(1)项目工地采用与机构试验室相同的配合比,但施工拌制的混凝土坍落度与机构试验室结果有明显差别,该项目工地应(　　)。

A. 要求机构试验室重新进行该水泥混凝土配合比,并给出合理配合比

B. 自行增大砂率,重新拌制混凝土

C. 分析出现差别的原因，明确机构试验室配合比是在集料干燥条件下进行试验和计算得到的结果，而项目工地使用的集料含水率随时间和环境条件不断变化，与基准配合比有明显差异

D. 在现场进行混凝土拌和时，应按项目工地所测集料含水率进行材料用量的修正

(2)下列关于施工配合比的计算正确的有(　　)。

A. $C = C_j = 423kg$　　B. $S = 565 \times (1 + 4.5\%) = 590kg$

C. $W = W_j = 190kg$　　D. $G = 1215 \times (1 + 1.2\%) = 1230kg$

(3)若掺入减水率为15%的高效减水剂，并保持混凝土坍落度和强度不变，实测混凝土表观密度 $\rho_h = 2400kg/m^3$。掺减水剂后混凝土的配合比计算或描述正确的有(　　)。

A. 实际需水量为：$W = 190kg - 190kg \times 15\% = 162kg$

B. 水灰比为：$W/C = 0.45$

C. 实际水泥用量为：$C = 162kg/0.45 = 360kg$

D. 掺减水剂后减少了水泥用量

(4)以下关于试拌水泥混凝土的调整方案表述不正确的有(　　)。

A. 坍落度达到设计要求，且黏聚性和保水性也良好，原有初步配合比无须调整

B. 坍落度不能满足设计要求，但黏聚性和保水性较好时，应保持原有的水和水泥的用量，在维持砂石总量不变的情况下，适当调整砂率

C. 当流动度能够达到设计要求，但黏聚性和保水性却不好时，应在水灰比和砂石总量维持不变的条件下，改变用水量和砂率，直到符合设计要求为止

D. 如发现拌合物的坍落度不能满足要求，且黏聚性和保水性也不好，应保持原有水灰比不变的条件下，调整水和水泥用量

(5)设计混凝土采用较低的水灰比，可获得(　　)的混凝土。

A. 较为密实　　B. 强度较低　　C. 耐久性较好　　D. 节省费用

17.【2022检师综合】某试验检测人员进行C30普通水泥混凝土配合比设计。已知：强度保证率为95%，保证率系数为1.645，强度标准差3MPa，坍落度标准为30～50mm；初步配合比结果为水泥：砂：石=1：1.83：3.61，$W/C = 0.50$。按初步配合比进行试拌，坍落度为48mm。在基准配合比基础上，选择三组水灰比进行28d抗压强度试验，各组抗压强度试验结果见下表。假定水泥混凝土表观密度为2450kg/m³，请完成下列题目。抗压强度试验结果表如下：

组别	水灰比 W/C	28d抗压强度 f_{cu}(MPa)
1	0.45	40.7
2	0.50	35.5
3	0.55	29.2

(1)该水泥混凝土的初步配合比表述方法正确的有(　　)。

A. 水泥：水：砂：石=1：0.5：1.83：3.61

B. 水泥：砂：石=1：1.83：3.61，$W/C = 0.50$

C. 水泥：水：砂：石=353：177：646：1274

D. 水泥：水：砂：石=353.0：176.5：646.0：1274.3

(2)根据试拌结果,关于该水泥混凝土基准配合比表述正确的是(　　)。

A. 试拌坍落度不满足要求,需要增加水灰比,重新试拌

B. 试拌坍落度不满足要求,需要降低水灰比,重新试拌

C. 试拌坍落度满足要求,可采用初步配合比作为基准配合比

D. 基准配合比的确定与坍落度无关

(3)根据该水泥混凝土配合比的抗压强度检验结果,以下表述正确的是(　　)。

A. 可选择第 1 组作为试验室配合比　　B. 可选择第 2 组作为试验室配合比

C. 可选择第 3 组作为试验室配合比　　D. 3 组试验均不满足要求

(4)若试验室配合比水泥：砂：石 =1：1.83：3.61,W/C =0.50,施工现场砂含水率为 2.5%、石含水率为 1%,则施工配合比为(　　)。

A. 1：1.88：3.65,W/C =0.42

B. 1：1.83：3.61,W/C =0.50

C. 水泥：水：砂：石 =353：177：646：1274

D. 水泥：水：砂：石 =353：148：662：1287

(5)水泥混凝土抗压强度的合格评定方法有(　　)。

A. 非数理统计方法　　B. 数理统计方法

C. 平均值方法　　D. 专家评议方法

【答案】

1. A	2. AD	3. √	4. B	5. A	6. √
7. ABCD	8. AC	9. (1)ABCD(2)A(3)AC(4)ABC		10. (1)ABCD(2)AB(3)AD(4)B(5)B	
11. (1)ABC(2)B(3)A(4)AD(5)CD		12. D	13. B	14. A	15. ×
16. (1)CD(2)ABD (3)BD(4)BCD(5)AC		17. (1)BC(2)C (3)B(4)AD(5)AB			

第六节　水泥砂浆试验检测

略。

第七节　拌和用水、外加剂与掺合料

略。

第六章　沥青与沥青混合料

第一节　沥青的技术性质和技术要求

1.【2023 检师单选】根据《公路沥青路面施工技术规范》(JTG F40—2004)，Ⅲ类聚合物改性沥青是指(　　)。

A. SBS 改性沥青　　B. SBR 改性沥青

C. EVA 或 PE 性沥青　　D. 橡胶改性沥青

2.【2023 助理判断】液体石油沥青根据使用目的与场所不同，可选用快裂、中裂、慢裂三类。(　　)

3.【2023 检师判断】液体石油沥青是煤油等稀释剂与沥青的混合物，可用于透层油或冷补料等。(　　)

4.【2023 检师判断】沥青属于感温性材料，延度、脆点和低温弯曲蠕变 BBR 试验都是评价沥青低温性能的试验方法。(　　)

5.【2023 检师多选】可以用来区分道路石油沥青等级的技术要求有(　　)。

A. 软化点　　B. 蜡含量　　C. 残留针入度比　　D. 闪点

6.【2017 助理判断】沥青的黏稠度越高，越有利于沥青与集料之间的黏附性。(　　)

7.【2010 真题判断】为保证沥青路用品质，沥青中的含蜡量越低越好。(　　)

8.【2012 真题多选】蜡主要影响沥青的(　　)。

A. 高温稳定性　　B. 低温抗裂性　　C. 施工和易性　　D. 抗水损坏性

9.【2013 真题单选】沥青的针入度表示沥青的(　　)指标。

A. 动力黏度　　B. 绝对黏度　　C. 条件黏度　　D. 运动黏度

10.【2021 检师多选】以下关于 90 号 A 级道路石油沥青评价指标表述不正确的有(　　)。

A. 软化点主要评价沥青混合料的高温性能

B. 闪点主要反映沥青混合料的施工安全性，闪点越高，施工安全性越好

C. 离析试验的软化点差主要反映沥青混合料储存稳定性，软化点差越大说明储存稳定性越高

D. 质量变化主要反映沥青短期抗老化性能，质量变化只能出现正值，不会出现负值，且越大抗老化性能越好

11.【2022 检师判断】沥青是感温性材料，延度、脆点和低温弯曲蠕变 BBR 试验都是评价沥青低温性能的试验方法。(　　)

【答案】

1. C	2. ×	3. √	4. √	5. ABC	6. √
7. √	8. ABD	9. C	10. CD	11. √	

第二节 沥青试验检测

1.【2023 检师多选】某试验室需要绘制 70 号 A 级道路石油沥青的黏温曲线，拟测定 135℃和 175℃两个温度的旋转黏度，下列操作正确的有(　　)。

A. 可制备 2 个试样，在烘箱中按照要求的温度加热、保温

B. 试验时采用同一个试样测定两个温度的黏度，先测定 175℃的黏度，然后测定 135℃的黏度

C. 在旋转黏度测定过程中，发现扭矩读数不在要求的范围内时，可更换转子或调整转子转速重新试验

D. 在绘制黏温曲线时，黏度一般采用对数坐标

2.【2023 检师判断】通常情况下，沥青的软化点越高，黏度也越高，针入度越小。(　　)

3.【2023 助理单选】进行 70 号道路石油沥青延度试验时，发现沥青细丝浮于水面，正确的做法是(　　)。

A. 在水中加入蒸馏水，调整水的密度至与试样相近

B. 在水中加入酒精，调整水的密度至与试样相近

C. 在水中加入食盐，调整水的密度至与试样相近

D. 没有影响，继续试验

4.【2023 助理多选】关于沥青薄膜加热试验，叙述正确的是(　　)。

A. 适用于评价道路石油沥青、改性沥青、乳化沥青的老化性能

B. 需要把烘箱调整水平，转盘与水平倾斜角不大于 3°

C. 烘箱达到 163℃后，迅速将盛样皿放入转盘上，关闭烘箱门和开动转盘架，烘箱内温度回升至 163℃时开始计时

D. 测定试样的质量变化时，盛样皿质量称量应准确至 1g

5.【2024 助理单选】关于沥青旋转薄膜加热试验，表述正确的是(　　)。

A. 可以评价道路石油沥青、改性乳化沥膏的老化性能

B. 通常使用耐热玻璃制的盛样瓶

C. 试验温度控制在 160℃ ±0.5℃

D. 从放置试样开始至试验结束的总时间，不超过 5.25h

6.【2024 助理判断】在进行沥青与粗集料的黏附性试验时，同一试样应平行试验 5 个集料颗粒，并由一名经验丰富的试验人员进行评定，取 5 个集料的平均等级作为试验结果。(　　)

7.【2024 助理判断】在沥青软化点试验中，试样软化点大于或等于 60℃以上者，必须在试验用的烧杯内注入加热至 32℃的甘油。(　　)

8.【2024 检师单选】对 70 号道路石油沥青进行针入度试验时，描述正确的是(　　)。

A. 要求针和针连杆必须在无明显摩擦下垂直运动

B. 针和针连杆组合件，另附砝码一只，试验时总质量为 150g ±0.05g

C. 至少用一组 3 支标准针，每组必须附有其中 1 支针的计量部门的检验单

D. 试验时盛样皿应放置在盛有水的平底玻璃皿中，水温偏差控制在 ±0.5℃

9.【2024 检师判断】软化点大于或等于 80℃以上的沥青进行软化点试验时，需要在试验用的烧杯内注入加热至 32℃的甘油。(　　)

10.【2020 助理判断】沥青针入度试验中同一试样需平行试验至少 2 次，各测试点之间及其与盛样皿边缘的距离应不小于 10mm。(　　)

11.【2020 检师综合-2】某试验室从拌和楼取木质素纤维、SBS 改性沥青及 SMA-16 沥青混合料进行相关试验，请根据试验要求完成下列题目。预估所取 SBS 改性沥青软化点高于 81℃，则关于这样品的软化点试验表述正确的有(　　)。

A. 将准备好的沥青试样徐徐注入试样环内至略高出环面为止，试样在室温冷却一定时间后，刮除环面上的试样，应使其与环面齐平

B. 将装有试样的试样环连同试样底板置于装甘油的恒温槽中，按照要求时间进行测温；同时将金属支架、钢球、钢球定位环等也置于甘油中

C. 在烧杯内注入预先加热的甘油，其液面略低于立杆上的深度标记

D. 若两个试样软化点测定值平均值为 82.6℃，则该样品软化点试验结果为 83.0℃

12.【2018 检师单选】沥青软化点试验，当软化点大于(　　)℃时，烧杯中应注入甘油为加热介质。

A. 60　　B. 80　　C. 90　　D. 100

13.【2017 助理判断】软化点试验时如定位环或钢球放置偏心，则测得的试验结果将会偏高。(　　)

14.【2017 检师判断】通常，沥青的软化点越高，若黏度也越高，针入度越小。(　　)

15.【2017 助理多选】一些沥青常规试验制样时需使用隔离剂，下列试验项目中需要隔离剂的有(　　)。

A. 针入度试验　　B. 薄膜烘箱试验　　C. 软化点试验　　D. 延度试验

16.【2018 检师多选】软化点试验过程中，对试验结果产生影响的因素包括(　　)。

A. 试验起始温度　　B. 升温速度　　C. 球的质量　　D. 球的直径

17.【2018 助理判断】将沥青灌入延度试验试模时，应从试模一端向另一端一次灌入。(　　)

18.【2019 检师判断】在沥青延度试验中，发现沥青浮于水面，应向水中加入适量酒精。(　　)

19.【2018 检师多选】关于石油沥青延度试验说法错误的是(　　)。

A. 恒温水槽温度控制精度为 ±0.1℃

B. 根据试验温度有两种不同的拉伸速度

C. 石油沥青延度对沥青混合料的低温性能影响显著

D. 采用循环水浴的延度仪时，在试验过程中不得关闭循环系统

20.【2018 检师单选】沥青材料老化后,其质量将(　　)。

A. 减小　　B. 增加

C. 不变　　D. 有的减小、有的增加

21.【2017 检师单选】下列试验操作中需对沥青样品质量进行准确称重的是(　　)。

A. 薄膜烘箱试验　　B. 针入度试验　　C. 软化点试验　　D. 延度试验

22.【2017 助理单选】下列不属于现行规范中评价沥青抗老化性能的技术指标为(　　)。

A. 残留针入度　　B. 残留软化点　　C. 残留延度　　D. 质量变化

23.【2019 检师单选】石油沥青老化后,其延度将(　　)。

A. 保持不变　　B. 变小　　C. 变大　　D. 变大变小皆有可能

24.【2017 助理判断】薄膜烘箱或旋转薄膜烘箱加热后的沥青各项指标与加热前的沥青相比,其差别越小,说明该沥青的抗老化能力越高。(　　)

25.【2019 检师单选】根据《公路沥青路面施工技术规范》(JTG F40—2004)中对薄膜烘箱试验和旋转薄膜烘箱试验的相关规定,以下说法正确的是(　　)。

A. 以薄膜烘箱试验为准

B. 以旋转薄膜烘箱试验为准

C. 两者可以互相替代,优先选用旋转薄膜烘箱试验

D. 两者试验原理存在差异,不得互相替代

26.【2018 检师多选】不同类型沥青混合料采用的级配应不同,ATB-25 宜采用(　　)。

A. 连续级配　　B. 间断级配　　C. 开级配　　D. 半开级配

27.【2021 助理综合】某工地试验室取 50 号道路石油沥青样品,进行针入度(25℃)、软化点、延度(15℃)和黏附性试验。预估沥青软化点为 52℃,软化点实测值为 51.1℃、50.3℃。对于针入度试验,现场只有一根标准针,且受试验条件限制,盛样皿无法与恒温水槽水连接形成水路循环,依序测定的针入度值为 48.1(0.1mm)、46.8(0.1mm)和 45.2(0.1mm)。延度试验时发现沥青细丝浮于水面,相应的测定值分别为 61cm、65cm 和 67cm。取 5 颗粒径为 13.2 ~ 19mm 的实际工程集料,水煮法测定黏附性试验,两个试验人员评定的黏附性等级依次为 4、4、3、4、5 和 4、3、4、4、5。请完成下列题目。

(1)以下关于热沥青试样制备、灌模工作的表述正确的有(　　)。

A. 将装有试样的盛样器带盖加热融化,融化温度可采用 135℃

B. 融化试样时宜采用烘箱加热,不得直接采用电炉或燃气炉明火加热

C. 为了降低沥青老化影响,宜一次加热后一次性将各试验所需的试样灌模,不得超过 2 次以上反复加热

D. 为了保证试样的均匀性,在灌模时应反复搅动沥青试样

(2)以下关于针入度试验结果表述正确的有(　　)。

A. 试验结果有效,针入度结果为 47(0.1mm)

B. 试验结果异常,可能是每次试验后没有将标准针取下用蘸有三氯乙烯溶剂的棉花或布擦净,导致后续测定值偏小

C. 试验结果异常,可能是每测定一次针入度后没有将盛有盛样皿的玻璃皿放入恒温水槽,导致试样温度升高

D. 每次试验后应将盛有盛样皿的平底玻璃皿放入恒温水槽,使平底玻璃皿中水温保持试验温度

(3)以下关于软化试验结果描述正确的是( )。

A. 试验结果无效
B. 试验结果有效,为50.5℃
C. 试验结果有效,为51℃
D. 试验结果有效,为51.0℃

(4)以下关于延度试验结果的描述不正确的有( )。

A. 试验结果无效,应重新制作,在水中加入食盐重新试验
B. 试验结果无效,应重新制作,在水中加入酒精重新试验
C. 试验结果无效,应重新制作,在水中加入煤油重新试验
D. 试验结果有效,为64cm

(5)以下关于黏附性试验结果表述不正确的有( )。

A. 试验结果无效
B. 试验结果有效,为3级
C. 试验结果有效,为4级
D. 试验结果有效,为5级

28.【2021检师判断】破乳试验用于评价乳化沥青的拌和稳定度,鉴别乳液属于快裂、中裂或慢裂型号,试验时需要制备2组矿料和乳液试样进行平行试验。( )

29.【2021检师判断】在进行真空减压毛细管法测定沥青动力黏度试验过程中,发现通过连续的一对标线间隔时间均低于60s,说明选择的真空减压毛细管黏度计量程过大。( )

30.【2022检师多选】已知某一沥青,其15℃的密度为0.937g/cm^3,现进行15℃延度试验,以下表述错误的有( )。

A. 试样灌模时,为了确保试样均匀,自试模的中间向两侧多次缓慢将试样注入试模中,最后略高出试模
B. 延度试验时,水温应达到试验温度±0.1℃,为了保持这一温度,试验中应保持水槽水流循环
C. 直接采用洁净的纯净水作为介质,若试验中发现沥青细丝浮于水面,应停止试验,在水中加入煤油调整水的密度后重新试验
D. 三个延度实测值为124cm、124cm、125cm,则试验结果记为124cm

【答案】

1. CD	2. √	3. B	4. AB	5. B	6. ×
7. ×	8. A	9. √	10. ×	11. ABC	12. B
13. √	14. √	15. CD	16. ABCD	17. ×	18. √
19. CD	20. D	21. A	22. B	23. B	24. √
25. A	26. A	27. (1)BC(2)BD(3)B (4)ACD(5)ABD		28. √	29. ×
30. ABCD					

第三节　沥青混合料技术性质和技术要求

1.【2018 检师单选】下列不是 OGFC 沥青混合料的特点是(　　)。

A. 细颗粒较少　　B. 比普通 AC 更容易老化

C. 排水功能显著　　D. 力学性能较好

2.【2018 助理多选】造成沥青路面产生车辙的原因有(　　)。

A. 沥青标号偏低　　B. 采用高黏度沥青

C. 沥青混合料中矿料嵌挤力不够　　D. 矿料的棱角性不好

3.【2018 检师判断】对于中粒式或粗粒式密级配沥青混合料,可以适当减少沥青的用量来提高混合料的高温稳定性。(　　)

4.【2017 助理多选】易造成沥青混合料高温稳定性不好的内在原因有(　　)。

A. 空隙率过高　　B. 空隙率过低　　C. 沥青用量偏高　　D. 集料的酸碱性

5.【2017 助理单选】适用于冬季寒冷地区或交通量小的公路、旅游公路等的沥青,应具备的特点是(　　)。

A. 稠度小、低温延度小　　B. 稠度大、低温延度大

C. 稠度小、低温延度大　　D. 稠度大、低温延度小

6.【2017 检师单选】评价沥青混合料耐久性的指标是(　　)。

A. 饱和度　　B. 动稳定度　　C. 马氏模数　　D. 稳定度

7.【2018 助理单选】饱和度是用来评价沥青混合料(　　)的指标。

A. 高温稳定性　　B. 低温抗裂性　　C. 耐久性　　D. 抗滑性

8.【2018 助理单选】影响沥青混合料耐久性的主要因素是(　　)。

A. 矿料的级配　　B. 沥青混合料的空隙率

C. 沥青的标号　　D. 矿粉的细度

9.【2017 检师单选】沥青混合料空隙率偏小,对沥青路面可能带来的问题是(　　)。

A. 耐久性变差　　B. 高温抗车辙能力较低

C. 水稳性不好　　D. 低温环境易开裂

10.【2017 检师判断】马歇尔稳定度试验时的温度越高,则稳定度越大,流值越小。(　　)

11.【2019 检师单选】通常情况下沥青混合料的空隙率不宜小于 3%,其原因是(　　)。

A. 适应夏季沥青材料的膨胀　　B. 工程中无法将空隙率降低到 3% 以下

C. 防止水分渗入　　D. 施工时易于碾压

12.【2019 助理判断】考虑高温稳定性时,沥青混合料中粗集料的粒径要大一些;考虑耐久性时,粗集料的粒径要小一些。(　　)

13.【2018 检师单选】现行沥青路面施工技术规范规定,不属于密级配沥青混合料马歇尔技术指标的是(　　)。

A. 稳定度和流值　　B. VCA(粗集料骨架间隙率)

C. 空隙率　　D. 沥青饱和度

14.【2017检师综合】某一试验室需要进行AC-20C沥青混合料(70号A级道路石油沥青)马歇尔试验。已知沥青混合料最佳沥青用量为4.5%;粗集料、细集料和矿粉的比例分别为65%、32%和3%,粗、细集料毛体积相对密度为2.723、2.685,矿粉的表观相对密度为2.710。最佳沥青用量对应的沥青混合料理论最大相对密度是2.497,马歇尔试件毛体积相对密度为2.386。请对下列各题进行判别:

(1)进行成型试验时称量一个马歇尔试件的混合料总质量约为(　　)。

A.1200g　　B.1268g　　C.1248g　　D.1228g

(2)计算得到的最佳沥青用量相应的空隙率为(　　)。

A.4.2%　　B.4%　　C.4.4%　　D.4.6%

(3)计算得到的合成矿料毛体积相对密度为(　　)。

A.2.707　　B.2.710　　C.2.71　　D.2.713

(4)计算得到的矿料间隙率为(　　)。

A.15.9%　　B.16.2%　　C.15.7%　　D.16.4%

(5)试验过程中发现第一个击实成型的马歇尔试件的高度为65.7mm,以下操作正确的有(　　)。

A.无须调整,继续进行马歇尔击实成型所有试件

B.提高拌和温度5~10℃,称量1168g混合料重新进行马歇尔击实成型所有试件

C.第一个试件应废弃,并重新进行试验

D.称量1186g混合料重新进行马歇尔击实成型试件,再次测量、判断试件高度是否满足要求

15.【2023检师综合】试验室取90号A级沥青、粗细集料和矿粉,进行原材料试验,在室内拌制AC-20C沥青混合料进行马歇尔和车辙试验。已知沥青的软化点,两个实测值为61.3℃、62.1℃,25℃相对密度为1.030;沥青混合料最佳沥青用量为4.5%,粗集料、细集料和矿粉的比例分别为62%、35%和3%,25℃时粗、细集料毛体积相对密度为2.718、2.705,25℃时矿粉的表观相对密度为2.752,合成毛体积相对密度为2.714。沥青用量4.6%、油石比为4.8%;沥青混合料理论最大相对密度计算值为2.498,实测值为2.507;4个马歇尔试件的毛体积相对密度平均值为2.328。车辙试验时,三个平行试件的动稳定度测定值(单位:次/mm)分别为:801、834、829,平均值为821,标准差为18,变异系数为2.2%。请完成下列题目。

(1)该混合料的空隙率为(　　)。

A.6.5%　　B.6.8%　　C.7.1%　　D.7.5%

(2)该混合料的矿料间隙率为(　　)。

A.11.9%　　B.12.1%　　C.18.2%　　D.18.3%

【答案】

1.D	2.CD	3.√	4.BC	5.C	6.A
7.C	8.B	9.B	10.×	11.A	12.√
13.B	14.(1)B(2)C(3)B(4)A(5)CD		15.(1)C(2)C		

第四节　沥青混合料试验检测

1.【2023 检师综合】试验室取 90 号 A 级沥青、粗细集料和矿粉,进行原材料试验,在室内拌制 AC-20C 沥青混合料进行马歇尔和车辙试验。已知沥青的软化点,两个实测值为 61.3℃、62.1℃,25℃相对密度为 1.030;沥青混合料最佳沥青用量为 4.5%,粗集料、细集料和矿粉的比例分别为 62%、35% 和 3%,25℃时粗、细集料毛体积相对密度为 2.718、2.705,25℃时矿粉的表观相对密度为 2.752,合成毛体积相对密度为 2.714。沥青用量 4.6%、油石比为 4.8%;沥青混合料理论最大相对密度计算值为 2.498,实测值为 2.507;4 个马歇尔试件的毛体积相对密度平均值为 2.328。车辙试验时,三个平行试件的动稳定度测定值(单位:次/mm)分别为:801、834、829,平均值为 821,标准差为 18,变异系数为 2.2%。请完成下列题目。

马歇尔击实成型试件时,一个试件所需沥青混合料总质量约为(　　)。

A. 1200g　　B. 1230g　　C. 1248g　　D. 1294g

2.【2023 检师单选】适用于体积法检测沥青混合料密度的条件是(　　)

A. 吸水率小于 2% 的密级配沥青混凝土

B. SMA 沥青混合料

C. 吸水率小于 2% 的沥青稳定碎石

D. 开级配沥青混合料(OGFC)

3.【2023 检师多选】测定沥青混合料试件密度的方法有(　　)

A. 水中重法　　B. 表干法　　C. 蜡封法　　D. 体积法

4.【2023 检师判断】浸水马歇尔试验与标准马歇尔试验操作的不同之处在于,试件在恒温水槽中规定温度下保温时间不同。(　　)

5.【2023 检师单选】关于马歇尔稳定度试验结果的表述不正确的是(　　)。

A. 当室内成型的用于测定马歇尔稳定度的试件高度不在标准范围内时,不可修正

B. 为了保证试验精度,标准马歇尔、大型马歇尔的一组试件数量应分别不少于 4 个和 6 个

C. 混合料击实成型时温度偏高、试件水槽中保温时温度偏低,很可能导致测定的稳定度偏高

D. 当一组试件中某一个测定值与平均值之差大于平均值的 k 倍时,该测定值应予以舍弃,当试件数量不同时,k 取值不同

6.【2023 检师单选】关于沥青与集料黏附性试验的表述正确的是(　　)。

A. 偏粗的颗粒采用水浸法　　B. 偏细的颗粒采用水煮法

C. 试验结果采用定量方法表达　　D. 1 级黏附性最差,5 级黏附性最好

7.【2023 助理单选】进行沥青与粗集料的黏附性试验时,关于黏附性等级评定正确的是(　　)。

A. 沥青膜基本保存,剥离面积百分率少于 5%,评定为 5 级

B. 沥青膜少部为水所移动,厚度不均匀,剥离面积百分率少于 10%,评定为 4 级。

C. 沥青膜大部分为水所移动,局部保留在集料表面上,剥离面积百分率大于20%,评定为2级。

D. 沥青膜完全为水所移动,基料基本裸露,沥青全浮于水面上,评定为0级

8.【2023助理单选】采用燃烧炉法测定AC-13沥青混合料的沥青含量及级配筛分时,下列描述正确的是(　　)。

A. 通常情况下网孔的尺寸最大为2.36mm,最小为1.18mm

B. 对于路面上钻取的芯样,应用风扇将其吹干,通过加热并辅以锤击处理成干燥状态

C. 对每一种沥青混合料都必须进行标定,且仅需要确定沥青用量的修正系数

D. 如果482℃与538℃得到的沥青用量的修正系数差值在0.1%以内,则以538℃的沥青用量的修正系数作为最终的修正系数

9.【2024助理多选】评价沥青与粗集料的黏附性试验方法有(　　)。

A. 水浸法　　B. 水泡法　　C. 水封法　　D. 水煮法

10.【2024检师判断】用水煮法评价沥青与粗集料的黏附性时,先将集料过13.2mm和16mm标准筛,取粒径13.2～16mm、形状接近立方体的规则集料5颗,用洁净水洗净备用。(　　)

11.【2017助理判断】马歇尔试件水中称重时,随着开口孔隙中气体的排出,电子秤的数显值会不断增加。(　　)

12.【2017助理单选】计算沥青混合料空隙率,除需要沥青混合料的毛体积相对密度之外,还需要沥青混合料的(　　)。

A. 材料组成比例　　B. 表观相对密度

C. 理论最大相对密度　　D. 试件的压实度

13.【2018检师判断】聚合物改性沥青混合料不得采用真空法测定理论最大相对密度。(　　)

14.【2014/2018/2019检师多选】有关真空法测定沥青混合料理论最大密度试验,以下正确的是(　　)。

A. 真空法不适用于孔隙率大于3%的多孔型集料的沥青混合料

B. 测定前需将沥青混合料团块仔细分散,粗集料不破损,细集料分散到小于6.4mm

C. 测定时,开动真空泵,使负压容器内负压在2min内达到3.7kPa±0.3kPa

D. 负压达到后,开启振动装置持续10min±2min

15.【2019检师多选】沥青混合料设计中发现流值偏高,应采取的措施有(　　)。

A. 增加沥青用量　　B. 减少沥青用量　　C. 增加矿料用量　　D. 减少矿料用量

16.【2019助理单选】某试验人员对沥青混合料的马歇尔稳定度和流值测定时未进行修正,测得的流值可能会(　　)。

A. 偏大　　B. 偏小　　C. 不能确定　　D. 不变

17.【2019助理判断】马歇尔稳定度试验时的温度越高,则稳定度越大,流值越小。(　　)

18.【2018综合】对于聚合物改性沥青混合料,成型车辙试件后,放置的时间以(　　)为宜,使聚合物改性沥青充分固化后方可进行车辙试验,室温放置时间不得长于(　　)。

A. 24h;1周　　B. 24h;2周　　C. 48h;1周　　D. 48h;2周

19.【2019助理多选】对于沥青混合料的车辙试验,下列说法正确的有(　　)。

A. 其结果可用于评价沥青混合料的高温稳定性

B. 恒温室和试件内部温度应保持在60℃±1℃

C. 试验报告应注明试验温度,试验轮接地压强、试件密度、空隙率及试件制作方法等

D. 公称最大粒径大于或等于26.5mm的混合料试件厚度比公称最大粒径小于26.5mm的混合料试件厚度要厚

20.【2017检师判断】如车辙试验轮碾速度高于规定的要求,测得的动稳定度会偏高。(　　)

21.【2017助理单选】车辙试验前车辙板应在规定的温度下恒温一定时间,当恒温时间明显不足时,试验有可能(　　)。

A. 随季节变化测得不同稳定度

B. 导致动稳定度偏高

C. 随混合料的类型变化对动稳定度造成不同影响

D. 不影响动稳定度的结果

22.【2017助理综合】车辙试验时,三个平行试件的动稳定度测定值分别为5790次/mm、6230次/mm、6710次/mm,标准差为460次/mm,试验结果表述正确的是(　　)。

A. 试验误差过大　　B. 动稳定度测定结果为6243次/mm

C. 动稳定度测定结果为>6000次/mm　　D. 试验误差过大,应重新试验

23.【2020检师单选】某试验室从拌和楼取木质素纤维、SBS改性沥青及SMA-16沥青混合料进行相关试验,请根据试验要求完成下列题目。该SMA-16沥青混合料车辙试验,4个平行试件的动稳定度测定值分别为2872次/mm、3190次/mm、3310次/mm和2276次/mm,其平均值为2912次/mm,变异系数为15.9%,则该混合料车辙试验结果评价正确的是(　　)。

A. 该SMA-16车辙试验结果为2900次/mm

B. 该SMA-16车辙试验结果为2912次/mm

C. 该SMA-16车辙试验测定值误差偏大,试验结果为无效,需要重新进行试验

D. 该SMA-16车辙试验测定值误差偏大,试验结果为无效,需要分析原因,追加试验

24.【2020助理判断】沥青混合料冻融劈裂试验采用马歇尔击实法成型圆柱体试件,击实次数为双面各50次,试验温度为60℃。(　　)

25.【2018检师判断】沥青与集料的黏附性试验主要是评价沥青与集料的吸附能力。(　　)

26.【2018检师多选】关于沥青与粗集料的黏附性能试验说法正确的是(　　)。

A. 水煮法和水浸法都要由两名以上经验丰富的试验人员分别目测评定取平均等级

B. 同一种粒料存在大于13.2mm和小于13.2mm,对于小于13.2mm的粒料应采用水浸法

C. 水浸法的浸泡水温度为80℃±1℃

D. 评价沥青混合料的综合抗水损能力还需要进行浸水马歇尔试验和渗水试验

27.【2019助理单选】下列有关沥青与集料黏附性试验表述正确的是(　　)。

A. 偏粗的颗粒采用水浸法　　B. 偏细的颗粒采用水煮法

C. 试验结果采用定量方法表达　　D. 1级黏附性最差,5级黏附性最好

28.【2014/2018/2019检师单选】离心分离法测定沥青混合料的沥青含量时,应考虑泄漏

入抽提液中矿粉的含量；如果忽略该部分质量，测得的结果较真实值（　　）。

A. 偏大　　B. 偏小　　C. 相同　　D. 说不定

29.【2017 助理判断】沥青混合料在规定温度下燃烧产生的损失量就是沥青混合料中的沥青含量。（　　）

30.【2020 检师单选】离心分离法测定沥青混合料中的沥青含量时，应考虑泄漏入抽提液中矿粉的含量。如果忽略该部分质量，则测得结果较真实值（　　）。

A. 偏大　　B. 偏小　　C. 相同　　D. 不确定

31.【2020 检师判断】沥青混合料中沥青含量试验，可以采用离心分离法和燃烧炉法。离心分离法可以直接得出试验结果，但是操作复杂、溶剂会影响环境；燃烧炉法效率高，但事前必须标定。（　　）

32.【2021 助理判断】进行 AC-25 车辙试验时，采用轮碾法成型板块试件，其尺寸宜为 300mm（长）×300mm（宽）×60mm（厚）。（　　）

33.【2021 助理判断】在进行沥青混合料冻融劈裂试验时，应成型不少于 8 个试件，按照空隙率分为 2 组，每组不少于 4 个试件，测定 2 组试件的劈裂强度，取两组强度的比值作为试验结果。（　　）

34.【2021 检师单选】关于蜡封法测定沥青混合料空隙率试验，以下表述不正确的是（　　）。

A. 蜡封法不能用于测定空隙率较大的沥青碎石 AM 和大空隙透水性沥青混合料 OGFC

B. 蜡封法不能用于测定 SMA 和吸水率低于 2% 的 AC 和 ATB 混合料

C. 蜡封法适用于测定吸水率大于 2% 的所有沥青混合料

D. 蜡封法试验后的试件不宜用于后续马歇尔稳定度、流值等试验

35.【2021 检师判断】在沥青路面施工中，为测定沥青混合料的沥青含量，可以采用燃烧炉法或离心分离法，在实际工程中宜将两种方法结合起来应用。（　　）

36.【2021 检师多选】针对 AC-25 和 AC-13 沥青混合料（均采用 70 号 A 级沥青）的集料黏附性试验，以下说法错误的有（　　）。

A. 两种沥青混合料的集料既可以采用水煮法，也可以采用水浸法评价黏附性

B. 水煮法试验时，集料浸入沥青之前，应加热至沥青混合料的拌和温度

C. 水浸法试验时，集料与沥青拌和之前，应加热至沥青混合料的拌和温度以上 5℃

D. 无论是水煮法还是水浸法，都要求两名以上经验丰富的试验人员分别操作，各制备 1 份试样分别测定，取平均等级作为试验结果

37.【2022 检师判断】沥青混合料成型试件的密度测定方法包括表干法、蜡封法、体积法、水中重法，每种方法都有其适用范围，试验检测中应根据沥青混合料的含水率、空隙率状态进行选用。（　　）

【答案】

1. B	2. D	3. ABCD	4. √	5. D	6. D
7. B	8. D	9. AD	10. ×	11. √	12. C
13. √	14. ABC	15. BC	16. A	17. ×	18. C

续上表

19. AC	20. √	21. B	22. C	23. B	24. ×
25. ×	26. AC	27. D	28. A	29. ×	30. A
31. √	32. ×	33. ×	34. C	35. √	36. ABD
37. ×					

第五节　热拌沥青混合料配合比组成设计

1.【2023 检师单选】影响沥青与集料黏附效果的主要因素是(　　)。

A. 集料表面棱角性　　B. 集料的破碎面

C. 集料的化学性质　　D. 集料的碱活性

2.【2023 助理多选】为了增强沥青与集料的黏结力,可以掺加一部分(　　)。

A. 消石灰粉　　B. 黏土

C. 水泥　　D. 洁净的天然砂

3.【2023 助理判断】对冬季寒冷的地区或交通量小的公路、旅游公路宜选用稠度和针入度较小的沥青。(　　)

4.【2023 检师判断】沥青混合料的空隙率越高,沥青混合料越容易老化,沥青路面容易产生渗水,因此沥青混合料空隙率越低越好。(　　)

5.【2024 助理多选】沥青混合料是沥青路面的重要筑路材料,其中 AC-16 沥青混合料主要由(　　)组成。

A. 沥青　　B. 粗集料　　C. 细集料　　D. 矿粉

6.【2017 检师判断】最佳沥青用量是指能够使沥青混合料各项指标达到最好状态时所对应的用量。(　　)

7.【2017 检师多选】高速公路、一级公路沥青混合料的配合比应在调查以往同类材料配合比设计经验和使用效果的基础上进行设计,其步骤包括(　　)。

A. 目标配合比设计阶段　　B. 生产配合比设计阶段

C. 生产配合比验证阶段　　D. 确定施工级配允许波动范围

8.【2017 助理综合】某试验室需要进行 AC-20C 沥青混合料(70 号 A 级道路石油沥青)目标配合比试验。已知沥青混合料最佳沥青用量为 4.5%,马歇尔试件毛体积相对密度为 2.412。请对下列各题进行判别:

(1)目标配合比性能验证的一般试验参数有(　　)。

A. 动稳定度和渗水系数

B. 燃烧法或离心分离法检验沥青单独分开

C. 冻融劈裂残留强度时马歇尔稳定度

D. 析漏和分散

(2)若成型5cm车辙试件,一块车辙试件的混合料总质量约为(　　)。

A. 10820g　　B. 10854g　　C. 10980g　　D. 11180g

(3)车辙试验的动稳定度结果为500次/min,以下分析正确的有(　　)。

A. 结果不满足规范的动稳定度指标要求

B. 设计的沥青混合料最佳沥青用量可能偏高

C. 设计沥青混合料级配需要调细一些

D. 沥青混合料所用沥青软化点肯定偏低

(4)沥青混合料冻融试验中,以下分析正确的有(　　)。

A. 成型试件不少于8个,一般每个试件采用马歇尔双面击实50次

B. 劈裂强度试验温度为25℃,加载速率为10mm/min

C. 真空饱水时,在规定的真空度条件下将试件抽真空并保持15min;随后打开阀门,恢复常压,试件在水中浸泡30min

D. 冻融劈裂试验强度比为经冻融循环后有效试件劈裂抗拉强度代表值除以未冻融循环的有效试件劈裂抗拉强度代表值,以百分比表示

(5)车辙试验时,三个平行试件的动稳定度测定值分别为5790次/mm、6230次/mm和6710次/mm,标准差为460次/mm。试验结果表述正确的是(　　)。

A. 试验误差过大,应追加试验　　B. 动稳定度测定结果为6243次/mm

C. 动稳定度测定结果为>6000次/mm　　D. 试验误差过大,应重新试验

9.【2021检师综合】某试验室需进行AC-13沥青混合料生产配合比检验,已知沥青为70号道路石油沥青,现取样在室内拌制沥青混合料,成型马歇尔试件,测定沥青混合料理论最大相对密度,同时计算空隙率等指标。目标配合比设计的结果:沥青的相对密度为1.003;矿料合成毛体积相对密度为2.735;最佳沥青用量5.0%、油石比5.2%;马歇尔试件毛体积相对密度为2.472(毛体积密度为2.465g/cm^3),吸水率为0.2%。按双面击实75次成型4个试件,经测定试件高度完全满足规定要求,采用蜡封法测定马歇尔试件毛体积相对密度分别为2.459、2.473、2.475、2.484,平均值为2.473,标准差为0.010;含水率分别为0.4%、0.2%、0.2%和0.1%,平均值为0.2%,标准差为0.16%。25℃水的密度为0.9971g/cm^3。一个马歇尔试件的体积按515cm^{3}计算,一个理论最大相对密度试样质量为1500g。请完成下列题目。

(1)试验人员应从(　　)位置取代表性集料样品进行试验。

A. 料堆　　B. 拌和机的热料仓　　C. 运料车的车斗　　D. 储料仓

(2)一个马歇尔试件和一个理论最大相对密度试样所需沥青的质量分别为(　　)。

A. 66.0g、78.0g　　B. 63.5g、75.0g　　C. 66.2g、78.0g　　D. 63.7g、75.0g

(3)在进行最大理论密度试验时,由于试验人员疏忽导致拌制的热沥青混合料在拌和机保温93min后才开始冷却、分散,这导致空隙率、VMA和VFA指标的变化趋势是(　　)。

A. 空隙率增大,VMA和VFA降低　　B. 空隙率降低,VMA和VFA增大

C. 空隙率增大,VMA不变,VFA降低　　D. 空隙率降低,VMA不变,VFA增大

(4)击实试验时发现第一个试件高度为62.1mm,则以下操作正确的有(　　)。

A. 无须调整,继续进行马歇尔击实成型所有试件

B. 降低拌和温度 5 ~ 10℃,同时增加试样质量继续成型试件

C. 第一个试件应废弃,并重新进行击实试验

D. 适当增加试样质量,重新马歇尔击实成型试件,再次判断试件高度是否满足要求

(5)下面对马歇尔试件毛体积相对密度试验结果分析正确的是(　　)。

A. 采用的试验方法正确,且毛体积相对密度误差符合要求,数据有效

B. 采用的试验方法正确,但毛体积相对密度误差不符合要求,数据无效

C. 采用的试验方法不正确,且毛体积相对密度误差不符合要求,数据无效

D. 毛体积相对密度误差符合要求,但采用的试验方法不正确,数据无效

10.【2022 检师综合】某试验室根据设计文件进行 SBS 改性沥青混合料 AC-13 目标配合比设计,采用马歇尔设计方法,混合料配合比设计标准:设计空隙率为 3% ~5%,稳定度要求不小于 7.5kN,流值为 2 ~4mm,VFA 为 65% ~75%;空隙率 3% 时,VMA 要求不小于 13%;空隙率 4% 时,VMA 要求不小于 14%;空隙率 5% 时,VMA 要求不小于 15%。试验人员选择 5 个沥青用量进行混合料马歇尔试验,试验结果如下图。请完成下列题目。

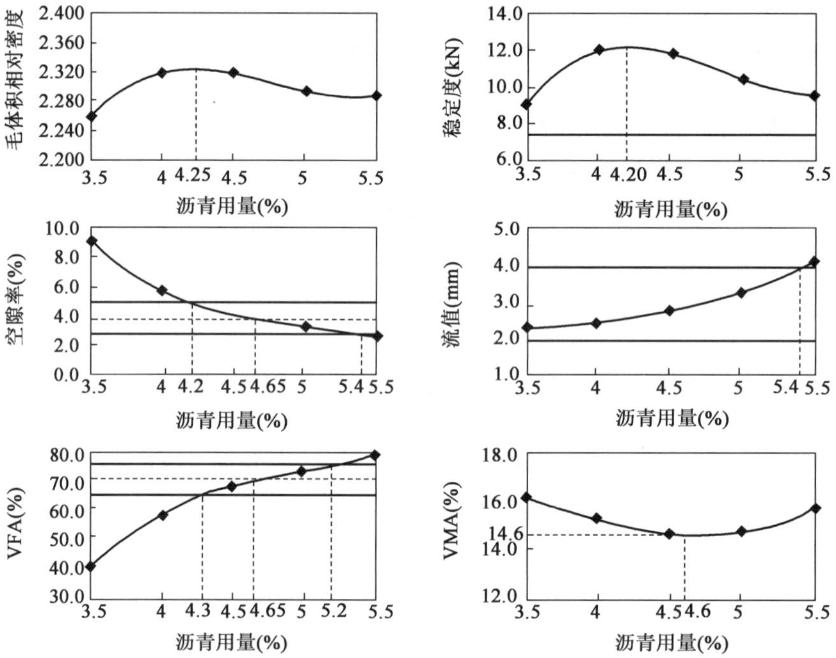

(1)该混合料的最小沥青用量 OAC_{min} 为(　　)。

A. 3.5　　B. 4.2　　C. 4.3　　D. 4.6

(2)该混合料的最大沥青用量 OAC_{max} 为(　　)。

A. 4.6　　B. 5.2　　C. 5.4　　D. 5.5

(3)该沥青混合料的最佳沥青用量 OAC_1 为(　　)。

A. 求取毛体积相对密度最大值、稳定度最大值、目标空隙率中值、沥青饱和度中值的相应沥青用量,取平均值为 4.44

B. 求取毛体积相对密度最大值、稳定度最大值、目标空隙率中值的相应沥青用量,取平均值为 4.37

C. 求取稳定度最大值、目标空隙率中值、沥青饱和度中值的相应沥青用量，取平均值为4.37

D. 求取目标空隙率中值相应的沥青用量，为4.65

(4)若确定最佳沥青用量OAC=4.6%，相应的空隙率为4.2%，则以下关于VMA指标符合性评价正确的是(　　)。

A. VMA标准为13.0%，设计的混合料VMA满足要求

B. VMA标准为14.0%，设计的混合料VMA满足要求

C. VMA标准为14.2%，设计的混合料VMA满足要求

D. VMA标准为15.0%，设计的混合料VMA不满足要求

(5)工程实际应用的设计沥青用量，可根据实践经验和公路等级、气候条件、交通情况，在计算的最佳沥青用量OAC基础上进行调整，以下表述正确的有(　　)。

A. 对炎热地区公路以及高速公路、一级公路的重载交通路段，预计有可能产生较大车辙时，宜在空隙率符合要求的范围内将计算的OAC适当降低作为设计沥青用量

B. 对山区公路的长大坡度路段，预计有可能产生较大车辙时，宜在空隙率符合要求的范围内将计算的OAC适当降低作为设计沥青用量

C. 对寒区公路、旅游公路、交通量很少的公路，可将计算的OAC适当增加作为设计沥青用量

D. 当计算的OAC与以往工程经验偏差较大时，应查明原因，必要时重新调整级配

【答案】

1. C	2. AC	3. ×	4. ×	5. ABCD
6. ×	7. ABC	8. (1)AC(2)D(3)AB(4)AC(5)C		
9. (1)B(2)B(3)C(4)CD(5)C		10. (1)C(2)B(3)A(4)C(5)ABCD		

第六节　稀浆混合料

1.【2021检师单选】在室内用击实法成型厂拌热再生沥青混合料马歇尔试件，以下说法不正确的是(　　)。

A. 沥青混合料回收料置于烘箱中加热至拌和温度，加热时间越长越好，确保加热温度均匀

B. 新集料加热温度一般高于拌和温度

C. 拌和时材料投放顺序为：先倒入沥青混合料回收料，并加入再生剂，然后加入新粗细集料，再加入新沥青，最后加入矿粉

D. 拌和时应拌和至均匀，总拌和时间约3min

2.【2023检师多选】微表处和稀浆封层均需要检验的技术指标有(　　)。

A. 可拌和时间　　B. 负荷轮碾压试验的黏附砂量

C. 浸水1h的湿轮磨耗试验的磨耗值　　D. 浸水6d的湿轮磨耗试验的磨耗值

3.【2024 助理判断】进行乳化沥青稀浆混合料的拌和试验时,在乳化沥青倒入后的最初 3～8s内用力快速拌和,然后用拌和匙沿杯壁顺时针均匀拌和,一般速度采用 60～70r/min。(　　)

4.【2024 检师多选】在公路工程中,乳化沥青适用于(　　)。

A. 水稳碎石基层顶面透层油　　B. 修补裂缝

C. 铺筑沥青贯入式路面　　D. 拌制沥青玛蹄脂碎石混合料

【答案】

1. A	2. ABC	3. √	4. ABC	

第七章　路基路面现场测试

第一节　几 何 尺 寸

1.【2023 助理单选】当沥青面层集料的最大粒径为 31.5mm 时，下列满足钻孔取样的芯样直径为(　　)mm。

A. 25　　B. 50　　C. 75　　D. 100

2.【2023 检师单选】关于路基路面几何尺寸检测的描述不正确的是(　　)。

A. 路基路面宽度可用皮尺检测　　B. 纵断高程可用水准仪检测

C. 中线偏位可用经纬仪检测　　D. 路面横坡可用水准仪检测

3.【2023 助理判断】路面横坡测量时，横断面宽度的测量应先拉平皮尺再测量两测点的水平距离。(　　)

4.【2024 助理判断】沥青路面钻芯取样时，一般选择直径大于集料最大粒径 3 倍的钻头。(　　)

5.【2024 检师单选】对设有中央分隔带公路的路面测定横坡时，水准仪架设在路面平顺处调平，将水准尺分别竖立在(　　)及路面与路肩交界位置，两个测点应在同一横断面上，并分别记录读数。

A. 道路中心

B. 路拱曲线与直线部分的交界位置

C. 路面与中央分隔带分界的路缘带边缘

D. 外侧路缘石边缘

6.【2013 检员单选】沥青面层及水泥混凝土路面板的厚度应用(　　)测定。

A. 挖坑法　　B. 钻孔法　　C. 短脉冲雷达法　　D. 环刀法

7.【2014 检师单选】脉冲雷达测定路面厚度必须进行芯样标定，目的是获得路面材料的(　　)。

A. 密度　　B. 压实度　　C. 空隙率　　D. 介电常数

8.【2020 助理判断】短脉冲雷达法检测路面厚度时，芯样标定工作可以在检测完成后进行。(　　)

9.【2017 助理单选】现场钻取路面结构的代表性试样时，芯样的直径不宜小于集料最大粒径的(　　)倍。

A. 2　　B. 3　　C. 4　　D. 5

10.【2017 助理多选】适用于测定路面结构层厚度的方法有(　　)。

A. 断面仪法　　B. 钻芯取样法　　C. 雷达法　　D. 挖坑法

11.【2017 助理判断】采用钻芯取样法测量路面厚度时，钻头直径必须为 100mm。(　　)

12.【2017 检师判断】钻芯取样法测定路面厚度时，用钢尺量取试坑深度，作为路面检查层的厚度。(　　)

13.【2019 检师单选】交工验收时，当高速公路沥青路面面层厚度为 17cm 时，可以用于测量路面厚度的雷达天线主频为(　　)。

A. 100MHz　　B. 900MHz　　C. 1GHz　　D. 1.5GHz

14.【2018 检师单选】以下关于短脉冲雷达法测量路面厚度的说法中错误的是(　　)。

A. 路面过度潮湿情况下不适合该方法

B. 设备工作温度通常在 0～40℃

C. 测量深度为 8cm 时，系统的测量误差应不超过 3mm

D. 可以采用 500MHz 地面耦合天线检测

15.【2017 检师判断】半刚性基层施工现场压实度的测定，应以当天通过现场取样并成型试件测得的最大干密度为准进行评定。(　　)

16.【2021 助理单选】在钻芯法取样测压实度时，通常选择直径大于集料最大粒径(　　)倍的钻头。

A. 1　　B. 2　　C. 3　　D. 4

17.【2021 助理判断】钻芯法测定路面厚度时，钻孔深度可以超过测试层的底面。(　　)

18.【2021 助理综合】某市建设完成一条技术等级为三级的公路，路面宽度的设计值为 9.0m，沥青路面面层的设计总厚度为 10cm。检测机构受委托开展交工验收检测工作，请结合工程实际完成下列题目。

(1)路面宽度测量时，检测人员用钢卷尺沿道路中线垂直方向水平量路面宽度，读数应准确至(　　)。

A. 1mm　　B. 5mm　　C. 10mm　　D. 50mm

(2)如果采用短脉冲雷达法检测路面厚度，(　　)的天线适合检测该公路。

A. 400MHz　　B. 900MHz　　C. 2.0GHz　　D. 2.5GHz

(3)路面厚度检测完成后，检测人员计算路面厚度(　　)是合格的。

A. 84mm　　B. 86mm　　C. 90mm　　D. 105mm

19.【2022 检师单选】短脉冲雷达法测试路面厚度时，需将现场钻取的芯样高度与雷达采集软件的结果进行对比计算得出芯样的波速。每个波速标定路段钻芯取样位置应均匀分布，取样间距不宜超过(　　)km。

A. 0.5　　B. 1　　C. 2　　D. 5

【答案】

1. D	2. A	3. ×	4. √	5. C	6. B
7. D	8. ×	9. B	10. BCD	11. ×	12. ×
13. D	14. D	15. √	16. C	17. √	18. (1)A(2)C(3)BCD
19. D					

第二节　压　实　度

1.【2023 检师单选】采用中型灌砂筒测定粗粒土的现场压实度时，需要测定土的含水率，取样的数量(　　)。

A. 不少于 100g　　B. 不少于 500g　　C. 不少于 1000g　　D. 不少于 2000g

2.【2023 助理判断】当用环刀法检测无机结合料稳定细粒土压实度时，若环刀打入碾压层土体较浅时，密度的检测结果会偏小。(　　)

3.【2023 助理判断】采用沉降差法评定土石路堤或填石路堤压实质量时，一般沿道路纵向每隔 20m 作为一个观测断面，每个观测断面沿横断面方向每隔 5 ~ 10m 均匀布设沉降观测点。(　　)

4.【2024 助理单选】在路面工程施工质量检验评定中，不能用于沥青混凝土面层压实度计算的标准密度是(　　)。

A. 配合比密度　　B. 试验室标准密度

C. 最大理论密度　　D. 试验段密度

5.【2024 检师多选】根据《公路沥青路面施工技术规范》(JTG F40—2004)，可以作为沥青层压实度计算使用的沥青混合料标准密度有(　　)。

A. 试验室标准密度　　B. 配合比设计用标准密度

C. 最大理论密度　　D. 试验路段密度

6.【2024 助理判断】沉降差法测试土石路堤或填石路堤的压实程度时，需要用到振动压路机、水准仪等仪具。(　　)

7.【2024 检师判断】根据《公路路基路面现场测试规程》(JTG 3450—2019)，环刀法测试路基压实度试验中，应取不少于 100g 的代表性试样用于测定含水率。(　　)

8.【2020 助理判断】无核密度仪在使用前应在试验段上标定与标准方法的相关性。(　　)

9.【2020 检师多选】下面属于沉降差法测试土石路堤压实程度试验步骤的有(　　)。

A. 路基碾压施工完成后，将振动压路机停放在测试路段前 20m 处，启动振动压路机，并调至强振挡位

B. 振动压路机以不大于 4km/h 的速度对测试路段进行碾压，往返一次为一遍

C. 碾压结束后用水准仪逐点测量固定物顶面高程 h_{i1}、h_{i2}、…、h_{ij}，精确到 0.1mm

D. 随机选取有代表性的区域，按照《公路土工试验规程》灌水法测试材料干密度

10.【2020 检师综合】挖坑灌砂法经常用于施工现场测定基层、砂石路面及路基土的各种材料压实层的密度和压实度。在一条二级公路路基施工现场，检测人员用该方法测定路基压实度以检验施工质量，获得的检测数据经过计算得出该试验点土的湿密度为 1.95g/cm^3，含水率为 19.8%。已知该土最大干密度为 1.75g/cm^3，请根据上述条件完成下列问题。

(1)挖坑灌砂法需要用到的仪具和材料包括(　　)。

A. 玻璃板　　B. 台秤　　C. 比重计　　D. 烘箱

(2)以下描述属于灌砂筒下部圆锥内砂质量标定步骤的有(　　)。

A. 在灌砂筒筒口高度上,向灌砂筒内装砂至距筒顶的距离 15mm 左右为止

B. 不晃动储砂筒的砂,轻轻地将灌砂筒移至玻璃板上,将开关打开,让砂流出,直到筒内砂不再下流时,将开关关上,并细心地取走灌砂筒

C. 收集并称量留在玻璃板上的砂或称量筒内的砂,准确至 1g

D. 取走基板,并将留在试验地点的量砂收回,重新将表面清扫干净

(3)根据题目的已知条件计算得到该试验点路基压实度为(　　)。

A. 89.7%　　B. 93.1%　　C. 107.4%　　D. 111.4%

(4)灌砂法测定密度过程中,下列会影响测定结果的操作包括(　　)。

A. 更换了测量用砂而没有再次标定砂的松方密度

B. 开凿试坑时飞出的石子未捡回

C. 所挖试坑的深度超过了测定层

D. 从试坑中取出的量砂直接用于下一次试验

(5)由于压实后的路基较硬,检测人员所挖试坑截面为上大下小,则压实度结果(　　)。

A. 偏小　　B. 偏大　　C. 无影响　　D. 无法确定

11.【2018 检师综合】高速公路路基施工完成后进行压实度检测工作,现场采用挖坑灌砂方法测定路基压实度,请结合相关标准规范对以下问题进行作答。

(1)挖坑灌砂法试验适用于(　　)的压实度检测。

A. 基层　　B. 路基土　　C. 填石路堤　　D. 砂石路面

(2)下面(　　)项不是标定灌砂筒下部圆锥体内砂质量的步骤。

A. 按规定方法向灌砂筒内装砂并称取砂的质量,以后每次标定均维持该砂的质量

B. 将装有一定质量砂的储砂筒放在标定罐上,打开开关让砂流出至不再下流时,关闭开关,取下灌砂筒,称取筒内剩余砂的质量

C. 将灌砂筒轻移至玻璃板上,打开开关让砂流出,直至砂不再流出,关闭开关,取走灌砂筒

D. 收集并称量玻璃板上砂的质量

(3)灌砂法测定过程中,下列(　　)操作会使测定结果偏小。

A. 测定层表面不平整而操作时未先放置基板测定粗糙表面的耗砂量

B. 标定砂锥质量时未先流出一部分与试坑体积相当的砂,而直接用全部的砂来形成砂堆

C. 开凿试坑时飞出的石子未捡回

D. 所挖试坑的深度只达到测定层的一半

(4)测压实度正确的试验步骤排序为(　　)。

①移开灌砂筒并取出试坑内的量砂以备下次再用;②移开灌砂筒并清理测点表面;③测定粗糙面上砂锥的质量;④将装有量砂的灌砂筒放置在基板中心;⑤放置基板使基板中心对准测点;⑥在灌砂筒内装入量砂,把灌砂筒放在基板上,使灌砂筒中心正好对准基板中心,打开灌砂筒,测定灌入试坑内砂的质量;⑦沿基板中心向下挖坑至下一结构层顶面,并尽快称量所挖出

试样的质量和含水率；⑧选点并将表面清理干净

A. ⑧⑤④③②⑦⑥①　　B. ⑧⑤④③②⑤⑦⑥①

C. ⑧⑤③②④⑤⑦⑥①　　D. ⑧④③②⑤⑦⑥①

(5)灌砂法试验得出试坑材料湿密度为2.30g/cm³，含水率为5.5%，该材料室内标准击实试验最大干密度为2.25g/cm³，则该测点压实度为(　　)。

A. 92.40%　　B. 96.60%　　C. 96.90%　　D. 102.20%

12.【2021助理判断】为了节约量砂，挖坑灌砂法测定路基压实度后，取出的量砂过筛后可直接用于后续压实度检测。(　　)

13.【2021助理多选】沉降差法测试土石路堤或填石路堤的压实度时，需要用到的仪具有(　　)。

A. 胶轮压路机　　B. 水准仪　　C. 钢卷尺　　D. 灌砂筒

14.【2021助理多选】灌砂法测定路基压实度前应先标定(　　)。

A. 量砂的松方密度　　B. 灌砂筒下部圆锥体内砂的质量

C. 灌砂筒下部圆锥体内砂的体积　　D. 灌砂筒内所装砂的质量

15.【2021检师单选】环刀法中用人工取土器测试路基压实度时，应取代表性试样不少于(　　)用于测定含水率。

A. 50g　　B. 100g　　C. 150g　　D. 200g

16.【2021检师单选】挖坑灌砂法测定路基压实度时，以下关于标定灌砂设备下面锥体内砂质量的描述不正确的是(　　)。

A. 在储砂筒筒口高度上，向储砂筒内装砂至距筒顶距离为15mm±5mm，称取装入筒内砂的质量m_1，准确至1g

B. 将开关打开，让砂自由流出，并使流出砂的体积与标定罐的容积相当，然后关上开关

C. 不晃动储砂筒，轻轻地将灌砂筒移至玻璃板上，将开关打开，让砂流出，直到筒内砂不再下流时，将开关关上，取走灌砂筒

D. 称量留在玻璃板上的砂或称量储砂筒内砂的质量，准确至1g。玻璃板上的砂质量就是圆锥体内砂的质量m_2。平行试验2次，取其平均值作为最终结果

17.【2021检师判断】无核密度仪测定压实度方法适用于公路现场快速测试当日铺筑且未开放交通的沥青路面各层沥青混合料的密度，并计算得到压实度。(　　)

18.【2022检师单选】挖坑灌砂测试土的压实度，已知试坑材料湿密度为2.10g/cm³ 含水率为7.05%，则试坑材料的干密度为(　　)g/cm³。

A. 1.95　　B. 1.96　　C. 2.25　　D. 2.26

【答案】

1. D	2. ×	3. √	4. A	5. ACD	6. √
7. √	8. √	9. ABCD	10. (1)ABD(2)BC(3)B(4)ABCD(5)B		
11. (1)ABD(2)B(3)AC(4)B(5)C		12. ×	13. BC	14. AB	15. B
16. D	17. √	18. B			

第三节　平　整　度

1.【2023 助理单选】在水泥混凝土面层的检查项目中,不能用于评价平整度的指标是(　　)。

A. σ　　B. IRI　　C. SFC　　D. 最大间隙 h

2.【2023 助理单选】根据《公路路基路面现场测试规程》(JTG 3450—2019),当采用 3 米直尺法检测沥青路面平整度时,一般应连续测(　　)尺。

A. 3　　B. 5　　C. 10　　D. 20

3.【2023 检师判断】路面平整度指标 VBI 越大,则路面平整性越好。(　　)

4.【2023 检师多选】关于车载式颠簸累积仪测定平整度的表述正确的有(　　)

A. 直接检测的指标是测量车后轴与车厢之间的单向位移累积值 VBI

B. 车载式颠簸累积仪属于反应类平整度仪

C. 需要对检测值进行温度修正

D. 测试车上载重、人数以及分布情况不会影响检测结果

5.【2023 检师单选】颠簸累积仪测值与国际平整度指数 IRI 的相关性试验时,回归分析建立相关性关系式的相关系数 R 应不小于(　　)。

A. 0.90　　B. 0.95　　C. 0.97　　D. 0.99

6.【2024 助理单选】连续式平整度仪检测时可以采用的速度是(　　)。

A. 10km/h　　B. 15km/h　　C. 20km/h　　D. 25km/h

7.【2024 助理多选】关于激光平整度仪测定平整度试验的表述正确的是(　　)。

A. 正式测试之前,试验人员应让承载车以测试速度行驶 5 ~ 10km

B. 承载车停在测试起点前 50 ~ 100m 处,启动测试系统并设置所需测试状态

C. 正常测试时,承载车一般应保持稳定的速度,不应随意改变车速

D. 测试完成后,测试人员停止数据采集和记录并恢复仪器各部分至初始状

8.【2024 检师单选】根据《公路路基路面现场测试规程》(JTG 3450—2019),当采用 3 米直尺法测定平整度进行二级公路路面的路况评定时,每处应连续测量(　　)尺。

A. 1　　B. 5　　C. 10　　D. 20

9.【2018 检师单选】车载式颠簸累计仪直接测量的是(　　)。

A. IRI　　B. σ　　C. VBI　　D. RN

10.【2018 助理单选】3 米直尺法测量路面平整度时,应首尾相接连续测量(　　)尺。

A. 3　　B. 5　　C. 10　　D. 15

11.【2018 检师判断】平整度指标 σ 值越大,则路面平整性越差。(　　)

12.【2018 助理判断】连续式平整度仪的工作测量速度不宜小于 12km/h。(　　)

13.【2018 检师多选】关于连续式平整度仪测定路面平整度的说法中,正确的有(　　)。

A. 连续式平整度仪的标准长度为 3.6m

B. 测量时,速度应保持匀速

C. 测量速度最大不应超过 15km/h

D. 自动采集位移数据时,测定间距可以设定为 10cm

14.【2021 助理判断】用连续式平整度仪检测有车辙路面的平整度时,应取车道中心线作为测点位置。(　　)

15.【2021 助理综合】某市建设完成一条技术等级为三级的公路,路面宽度的设计值为9.0m,沥青路面面层的设计总厚度为10cm。检测机构受委托开展交工验收检测工作,请结合工程实际完成下列题目,其余题目已归类至其他章节。

路面平整度检测时采用了3米直尺法,下面描述正确的有(　　)。

A. 检测时,应清扫测试位置表面的碎石、杂物

B. 测试位置选择时,除特殊需要外,应以车道一侧车轮轮迹作为连续测试的位置

C. 测试时,应将3米直尺沿道路纵向摆在测试位置的路面上

D. 检测人员应将具有高度标线的塞尺塞进直尺与路面间隙处,测试最大间隙的高度

16.【2021 检师单选】路面平整度自动化检测设备中车载式颠簸累积仪属于(　　)检测设备。

A. 反应类　　B. 断面类　　C. 标准差类　　D. 平均值类

【答案】

1. C	2. C	3. ×	4. AB	5. D	6. A
7. ABCD	8. C	9. C	10. B	11. √	12. ×
13. BD	14. ×	15. ABC	16. A		

第四节　承 载 能 力

1.【2023 检师判断】承载板法测定土基回弹模量的刚性承载板直径为21.3cm。(　　)

2.【2023 助理单选】贝克曼梁是测量路基路面结构强度的重要仪器,基于其工作原理分析,它测量的数值为(　　)。

A. 总弯沉　　B. 滚动弯沉　　C. 动态弯沉　　D. 回弹弯沉

3.【2023 检师单选】半刚性基层沥青路面弯沉测定时,若未经支点修正,用5.4m贝克曼梁测得的回弹弯沉值与用3.6m贝克曼梁测得的结果相比(　　)。

A. 偏大　　B. 偏小　　C. 相同　　D. 不确定

4.【2023 检师单选】关于自动弯沉仪测定路面弯沉值的说法中不正确的是(　　)。

A. 检测原理与杠杆原理无关

B. 承载车必须满足标准车BZZ-100的参数要求

C. 测量结果为路面总弯沉

D. 所测弯沉值不能直接用于路面承载能力评定

5.【2024 助理单选】关于土基现场CBR值试验方法的表述不正确的是(　　)。

A. 该方法不适用于填料粒径超过31.5mm的土基

B. 试验需要使用的载货汽车后轴重应不小于100kN

C. 试验前应将测试地点直径约300mm范围的表面找平

D. 卸载完成后应在试验点旁边的适当位置用灌砂法或环刀法测试土基密度

6.【2024助理判断】根据《公路路基路面现场测试规程》(JTG 3450—2019),用承载板法测土基回弹模量时,试验过程中需要对土基进行逐级加载、卸载。(　　)

7.【2024助理多选】当半刚性基层沥青路面的面层厚度为10cm,路面平均温度为30℃时,若采用3.6m贝克曼梁检测路面弯沉,需要做(　　)修正。

A.温度　　B.支点　　C.臂长　　D.杠杆比

8.【2024检师单选】根据《公路路基路面现场测试规程》(JTG 3450—2019),关于承载板测定土基回弹模量试验方法的测试步骤描述不正确的是(　　)。

A.用千斤顶加载至预压值0.05MPa,稳压1min

B.采用逐级加载卸载法,每级增加0.025MPa,加载至预定荷载后稳压1min

C.读取两台弯沉仪百分表数值,当差值不超过平均值30%时,取平均值

D.在试验点取样,测定材料含水率

9.【2024检师单选】用贝克曼梁法测定半刚性基层路面回弹弯沉时,下列描述不正确的是(　　)。

A.半刚性基层路面不能采用3.6m的弯沉仪开展检测工作

B.既可以单侧布置测定,也可以根据需要双侧布置并同时测定

C.试验车停好后,将弯沉插入汽车后轮之间的缝隙处,测头置于轮系中心前方3~5cm处

D.试验车缓缓前进,读取表针转动的最大值,试验车离开影响区,表针若出现反向回转,应待表针稳定后再次读取百分表读数

10.【2017助理单选】贝克曼梁法测定弯沉,测试前应将试验车后轮轮隙对准(　　)位置。

A.测点后3~5cm　　B.测点正上方

C.测点前3~5cm　　D.测点前5~7cm

11.【2017检师判断】用两台弯沉仪同时进行左右轮弯沉测定时,应按两个独立点考虑,不能采用左右两点的平均值。(　　)

12.【2020检师判断】当气温为20℃时,贝克曼梁法测路面弯沉的结果可以不进行温度修正。(　　)

13.【2017检师多选】有关沥青混凝土面层弯沉测试评定中,下列说法不正确的是(　　)。

A.代表弯沉值大于设计弯沉值为合格

B.当路面温度不是20℃±2℃时,必须对测定值进行温度修正

C.沥青面层厚度不大于5cm时,不进行温度修正

D.若在非不利季节测定,测定值应进行季节影响修正

14.【2018助理多选】贝克曼梁法测弯沉,以下哪些情况不用对测值进行温度修正(　　)。

A.测量路基弯沉　　B.测量时路表面温度为20℃

C.测量水稳基层的路表面弯沉　　D.沥青面层厚度不足5cm

15.【2019检师判断】在测定半刚性基层沥青路面的弯沉时,用3.6m贝克曼梁测得的回弹弯沉比用5.4m贝克曼梁测得的结果偏大。(　　)

16.【2018 检师多选】贝克曼梁弯沉仪常用的规格有(　　),杠杆比一般为 2∶1。

A. 5.4m　　B. 7.2m　　C. 1.2m　　D. 3.6m

17.【2017 助理多选】对贝克曼梁检测弯沉用标准车的要求有(　　)。

A. 双后轴　　B. 后轴双侧 4 轮

C. 轮胎充气压力 0.5MPa　　D. 标准轴载 BZZ-100

18.【2017 助理单选】落锤式弯沉仪组成不包括(　　)。

A. 荷载发生装置　　B. 弯沉检测装置

C. 载货汽车　　D. 运算及控制装置

19.【2020 助理单选】落锤式弯沉仪测量弯沉时,每个测点一般重复测试不少于(　　)次。

A. 2　　B. 3　　C. 4　　D. 5

20.【2020 检师判断】落锤式弯沉仪检测路面弯沉时,一般舍去单个测点的首次测值,取其后几次测值的平均值作为该点的弯沉值。(　　)

21.【2018 检师多选】有关沥青混凝土面层弯沉测试评定中,下列情况正确的是(　　)。

A. 测得弯沉代表值越大说明路面强度越高

B. 当路面温度不是 20℃ ±2℃时,必须对测值进行温度修正

C. 代表弯沉值的计算中,目标可靠指标 β 应根据不同道路等级进行选择

D. 弯沉应在最不利季节测定,否则应进行季节修正

22.【2018 助理综合】某三级公路进行升级改造,为了解路基状况,检测机构用承载板法测定土基回弹模量。请回答以下问题。

(1)该试验需要以下(　　)等设备。

A. 千斤顶　　B. 测力计　　C. 贝克曼梁　　D. 温度计

(2)试验过程中用到的刚性承载板的直径为(　　)cm。

A. 30　　B. 45　　C. 20　　D. 15

(3)试验过程中,采用千斤顶进行逐级加载、卸载,当加载的荷载大于 0.1MPa 时,每级增加的荷载为(　　)MPa。

A. 0.02　　B. 0.04　　C. 0.05　　D. 0.1

(4)测定总影响量 a 时,最后一次加载卸载循环结束后,取走千斤顶,重读取两只百分表初读数,然后将测试车辆开出 10m 外,读取终读数总影响量 a 为(　　)。

A. 两只百分表初读数与终读数之差的平均值

B. 两只百分表初读数平均值与终读数平均值之差

C. 两只百分表初读数平均值与终读数平均值之差,再乘以贝克曼梁杠杆比

D. 两只百分表初读数与终读数之差的平均值,再除以贝克曼梁杠杆比

(5)测量试验点土样含水率时,当最大粒径为 26.5mm 时,取样数量约为(　　)。

A. 60　　B. 120　　C. 250　　D. 500

23.【2021 助理单选】在贝克曼梁法测试路面弯沉试验中,贝克曼梁的测头应放在加载车(　　)处测点上。

A. 轮隙中心后方 30 ~ 50mm　　B. 轮隙中心前方 30 ~ 50mm

C. 轮隙中心后方 50 ~ 100mm　　D. 轮隙中心前方 50 ~ 100mm

24.【2021 检师判断】贝克曼梁法测路面弯沉时,当沥青面层厚度大于 50mm 时,回弹弯沉值可以不用进行温度修正。(　　)

25.【2022 检师单选】利用当地材料进行现场 CBR 和 DCP 相关性试验时,为了建立现场 CBR 值与 DCP 测试的贯入度 D_d或动贯入阻力 Q_d之间的相关性关系式,测点数宜不少于(　　)个。

A. 7　　B. 9　　C. 11　　D. 15

26.【2022 检师判断】土基现场 CBR 值测试后需要在紧靠试验点旁边的适当位置取样测试土基的密度。(　　)

27.【2022 检师多选】根据《公路路基路面现场测试规程》(JTG 3450—2019),关于土基现场 CBR 值试验表述正确的有(　　)。

A. 适用于在现场测试各种土基材料的现场 CBR 值

B. 试验时,用千斤顶连续加载,使贯入杆以 1mm/min 的速度压入土基

C. 试验贯入杆是直径 75mm、长约 200mm 的金属圆柱体

D. 从压强-贯入度曲线上读取贯入量为 2.5mm 和 5.0mm 的荷载压强计算现场 CBR 值

【答案】

1. ×	2. D	3. A	4. A	5. B	6. √
7. AB	8. B	9. A	10. A	11. √	12. ×
13. AB	14. ABD	15. ×	16. AD	17. BD	18. C
19. B	20. √	21. CD	22. (1) ABC(2) A(3) B(4) C(5) D		23. B
24. ×	25. D	26. √	27. ABD		

第五节　水泥混凝土强度

1.【2023 助理单选】超声回弹法测定路面水泥混凝土抗弯强度时,要求水泥混凝土路面板厚度不低于 100mm,且龄期不小于(　　)。

A. 7d　　B. 14d　　C. 28d　　D. 180d

2.【2024 助理单选】取芯法测试水泥混凝土路面强度试验需要用到的仪具或材料是(　　)。

A. 回弹仪　　B. 碳化深度测量仪

C. 劈裂夹具　　D. 换能器

3.【2024 助理多选】根据《公路路基路面现场测试规程》(JTG 3450—2019),符合用超声回弹法测试水泥混凝土路面抗弯强度的路面板厚度有(　　)。

A. 75mm　　B. 100mm　　C. 200mm　　D. 250mm

4.【2020 检师判断】回弹法测定的水泥混凝土路面板强度结果可以作为工程验收使用。(　　)

5.【2018 助理判断】回弹法测定的水泥混凝土路面抗压强度不能作为仲裁或工程验收的依据。(　　)

6.【2018 检师多选】现场检测水泥混凝土路面强度,可以采用以下(　　)方法检测。

A. 回弹仪法　　B. 低应变法　　C. 落球仪法　　D. 超声回弹法

7.【2018 助理单选】超声回弹法测定路面水泥混凝土抗弯拉强度时,要求水泥混凝土路面板厚度不低于(　　)mm。

A. 100　　B. 150　　C. 200　　D. 250

8.【2022 检师判断】回弹法测试水泥混凝土强度方法适用于快速测试水泥混凝土路面的抗压强度,但测试结果不能作为混凝土路面的强度评定、仲裁试验或工程验收使用。(　　)

9.【2022 检师多选】关于回弹法测试水泥混凝土强度试验表述正确的有(　　)。

A. 布置测区,测区表面应清洁、干燥、平整,必要时可用砂轮清除表面的杂物和不平整处,磨光的表面不应有残留粉尘或碎屑

B. 将回弹仪的弹击杆顶住混凝土表面,轻压仪器,使按钮松开,弹击杆徐徐伸出,并使挂钩挂上弹击锤

C. 手持回弹仪对混凝土表面缓慢均匀施压,待弹击锤脱钩,冲击弹击杆后,弹击锤即带动指针向后移动到达一定位置,指针刻度线在刻度尺上的示值即为该点的回弹值

D. 应在有代表性的测区上测量碳化深度值,测点数不应少于构件测区数的 30%,应取其平均值作为该构件每个测区的碳化深度值

【答案】

1. B	2. C	3. CD	4. ×	5. √	6. AD
7. A	8. √	9. ABCD			

第六节　抗 滑 性 能

1.【2023 检师判断】手工铺砂法测试路面构造深度时,每一测试位置均取 3 次路面构造深度的测试结果的平均值作为试验结果,当平均值小于 0.2mm 时,试验结果以 <0.2mm 表示。(　　)

2.【2023 助理单选】关于铺砂法测试路面构造深度的描述,正确的试验顺序选项为(　　)。①用扫帚或毛刷子将测点附近的路面清扫干净,面积不少于 30cm×30cm。②用小铲向圆筒中缓缓注入准备好的量砂至高出量筒成尖顶状,手提圆筒上部,用钢尺轻轻叩打圆筒中部 3 次,并用刮尺沿筒口一次刮平。③用钢板尺测量所构成圆的两个垂直方向的直径,取其平均值,准确至 1mm。也可用专用尺直接测量构造深度。④将砂倒在路面上,用推平板由里向外重复作摊铺运动,稍稍用力将砂向外均匀摊开,使砂填入路表面的空隙中,尽可能将砂摊成圆形,并不得在表面上留有浮动余砂。⑤同一处平行测试不少于 3 次,测点间距 3~5m。

A. ①②③④⑤　　B. ①②④③⑤

C. ②①④③⑤　　D. ②①③④⑤

3.【2023 检师单选】用摆式仪测定路面抗滑性能时,需对测试路面温度进行温度修正,不需要修正的标准温度为(　　)℃。

A. 15　　B. 20　　C. 22　　D. 25

4.【2023 助理多选】属于用摆式仪测定路面摩擦系数的步骤有(　　)。

A. 安放挡风板　　B. 校核滑动长度

C. 向路面喷水并测试摩擦系数　　D. 测试干燥路面的温度

5.【2017 助理判断】摆式仪测试过程中发现橡胶片磨损过度,更换新橡胶片后即可进行测试评价。(　　)

6.【2017 检师单选】摆式仪测定路面摩擦系数过程中,下面不正确的做法是(　　)。

A. 将仪器置于路面轮迹带测点上,并使摆的摆动方向与行车方向一致

B. 校准滑动长度,使符合 126mm 的规定

C. 用喷水壶浇洒测点,使路面处于湿润状态

D. 每个测点测定 3 个值,每个测点由 5 个单点组成,以 5 次测定结果的平均值作为该测点的代表值

7.【2018 助理单选】摆式仪测定路面摩擦系数时,摆在路面上滑动长度为(　　)。

A. 130mm ± 1mm　　B. 128mm ± 1mm

C. 126mm ± 1mm　　D. 127mm ± 1mm

8.【2019 助理判断】摆式仪测试路面摩擦系数,当空气温度为 20℃时,测试结果不进行温度修正。(　　)

9.【2020 助理判断】摆值是摆式摩擦系数测定仪测试路面在潮湿条件下的路面摩擦系数表征值,简称 BPN。(　　)

10.【2020 检师单选】摆式仪测试路面摩擦系数,当路面温度为(　　)℃时,测值可以不进行温度修正。

A. 13　　B. 20　　C. 26　　D. 32

11.【2020 检师多选】以下关于铺砂法测试路面构造深度的描述,正确的试验顺序为(　　)。

①同一处平行测试不少于 3 次,测点间距 3 ~ 5m。②用小铲向圆筒中缓慢注入准备好的量砂至高出量筒成尖顶状,手提圆筒上部,用钢尺轻轻叩打圆筒中部 3 次,并用刮尺边沿筒口一次刮平。③用扫帚或毛刷子将测点附近的路面清扫干净,面积不少于 30cm × 30cm。④用钢板尺测量所构成圆的两个垂直方向的直径,取其平均值,准确至 1mm。也可用专用尺直接测量构造深度。⑤将砂倒在路面上,用推平板由里向外重复做摊铺运动,稍稍用力将砂向外均匀摊开,使砂填入路表面的空隙中,尽可能将砂摊成圆形,并不得在表面留有浮动余砂。

A. ③②④⑤①　　B. ③②⑤④①　　C. ②③⑤④①　　D. ②③④⑤①

12.【2020 助理判断】铺砂法测试路面构造深度后收集回的量砂,必须经晾干过筛后方可以继续使用。(　　)

13.【2017 检师多选】影响手工铺砂法测定路面表面构造深度结果的因素有(　　)。

A. 摊平板的直径　　B. 装砂的密度

C. 量砂筒的容积　　D. 摊平砂的圆形直径

14.【2020 检师判断】双轮式横向力系数测试系统的直接测值需要换算成标准 SFC 值才可评价工程质量。(　　)

15.【2019 检师判断】横向力系数测试车更换测试轮胎后可以直接开展测量工作。(　　)

16.【2017 助理判断】单轮式横向力系数测试系统测定的路面摩擦系数称为横向力系数 SFC。(　　)

17.【2017 检师多选】关于单轮式横向力系数 SFC 测试系统正确的说法有(　　)。

A. 测试轮的偏置角为 20°

B. 测试轮胎的气压与垂直荷载应符合 BZZ-100 的要求

C. 未在标准测试速度范围条件下测试的 SFC 值必须进行速度修正

D. SFC 值不存在温度修正问题

18.【2018 助理多选】下面关于路面横向力系数检测过程描述正确的有(　　)。

A. 检测前需要对路面进行清扫

B. 检查测试轮胎,调整气压至 0.3MPa

C. 检测时测试速度可以采用 60km/h

D. 检测时要求空气温度 20℃ ±5℃

19.【2019 助理多选】高速公路竣工验收,对路面横向力摩擦系数检测过程描述正确的有(　　)。

A. 检测前不需要对路面进行清扫

B. 检查测试轮胎,调整气压至 0.35MPa

C. 检测时测试速度需采用 50km/h

D. 检测过程中沿正常行车轨迹行驶

20.【2018 助理单选】采用横向力系数测定车(SCRIM)测定路面横向力系数时,除了保证测试轮胎气压满足要求外,还要保证水膜厚度不小于(　　)mm。

A. 0.5　　B. 1　　C. 3　　D. 5

21.【2017 助理综合】对某双向 8 车道高速公路沥青路面工程质量进行检验评定时,采用手工铺砂法测路面的构造深度。针对该试验请回答以下问题。

(1)选择测点的正确做法是(　　)。

A. 对测试路段每 200m 测 1 处

B. 对测试路段按随机取样选点的方法,决定测点所在横断面位置

C. 测点应选在行车道的轮迹带上

D. 同一处测 3 个测点,以中间测点表示该处的测定位置

(2)对所用量砂的要求是(　　)。

A. 干燥、洁净、匀质　　B. 中砂

C. 只能在路面上使用一次　　D. 回收砂可直接使用

(3)往量砂筒中装砂的正确做法是(　　)。

A. 用小铲沿筒壁向圆筒中装砂　　B. 直接用量砂筒装砂

C. 用力填压,振动密实　　D. 使砂密实后,补足砂面,用钢尺一次刮平

(4)铺砂的正确操作方法是(　　)。

A. 将量砂筒中的砂倒在路面上　　B. 用推平板,由里向外重复旋转摊铺

C. 用力将砂往外推挤　　D. 尽可能将砂摊成圆形

(5)影响路面表面构造深度测定结果的因素有(　　)。

A. 摊平板的直径　　B. 装砂与铺砂的紧密程度

C. 倒在路面上的砂的体积　　D. 摊平砂的面积

22.【2019 助理综合】某普通公路交工验收,路面为沥青混凝土。试验人员用摆式摩擦系数仪测定路面摩擦系数,请依据上述条件完成下面题目。

(1)摆式摩擦系数仪测量值的单位是(　　)。

A. BPN　　B. 无量纲　　C. N　　D. MPa

(2)温度对摆式摩擦系数仪的测值有影响,当现场测量喷水后的路面温度为 13℃时,测量值与修正后的结果相比(　　)。

A. 测量值小　　B. 测量值大

C. 测量值与修正后的结果相等　　D. 不好说

(3)针对这条路的交工验收工作,路面摩擦系数的检查频率是(　　)。

A. 100m 1 处　　B. 100m 2 处　　C. 200m 1 处　　D. 200m 2 处

(4)测量过程中,每一个点测(　　)次,测量值的最大值与最小值的差值不超过(　　)。

A. 5;2　　B. 3;2　　C. 5;3　　D. 3;3

(5)以下属于摆式摩擦系数仪测定路面摩擦系数的步骤有(　　)。

A. 安放挡风板　　B. 仪器调平　　C. 校核滑动长度　　D. 向路面喷水并测量

23.【2017 检师综合】某新建高速公路交工验收,沥青混凝土路面采用横向力系数测试车检测,已知该路面的抗滑设计标准 SFC = 49,测值为 45、55、53、42、49、50、61、56、50、52。针对该试验回答以下问题。(已知保证率 95% 时,$t_{0.95}\sqrt{n} = 0.580$)

(1)下列关于检测过程描述正确的有(　　)。

A. 检测前需要对路面进行清扫　　B. 检查测试轮胎,调整气压至 0.3MPa

C. 检测时测试速度可以采用 60km/h　　D. 检测过程中沿正常行车轮迹行驶

(2)关于横向力系数描述正确的有(　　)。

A. 与摆式仪测量的摆值一样,用于评价路面抗滑性能

B. 横向力系数测试车的检测速度越快,检测结果越大

C. 交工验收时,以测试车速 50km/h 的检测结果作为评定数据

D. 交工验收时,检测了摩擦系数就不用再检测构造深度了

(3)下面关于检测结果受温度影响的说法中正确的是(　　)。

A. 横向力系数检测结果不需要进行温度修正

B. 路面温度越高,检测结果越小

C. 空气温度 20℃时结果不修正

D. 路面温度超过 55℃时,检测结果无效

24.【2020 检师综合】某高速公路工程交工验收,检测人员需要对路面进行现场检测。该工程的路面为沥青混凝土路面,为提高检测工作效率,项目负责人决定采用横向力系数测定车方法检测路面摩擦系数,实施过程中,检测人员实测现场路面温度为 35℃,经查《公路路基路面现场测试规程》(JTG 3450—2019),SFC 值温度修正表注明温度为 35℃时,修正值为 +4。请根据以上所述完成下面问题。

(1)根据《公路工程质量检验评定标准　第一册　土建工程》(JTG F80/1—2017),该路面摩擦系数采用横向力系数测定车方法的检测频率为(　　)。

A. 50m 1 处　　B. 100m 1 处　　C. 200m 1 处　　D. 连续检测

(2)以下内容属于检测前需要做好的准备工作有(　　)。

A. 用洒水车在路面上洒水

B. 按照设备使用手册对系统进行标定

C. 检查测试轮气压,保证在规定范围

D. 新安装的测试轮胎应进行不少于 5km 的试测

(3)检测人员在正式检测时,可以采用的检测速度有(　　)。

A. 40km/h　　B. 46km/h　　C. 50km/h　　D. 60km/h

(4)横向力系数原始测得值为 54,经过温度修正后的测得值为(　　)。

A. 50　　B. 51　　C. 54　　D. 58

(5)以下说法不正确的有(　　)。

A. 构造深度与摩擦系数都是表征路面抗滑能力的指标,交工验收时可任选其中一个指标进行检测和评价

B. 根据《公路工程质量检验评定标准　第一册　土建工程》(JTG F80/1—2017),横向力系数只需要计算算术平均值和合格率进行统计评价

C. 横向力系数测定车方法在 4℃ 以上的地面温度条件下均可采用,但测值需要做温度修正后方可使用

D. 横向力系数是无量纲量

25.【2021 助理综合】某市建设完成一条技术等级为三级的公路,路面宽度的设计值为 9.0m,沥青路面面层的设计总厚度为 10cm。检测机构受委托开展交工验收检测工作,请结合工程实际完成下列题目。

采用摆式仪测定路面摩擦系数时,检测前检测人员需要调整摆锤使摆在路面上滑动长度为(　　)。

A. 124mm ± 1mm　　B. 125mm ± 1mm

C. 126mm ± 1mm　　D. 127mm ± 1mm

26.【2021 检师单选】下面关于横向力系数测试车的检测结果受温度影响的说法中正确的是(　　)。

A. 横向力系数检测结果不需要进行温度修正

B. 路面温度越高,检测结果越小

C. 空气温度为 20℃ 时,检测结果不需要修正

D. 路面温度低于 20℃ 时,检测结果无效

27.【2021 检师判断】横向力系数测试车测试的路面横向力系数不需要进行温度修正,可以直接用于评价路面抗滑性能。(　　)

28.【2021 检师多选】以下关于手工铺砂法测定路面构造深度的步骤描述正确的有(　　)。

A. 试验前需要做量砂的准备,洁净的细砂晾干过筛,取 0.15 ~ 0.50mm 的砂置于适当的容器中备用

B. 用小铲向圆筒中缓缓注入准备好的量砂至高出量筒成尖顶状,手提圆筒上部,用钢尺轻轻叩打圆筒中部 3 次,并用刮尺边沿筒口一次刮平

C. 用钢板尺测量所构成圆的两个垂直方向的直径,取其平均值,准确至 1mm

D. 同一处平行测试不少于 2 次,测点均位于轮迹带上,测点间距 3 ~ 5m

29.【2022 检师判断】横向力系数测试系统测试时要求路面温度在 10 ~ 50℃的范围内。( )

30.【2022 检师综合】某一级公路沥青路面工程开展交工质量验收工作,试验人员用摆式仪测定路面摩擦系数,摩擦系数的温度修正值如下表,请完成下列题目。

温度(℃)	0	5	10	15	20	25	30	35	40
温度修正值(BPN)	-6	-4	-3	-1	0	+2	+3	+5	+7

(1)根据《公路工程质量检验评定标准 第一册 土建工程》(JTG F80/1—2017),摆式仪测定摩擦系数的最小检测频率为( )。

A. 100m 1 处　　B. 200m 1 处　　C. 500m 1 处　　D. 1000m 1 处

(2)根据《公路路基路面现场测试规程》(JTG 3450—2019),每一处测试位置应布设( )个测点。

A. 1　　B. 2　　C. 3　　D. 5

(3)关于校核滑动长度的描述正确的有( )。

A. 提起举升柄使摆向左侧移动,然后放下举升柄使橡胶片长边下缘轻轻触地,紧靠橡胶片摆放滑动长度量尺,使量尺左端对准橡胶片触地下缘

B. 提起举升柄使摆向右侧移动,然后放下举升柄使橡胶片下缘轻轻触地,检查橡胶片下缘是否与滑动长度量尺的右端齐平

C. 左右两次橡胶片长边边缘应以刚刚接触路面为准,不可借摆的力量向前滑动

D. 校核滑动长度应符合 124mm ± 1mm 的要求

(4)关于摆式仪测定沥青路面摩擦系数试验步骤的描述正确的有( )。

A. 将摆式仪置于路面测点上,并使摆的摆动方向与行车方向一致

B. 在测点处用温度计测试干燥路表温度并记录,准确至 1℃

C. 若指针不指零,通过转动松紧调节螺母进行调整,重复测试直至指针指零,调零允许误差为 1℃

D. 用喷水壶浇洒测点处路面,使之处于湿润状态,按下右侧悬臂上的释放开关,使摆在路面滑过,当摆杆回落时,用手接住摆杆并读数

(5)某处所有测点的摆值均值为 45,记录的路面温度为 25℃,当地天气预报温度为 30℃,该测点修正到 20℃的摆值结果为( )。

A. 45　　B. 46　　C. 47　　D. 48

【答案】

1. √	2. B	3. B	4. BC	5. ×	6. D
7. C	8. ×	9. ×	10. B	11. B	12. ×

续上表

<table>
<tr><td>13. BCD</td><td>14. √</td><td>15. ×</td><td>16. √</td><td>17. AC</td><td>18. AC</td></tr>
<tr><td>19. BD</td><td>20. A</td><td colspan="4">21. (1) BCD (2) AC (3) AD (4) ABD (5) BCD</td></tr>
<tr><td colspan="2">22. (1) B (2) B (3) C (4) C (5) BCD</td><td colspan="2">23. (1) CD (2) AC (3) B</td><td colspan="2">24. (1) D (2) BC
(3) ABCD (4) D (5) ABC</td></tr>
<tr><td>25. C</td><td>26. B</td><td>27. ×</td><td>28. BC</td><td colspan="2">29. ×</td></tr>
<tr><td colspan="3">30. (1) B (2) C (3) ABC (4) AD (5) C</td><td></td><td></td><td></td></tr>
</table>

第七节　渗水和路基路面损坏

1.【2023 助理综合】某试验室受委托开展新建沥青路面的渗水系数测试试验。检测人员携带设备、记录表格等到达工程现场开展检测工作。请根据试验情况完成下列题目。

沥青路面渗水系教测试试验需要(　　)等仪具。

A. 秒表　　B. 钢板尺　　C. 路面渗水仪　　D. 量筒

2.【2023 检师判断】路面现场车辙测试结果是左、右轮迹带两个车辙测试值的平均值。(　　)

3.【2023 检师单选】采用贝克曼梁弯沉法对单点弯沉测值进行脱空判定时,当弯沉值大于(　　)可判定为该处脱空。

A. 0.02　　B. 0.1　　C. 0.15　　D. 0.2

4.【2023 助理单选】当采用弯沉法测试水泥混凝土路面脱空时,若用落锤弯沉仪测试板角弯沉,对同一点需要分(　　)级施加荷载测试。

A. 3　　B. 5　　C. 7　　D. 9

5.【2024 助理判断】根据《公路路基路面现场测试规程》(JTG 3450—2019),沥青路面渗水系数试验是以两个测点试验结果的平均值作为该测试位置的结果。(　　)

6.【2024 助理多选】关于用落锤式弯沉仪测试水泥混凝土路面脱空的表述正确的是(　　)。

A. 测试宜选择在早晚板块上下表面温差较小的时段进行

B. 测试板角或板边位置时,承载板边缘应距纵、横缝不大于 200mm

C. 采用截距值判定板底脱空时,应测试板角弯沉,并对同一测点施加 3 级荷载进行测试

D. 采用弯沉比值判定板底脱空时,应采用同一恒定荷载对板角、板中和板边进行弯沉测试

7.【2024 检师判断】根据《公路沥青路面设计规范》(JTG D50—2017)设计新建的沥青路面时,渗水试验宜在沥青路面碾压成型后 12h 内完成。(　　)

8.【2024 检师判断】采用落锤式弯沉仪测试水泥混凝土路面板底脱空时,若用截距值法判定板底脱空,则应测试板角弯沉,且对同一测点需要施加 5 级荷载进行测试,按照线性回归统

计方法计算。(　　)

9.【2024 检师多选】沥青路面渗水系数测试方法需要用到的仪具有(　　)。

A. 秒表　　B. 密封材料　　C. 套环　　D. 温度计

10.【2020 检师单选】车载式路面激光车辙仪的激光测头数不应少于(　　)点。

A. 7　　B. 9　　C. 13　　D. 17

11.【2020 助理单选】根据《公路路基路面现场测试规程》(JTG 3450—2019)要求,路面激光车辙仪的最小测量宽度为(　　)。

A. 3.0m　　B. 3.2m　　C. 3.5m　　D. 3.75m

12.【2018 助理单选】用横断面尺法测定路面车辙时,测量准确度为(　　)mm。

A. 0.1　　B. 0.5　　C. 1　　D. 10

13.【2020 助理判断】贝克曼梁可以用于测试水泥混凝土路面的板底脱空。(　　)

14.【2020 检师单选】当采用落锤式弯沉仪法测试水泥混凝土路面板底脱空时,如果用截距值法判定脱空与否,则线性回归公式的截距值 b 大于(　　)时可判定为板底脱空。

A. 10μm　　B. 20μm　　C. 50μm　　D. 100μm

15.【2020 助理综合】某在建公路工程,路面为 AC-16 沥青混凝土路面。检测人员计划开展现场渗水试验,请根据相关规程完成下面题目。

(1)下面关于新建沥青混凝土路面渗水系数试验的描述正确的有(　　)。

A. 渗水系数应在路面铺筑成型后未遭行车污染的情况下检测

B. 渗水试验宜在沥青路面碾压成型后 12h 内完成

C. 渗水试验在工程交工验收前完成即可

D. 渗水试验在工程竣工验收前完成即可

(2)根据《公路沥青路面施工技术规范》(JTG F40—2004),以下关于渗水系数检查频率和检验评价描述正确的有(　　)。

A. 每 1km 按照随机取样的方法不少于 3 点

B. 每 1km 按照随机取样的方法不少于 5 点

C. 每点测 3 处,以平均值评价该点渗水性能

D. 每点测 2 处,以平均值评价该点渗水性能

(3)以下属于渗水试验需要用到的器具有(　　)。

A. 路面渗水仪　　B. 秒表　　C. 温度计　　D. 气压计

(4)以下描述中属于渗水试验步骤的有(　　)。

A. 用密封材料对环状密封区域进行密封处理,注意不要使密封材料进入内圈

B. 向量筒中注水超过 100mL 刻度,然后打开开关和排气孔,使量筒中的水下流排出渗水仪底部内的空气

C. 打开开关,待水面下降至 100mL 刻度时,立即开动秒表开始计时,计时 3min 后立即记录水量

D. 记录路面温度及气压计读数

(5)渗水系数的单位是(　　)。

A. mL/s　　B. L/s　　C. mL/min　　D. L/min

16.【2021 助理单选】《公路路基路面现场测试规程》(JTG 3450—2019)中描述了(　　)种路面车辙形式。

A. 3　　B. 5　　C. 7　　D. 9

17.【2021 助理判断】新建沥青路面面层的渗水系数应在路面成型后立即测定。(　　)

18.【2021 检师综合】根据《公路路基路面现场测试规程》(JTG 3450—2019)有关路面车辙测量的规定,在横断面图上确定车辙深度左车辙 R_{U1} 和右车辙 R_{U2},应以(　　)作为断面车辙值。

A. 左车辙 R_{U1}　　B. 右车辙 R_{U2}

C. R_{U1} 和 R_{U2} 的算术平均值　　D. R_{U1} 和 R_{U2} 中的最大值

19.【2021 助理综合】某公路通车 5 年后,水泥混凝土路面出现断板等病害。为治理水泥混凝土路面断板病害,检测机构采用弯沉法测试水泥混凝土路面脱空情况。请结合试验要求完成下列题目。

(1)弯沉法测试水泥混凝土路面脱空,可能用到的设备包括(　　)。

A. 全站仪　　B. 弯沉仪　　C. 加载车　　D. 落球仪

(2)当采用落锤式弯沉仪测试板中弯沉时,承载板中心与板中的距离偏差应不大于(　　)。

A. 100mm　　B. 150mm　　C. 200mm　　D. 250mm

(3)落锤式弯沉仪测试板角弯沉时,对同一点需要分(　　)级施加荷载测试。

A. 2　　B. 3　　C. 4　　D. 5

(4)为避免测试结果异常,脱空测试的时间段宜为(　　)。

A. 温度较高的晴天正午　　B. 温度平稳的早晨时段

C. 温度变化不大的阴天　　D. 显著负温度梯度的夜晚

(5)如果采用落锤式弯沉仪法测试脱空,可以采用(　　)进行评价。

A. 截距值法　　B. 传荷能力比值法　　C. 弯沉比值法　　D. 斜率法

20.【2022 检师判断】新建沥青路面测试渗水系数时,为排出渗水仪底部空气,打开开关和排气孔,向量筒内注水至 100mL,直至量筒内水位不再下降后停止注水。(　　)

【答案】

1. AC	2. ×	3. D	4. A	5. ×	6. ABCD
7. √	8. ×	9. ABC	10. C	11. C	12. C
13. √	14. C	15. (1)B(2)C(3)AB(4)ABC(5)C		16. C	17. ×
18. D	19. (1)BC(2)C(3)B(5)BC(5)AC		20. ×		

第八节　施工控制

1.【2017 助理单选】金属杆插入式温度计不适用于检测热拌热铺沥青混合料的(　　)。

A. 拌和温度　　B. 出厂温度和现场温度

C. 摊铺温度　　D. 压实温度

2.【2017 检师单选】关于热拌热铺沥青混合料的施工温度测试方法不正确的说法是(　　)。

A. 采用金属杆插入式温度计

B. 混合料出厂温度或运输至现场温度在运料货车上测试

C. 混合料摊铺温度在摊铺机的一侧拨料器前方的混合料堆上测试

D. 在沥青混合料碾压过程中测定压实温度,测试时温度计插入深度不小于 150mm

3.【2020 助理单选】为监控沥青混合料温度,在摊铺现场采用插入式温度计检测温度,温度计插入摊铺机一侧螺旋布料器前方混合料的深度不少于(　　)。

A. 50mm　　B. 75mm　　C. 100mm　　D. 150mm

4.【2020 助理判断】可以采用受样盘法测试沥青表面处治、透层、黏层等采用喷洒法施工的沥青用量。(　　)

5.【2018 助理单选】沥青喷洒法施工的沥青用量测试时,受样盘的面积应不小于(　　)。

A. $100cm^2$　　B. $1000cm^2$　　C. $1m^2$　　D. $1.5m^2$

6.【2018 助理判断】半刚性基层透层油渗透深度检测项目,单个芯样渗透深度的计算需要去掉 1 个最大值和 1 个最小值,以其余测点数据的算术平均值作为测试结果。(　　)

7.【2017 检师单选】测定半刚性基层透层油的渗透深度时,不正确的做法是(　　)。

A. 在透层油基本渗透稳定后,钻取芯样

B. 将芯样顶面圆周随机分成约 8 等份,分别量测圆周上各等分点处透层油渗透的深度

C. 取所有芯样渗透深度的算术平均值作为测试路段渗透深度

D. 去掉 5 个最小值,计算其他 3 点渗透深度的算术平均值作为单个芯样的渗透深度

8.【2019 助理多选】对于半刚性基层透层油深度检测,以下说法正确的有(　　)。

A. 检测工作应在透层油基本渗透或稳定后进行

B. 钻芯直径应为 ϕ150mm

C. 测量前需将芯样晾干

D. 将芯样顶面圆周分为 4 等份并分别测量等分处透层油渗透深度

9.【2020 检师多选】以下关于结合料稳定材料透层油渗透深度试验描述正确的有(　　)。

A. 用钻机取样,芯样直径为 100mm 或 150mm,芯样高度不宜小于 50mm

B. 芯样清洁后晾干,以便可以观察出芯样侧立面透层油的下渗情况

C. 用钢板尺或量角器将芯样顶面圆周平均分成 8 等份,分别量测圆周上各等分点处透层油渗透的深度

D. 去掉渗透深度测试值中 1 个最小值,计算其余渗透深度测试值的算术平均值,作为单个测点的渗透深度结果

10.【2020 助理多选】现场评价沥青路面的层间黏结强度的试验用具包括(　　)。

A. 拉拔仪　　B. 扭剪试验仪　　C. 温度计　　D. 游标卡尺

11.【2022 检师多选】道路现场测试路面层间黏结强度试验用到的仪具有(　　)。

A. 拉拔仪　　B. 万能试验机　　C. 温度计　　D. 扭剪试验仪

12.【2022 检师多选】属于受样盘法测试沥青喷洒施工材料用量的步骤有(　　)。

A. 洒布车喷洒前,用地磅准确称量洒布车及材料总质量

B. 沥青洒布车按正常施工速度和洒布方法喷洒沥青

C. 用钢卷尺测量受样盘开口面积

D. 洒布车喷洒后,用地磅再次准确称量洒布车及材料总质量

13.【2024 助理单选】在半刚性路面基层透层油渗透深度的检测中,检测人员用钢板尺对一个芯样量测(　　)个渗透深度值,并对数据进行处理。

A. 2　　B. 4　　C. 6　　D. 8

【答案】

1. A	2. D	3. D	4. √	5. B	6. ×
7. D	8. AC	9. ABC	10. ABCD	11. ACD	12. BC
13. D					

第九节　现场抽样

1.【2020 助理多选】以下方法可以用于路基路面现场试验选点的有(　　)。

A. 均匀法　　B. 随机法　　C. 连续法　　D. 综合法

【答案】

1. ABCD